POUR GUIDER MA RECHERCHE

1

Quel est le problème ou quelle est la question ?

- J'y réfléchis.
- Je me rappelle ce que je sais déjà.

Qu'est-ce que les Algonquiens mangeaient ?

2

Qu'est-ce que je veux apprendre ?

- J'énumère les divers aspects du problème ou de la question.
- Je sélectionne les plus intéressants.

3

Comment répondre à mes questions ?

- Je fais un plan de recherche.
- Je trouve des sources de documentation.

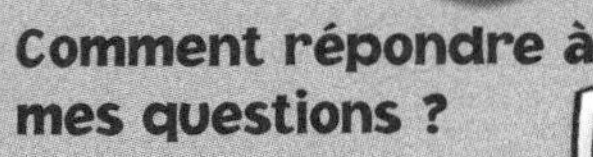

4

Comment traiter les informations que j'ai trouvées ?

- Je les classe.
- Je vérifie celles qui se contredisent.
- J'élimine les informations inutiles.

pêche
chasse
cueillette
~~agriculture~~

5

Comment communiquer mes découvertes ?

- Je fais ressortir les points essentiels.
- J'emploie des supports visuels.
- Je communique mes sources d'information.

6

Comment améliorer mes prochaines recherches ?

- Je fais le point sur ce que j'ai appris.
- J'évalue ma démarche.
- Je me donne des défis pour la prochaine recherche.

TRANSDISCIPLINAIRE 2e CYCLE • MANUEL D'UNIVERS SOCIAL

JOËLLE MORRISSETTE

UNIVERS SOCIAL

MODULO

Nous reconnaissons l'aide financière du gouvernement du Canada par l'entremise du Programme d'Aide au Développement de l'Industrie de l'Édition (PADIÉ) pour nos activités d'édition.

Gouvernement du Québec – Programme de crédit d'impôt pour l'édition de livres – Gestion SODEC.

Chargée de projet: Dolène Schmidt
Direction artistique et conception graphique: Lise Marceau
Infographie: Julie Bruneau, Marguerite Gouin, Lise Marceau, Nathalie Ménard
Typographie: Carole Deslandes
Maquette/couverture: Lise Marceau
Recherche (photos): Kathleen Beaumont, Julie Saindon
Révision: Suzanne Archambault, Dolène Schmidt (révision linguistique); Jacques Richer (révision scientifique)
Correction d'épreuves: Monique Tanguay
Mascotte: Jean Morin

Illustrations: Monique Chaussé: p. IV-V, 14, 17, 20, 23, 30-31, 63, 74, 76, 88, 94, 97, 99, 103, 106-108, 117, 120, 137, 144, 163, 166, 184, 186; Francis Back: p. 8, 100, 101, 102, 109, 110, 121, 123, 145, 152, 186, 189, 190; Jacques Lamontagne: p. 16, 52-53, 55, 62, 77, 79, 80-81, 111, 114, 124, 126, 142, 149, 158, 206; Vidéanthrop/F. Girard: p. IV (chasse au cheval sauvage/Vidéanthrop pour le Musée canadien des civilisations), 50, 56, 62; Vidéanthrop/Marc Laberge: p. V (pointes de flèche); Daniela Zekina: p. 11, 19, 26, 28, 47-48, 54, 57-59, 67, 75, 78, 83-84, 86, 100, 104, 112, 117-118, 120-121, 135, 172-173, 181-183, 203.

Photos: Secrétariat aux affaires autochtones: p. 35; Archives départementales de la Gironde: p. 178 (haut); Archives nationales du Canada: p. 33 (C-001994), 61 (Bushnell Collection/C-114480), 95 (C-007300), 96 (NL-5369), 98 (C-009711), 105 (C-016952), 112 (jeu de cartes/C-017059), 133 (C-008486), 134 (C-011925), 138 (C-073397), 139 (moulin à vent/C-010647), 146 (chantier naval/C-070255), 147 (C-001241), 157 (Jean Talon/C-008519), 157 (palais de l'intendant/C-000360), 159 (François de Laval/C-034199), 161 (calèche/C-009673), (transport en hiver/PA-124296), 165 (Frontenac/C-073710), 169 (haut/gauche/FC305 B68), 173 (navires/C-005933), 176 (NMC-1908), 179 (C-092414), 188 (haut/C-011013) (bas/C-003165); Archives nationales du Québec: p. 98 (Champlain/P600,S5,PLC43,1), 112 (collège/G376-101), 123 (régiment de Carignan), 126, 169 (haut/droite/971.038); Tammy Beauvais designs: p. 37; Louis Bernatchez, p. 43; Bethlehem Steel: p. 36 (Joe Regis); Bibliothèque nationale de France: p. 177; Bibliothèque nationale du Québec: p. 18 (L. Nicolas), 27 (P.J.F. Bressani), 119, 146 (remparts); Bibliothèque Sainte-Geneviève: p. 21 (casse-tête); Braunschweigisches Landesmuseum: p. 180 (sac); Canadian Heritage Gallery: p. 115 (Jean de Brébeuf); Canot-camping La Vérendrye/Hélène Lapierre: p. 167 (centre); Centre culturel Royer: p. 54 (pemmican); Centre d'interprétation de la nation micmaque de Gespeg: p. 51 (piège); Claude Chabot: p. 167 (en haut); Gilles Chartier: p. 92 (grand héron); Conseil de la nation huronne de Wendake: p. 38; Delaware Public Archives: p. 203; François Durand/www.manchots.com: p. 67, 69 (guanaco/condor géant), 74 (bas), 76 (terrasses), 78 (alpaga/cochons d'Inde), 85 (coca), 87 (route inca); Edinburgh University Collection of Historic Musical Instruments: p. 118 (luth); Fabrique Sainte-Croix de Tadoussac: p. 159 (chapelle); Alain Florent: p. 170 (quilles); François Frigon: p. 36 (motoneige); Glenbow Museum (Calgary): p. 46 (Thomas Mower Martin, 1880); Jud Hartmann Gallery: p. 181 (Garakontié); Jeffery Howe: p. 196 (maison Dwight-Barnard); The Hutchison Library: p. 82 (bas/192 PU 373); Jardin botanique de Montréal: p. 12 (haut/Jean-Pierre Bellemare/Normand Cornellier/Normand Fleury), 109 (chanvre/292-113), 169 (Roméo Meloche/260-SAR-40), 200 (indigotier); Serge Jauvin: p. 36 (trappage du castor/pêcheurs montagnais); Jacques Lacombe/David Levy (photographe): p. 156 (trictrac); Yves Laframboise: p. 125 (église et presbytère); Richard Lauzon: p. 153 (artisan du cuir/Beloeil); Library of Congress: p. 197; Robert McCaw: p. 43 (80-884, 18-80); Scott McGuire: p. VI (L'Anse aux Meadows); The Mariners' Museum, Newport News, VA: p. 194, 199, 202, 205, 207; Ministère de la Culture et des Communications/coll. Ville de Québec/restauration Université Laval/photos Laboratoire et réserve d'archéologie du Québec: p. 185 (médailles religieuses); Jean Morin: p. VII (cannelle), 107 (pains d'habitant), 192 (pin); Musée acadien du Québec à Bonaventure: p. 103 (huche); Musée canadien des civilisations: p. 17 (veste iroquoise/S95-21277), 32 (poterie/S2000-5677), 46 (César Newashish, 1971/S96-24213), 55 (S96-5822), 58 (S97-2946), 63 (raquettes: malécites/S97-1946, micmaques/S97-1939), 155 (S93-14845); Musée de l'Homme/Christian Lemzaouda: p. 13 (sac à tabac), 29 (coiffe), 180 (mocassins/D. Ponsard); Musée de la civilisation: p. 12 (femme pilant le maïs/Pierre Soulard), 14 (chasse/Pierre Soulard), 16 (mocassins/Pierre Soulard/65-431), 21 (panier/tamis/Jacques Lessard/68-3063), 22 (Jeu de haricots/Pierre Soulard/65-439), 23 (crosse/Jacques Lessard/65-405), 24 (guerrier/Pierre Soulard), 30 (raquette/coll. Coverdale/Pierre Soulard/68-3071), 51 (Pierre Soulard/719.2.1), 53 (coll. Alika Podolinsky-Webber/Jacques Lessard/75-1066), 63 [raquettes: cries 66-462 (coll. Michel Brochu), innues 68-3074 (coll. Coverdale), enfants 73-581 (coll. Alika Podolinsky-Webber)], 101 (1993.16333), 104 (pioche/Jacques Lessard/74-257), 109 (sabots/Jacques Lessard/87-2339), 113 (Louis XIII/Philippe de Champagne/1993.35717.157, Richelieu/315.1), 140 (maison en pièce sur pièce/*Canadian illustrated news*, vol. III, n° 20, 1871), 141 (coll. Coverdale/Pierre Soulard/68-1006), 151 (cafetière/coll. Coverdale/68-1706), 160 (chape/1994.37630); Musée de sainte Anne: p. 158 (Ex-voto/1994X-128), 160 (sculpture); Musée des Augustines/Hôtel-Dieu de Québec: p. 183 (Père Jogues); Musée des Ursulines de Québec: p. 103 (lit), 116 (premier monastère/Joseph Légaré), 160 (*Croix de Lozeau*), 168 (chapelle/Pierre-Noël Levasseur); Musée du Bas-Saint-Laurent: p. 104 (hache); Musée du Château Ramezay: p. 141 (berceau/lampe); Musée du Nouveau Monde: p. 180 (Mohawk); Musée du Québec: p. 90 (Bramalli/Jean-Guy Kérouac/55.543), p. 122 (Joseph Légaré/Patrick Altman/57.204), 174 (Eugène Hamel/34.233); Musée McCord d'histoire canadienne: p. 12 (pilon et mortier/M5919.1-2), 28 (vase/ACC1337), 178 (couteau/M1201); Musée Marguerite-Bourgeoys: p. 116 [étable-école/S.S. – Geneviève Marie (Marguerite Garon), avec ses élèves/Elmina Lachance C.N.D. (S.S. René)], 168 (Le Vrai Portrait/Pierre Le Ber); Musée Stewart: p. 64, 108 (Giles Rivest/ustensiles et marmite), 178 (chaudron); National Park Service: p. 193; Natural History Museum of Milan (Italy): 70 (pécari); Office du Tourisme et des Congrès de Gaspé: p. 125 (croix de Gaspé); ONF: p. 164 (massacre de Lachine); Paramount Press Inc.: p. 209; Parcs Canada: p. 29 (wampum/X.72.667.1), 46 (panier algonquien), 41 (cuisine, Forteresse-de-Louisbourg/5J-7-790), 143 (potager, Forteresse-de-Louisbourg/Jamie Steeves/5J-3-197), 154 (Forteresse-de-Louisbourg/Barrett and MacKay/5J-7-789), 165 (Forteresse-de-Louisbourg/Jamie Steeves/5J-3-185), 210 (Claude Picard); Pêches et Océans Canada/ACART Communications Inc.: p. 92 (morue); Pennsylvania Historical and Museum Commission: p. 198, 208; Gilles H. Picard: p. 36 (enfants/aînée/fabrication canot); Pilgrim Hall Museum: p. 206 (haut); Pointe-à-Callière: p. 128 (Pierre Saint-Jacques), 179 (pointe de flèche), 185 (haut); Presse Canadienne/S. Crombie McNeil: p. 37; Pulperie de Chicoutimi: p. 112 (jeu de dames/19e siècle/bois polychrome/1975-1790); Chris Reardon/Harris Studio inc.: p. 156 (quilles, cartes), 164 (soldat), 187 (barriques); Ressources naturelles Canada/Service canadien des forêts: p. 40 (*Régions forestières du Canada*), 42 (Collection de Petawawa), 92, 192 (chêne); Russell Collection of Early Keyboard Instruments: p. 118 (clavecin); Sainte-Marie-au-Pays-des-Hurons (Midland, Ontario): p. 115; Société d'histoire et de généalogie de l'Île-Jésus: p. 125 (croix de chemin); Société Saint-Jean-Baptiste de Montréal: p. 127; Société touristique de l'Anse-à-la-Croix: p. 9, 10; Sodec: p. 140 (Maison Dumont-Le Picart à Place-Royale à Québec); Patricia Soulier: p. 108 (cuisine); South American Picture: p. 76 (canal/PBJ0056s2), 77 (quinoa/XJA0328s2), 81 (poteries/PBK0034s2/PBK0079s2), 82 (entrepôts/ARCC003s2), 84 (lama argent/PBK0051s2), 85 (observatoire/PBB0084s2), 87 (pont suspendu/PJD0107s2); Jim Steinhart of www.PlanetWare.com: p. 206 (bas); Sue Cunningham Photographic: p. 78 (four); Université de Montréal/département d'anthropologie: p. 32; Antoine Veillet/André Veillet: p. 200; Village Historique Acadien: p. 150; Ville de Montréal/Pointe-à-Callière: p. 13 (pipe).

Ankor
(Manuel d'univers social)

233, av. Dunbar, bureau 300
Mont-Royal (Québec)
Canada H3P 2H4
Téléphone: (514) 738-9818 / 1-888-738-9818
Télécopieur: (514) 738-5838 / 1-888-273-5247
Site Internet: www.modulo.ca

DANGER
LE
PHOTOCOPILLAGE
TUE LE LIVRE

Dépôt légal — Bibliothèque nationale du Québec, 2003
Bibliothèque nationale du Canada, 2003
ISBN 2-89113-**868**-6

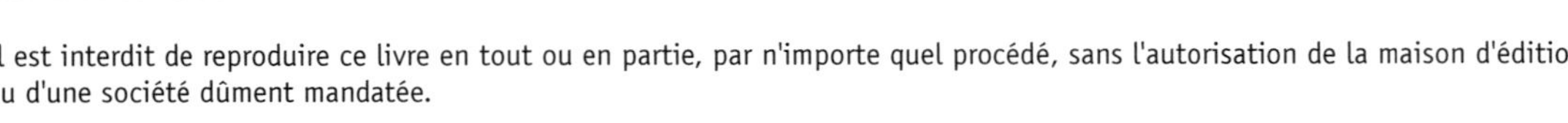

Imprimé au Canada
1 2 3 4 5 07 06 05 04 03

TABLE DES MATIÈRES

LES PREMIERS HABITANTS DE L'AMÉRIQUE

Qui sont les premiers habitants de l'Amérique ? D'où venaient-ils ? Quand et comment sont-ils arrivés sur cet immense continent ? Ces questions te font remonter des dizaines de milliers d'années dans le temps.

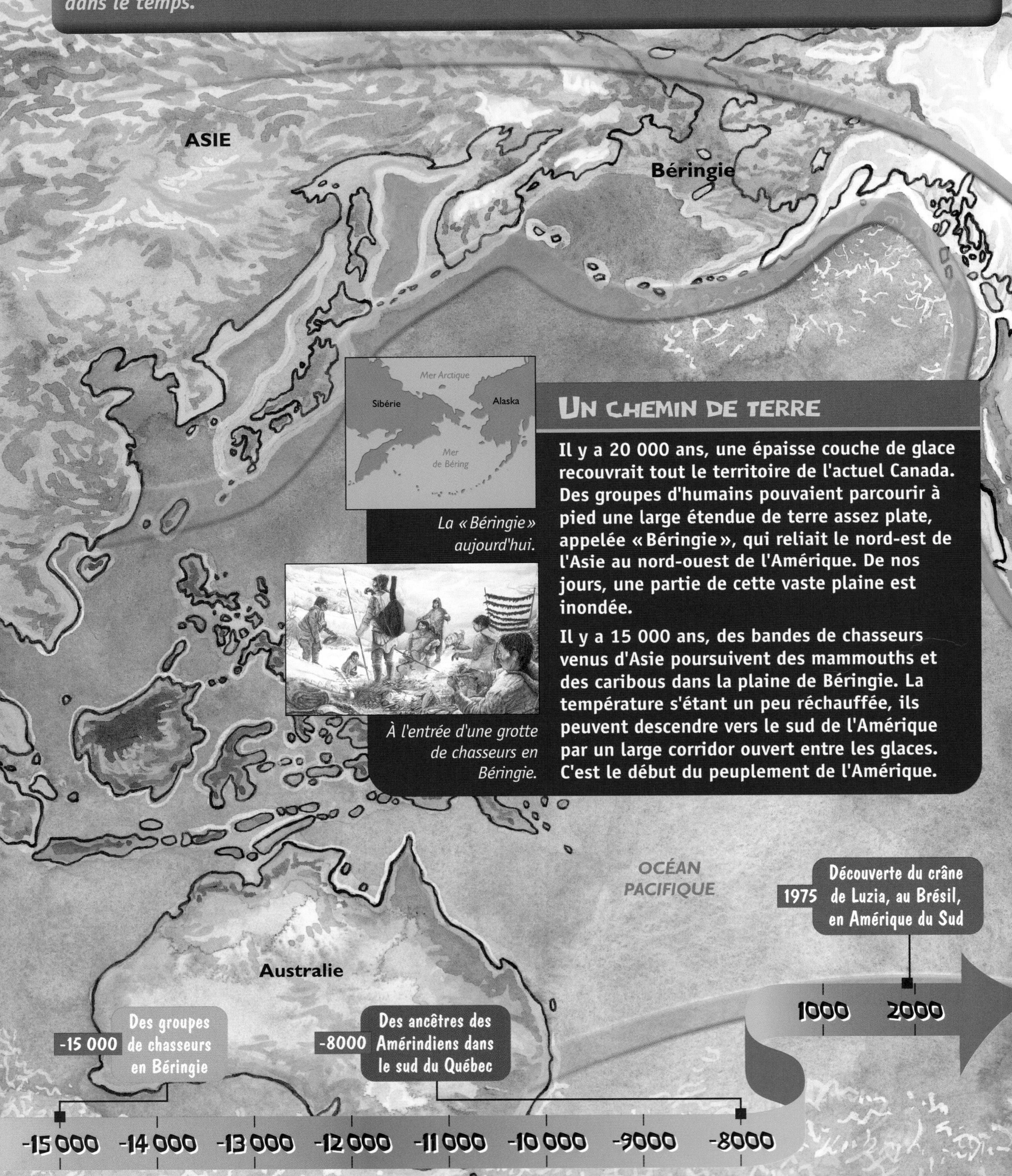

La « Béringie » aujourd'hui.

À l'entrée d'une grotte de chasseurs en Béringie.

UN CHEMIN DE TERRE

Il y a 20 000 ans, une épaisse couche de glace recouvrait tout le territoire de l'actuel Canada. Des groupes d'humains pouvaient parcourir à pied une large étendue de terre assez plate, appelée « Béringie », qui reliait le nord-est de l'Asie au nord-ouest de l'Amérique. De nos jours, une partie de cette vaste plaine est inondée.

Il y a 15 000 ans, des bandes de chasseurs venus d'Asie poursuivent des mammouths et des caribous dans la plaine de Béringie. La température s'étant un peu réchauffée, ils peuvent descendre vers le sud de l'Amérique par un large corridor ouvert entre les glaces. C'est le début du peuplement de l'Amérique.

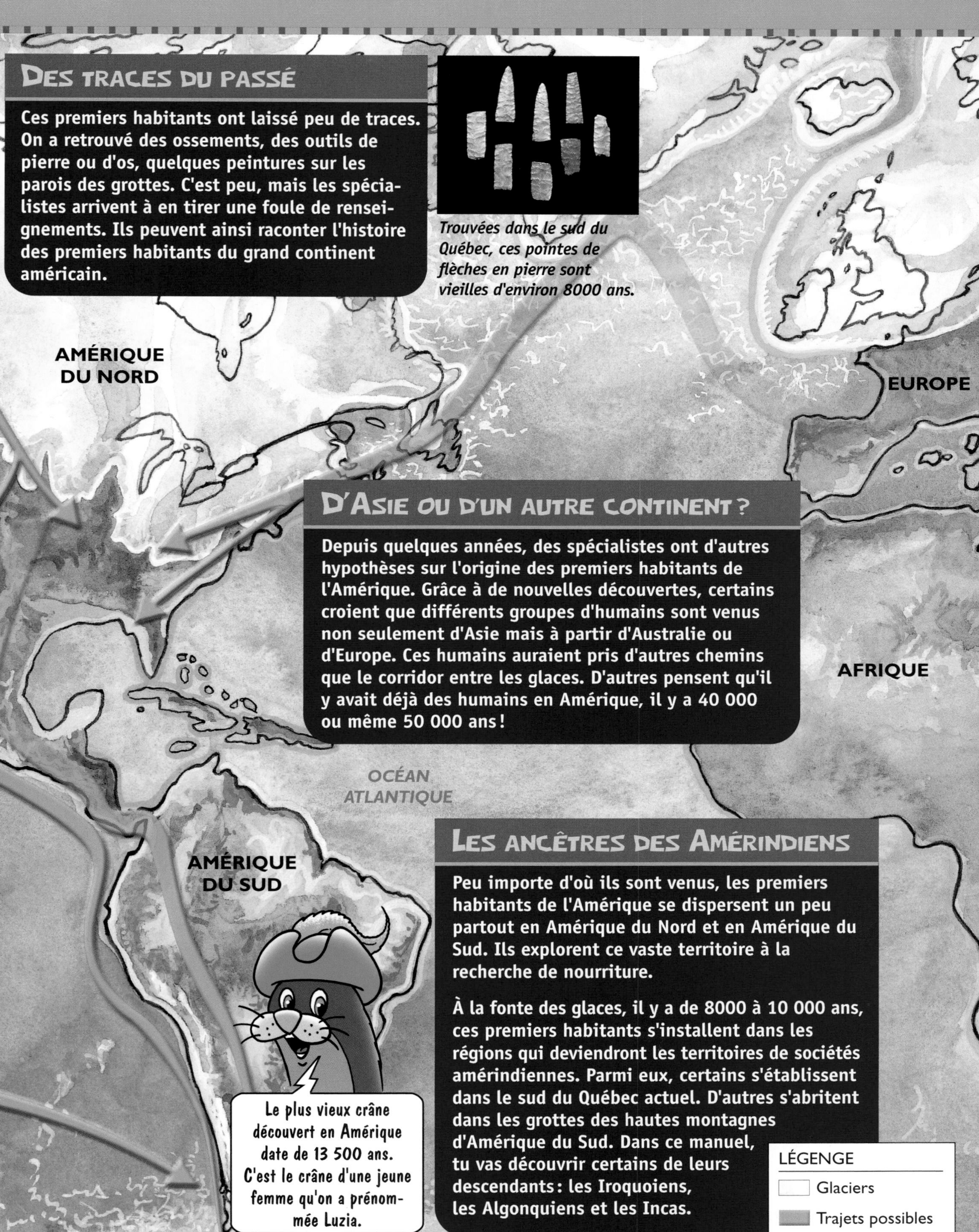
AMÉRIQUE
DU NORD
EUROPE
AFRIQUE
OCÉAN
ATLANTIQUE
AMÉRIQUE
DU SUD
Le plus vieux crâne découvert en Amérique date de 13 500 ans. C'est le crâne d'une jeune femme qu'on a prénommée Luzia.
LÉGENDE
Glaciers
Trajets possibles

Des traces du passé

Ces premiers habitants ont laissé peu de traces. On a retrouvé des ossements, des outils de pierre ou d'os, quelques peintures sur les parois des grottes. C'est peu, mais les spécialistes arrivent à en tirer une foule de renseignements. Ils peuvent ainsi raconter l'histoire des premiers habitants du grand continent américain.

Trouvées dans le sud du Québec, ces pointes de flèches en pierre sont vieilles d'environ 8000 ans.

D'Asie ou d'un autre continent ?

Depuis quelques années, des spécialistes ont d'autres hypothèses sur l'origine des premiers habitants de l'Amérique. Grâce à de nouvelles découvertes, certains croient que différents groupes d'humains sont venus non seulement d'Asie mais à partir d'Australie ou d'Europe. Ces humains auraient pris d'autres chemins que le corridor entre les glaces. D'autres pensent qu'il y avait déjà des humains en Amérique, il y a 40 000 ou même 50 000 ans !

Les ancêtres des Amérindiens

Peu importe d'où ils sont venus, les premiers habitants de l'Amérique se dispersent un peu partout en Amérique du Nord et en Amérique du Sud. Ils explorent ce vaste territoire à la recherche de nourriture.

À la fonte des glaces, il y a de 8000 à 10 000 ans, ces premiers habitants s'installent dans les régions qui deviendront les territoires de sociétés amérindiennes. Parmi eux, certains s'établissent dans le sud du Québec actuel. D'autres s'abritent dans les grottes des hautes montagnes d'Amérique du Sud. Dans ce manuel, tu vas découvrir certains de leurs descendants : les Iroquoiens, les Algonquiens et les Incas.

LES PREMIERS EUROPÉENS EN AMÉRIQUE DU NORD

Depuis toujours, les êtres humains, guidés par leur curiosité, explorent le territoire qui les entoure. Tu as vu que les premiers habitants de l'Amérique sont venus s'établir sur ce continent parce qu'ils cherchaient de la nourriture. Quelques milliers d'années plus tard, les Européens, équipés de splendides navires, traversent l'océan Atlantique et débarquent sur la côte est de l'Amérique du Nord. Ils sont à la recherche de nouvelles terres, de richesses et de gloire.

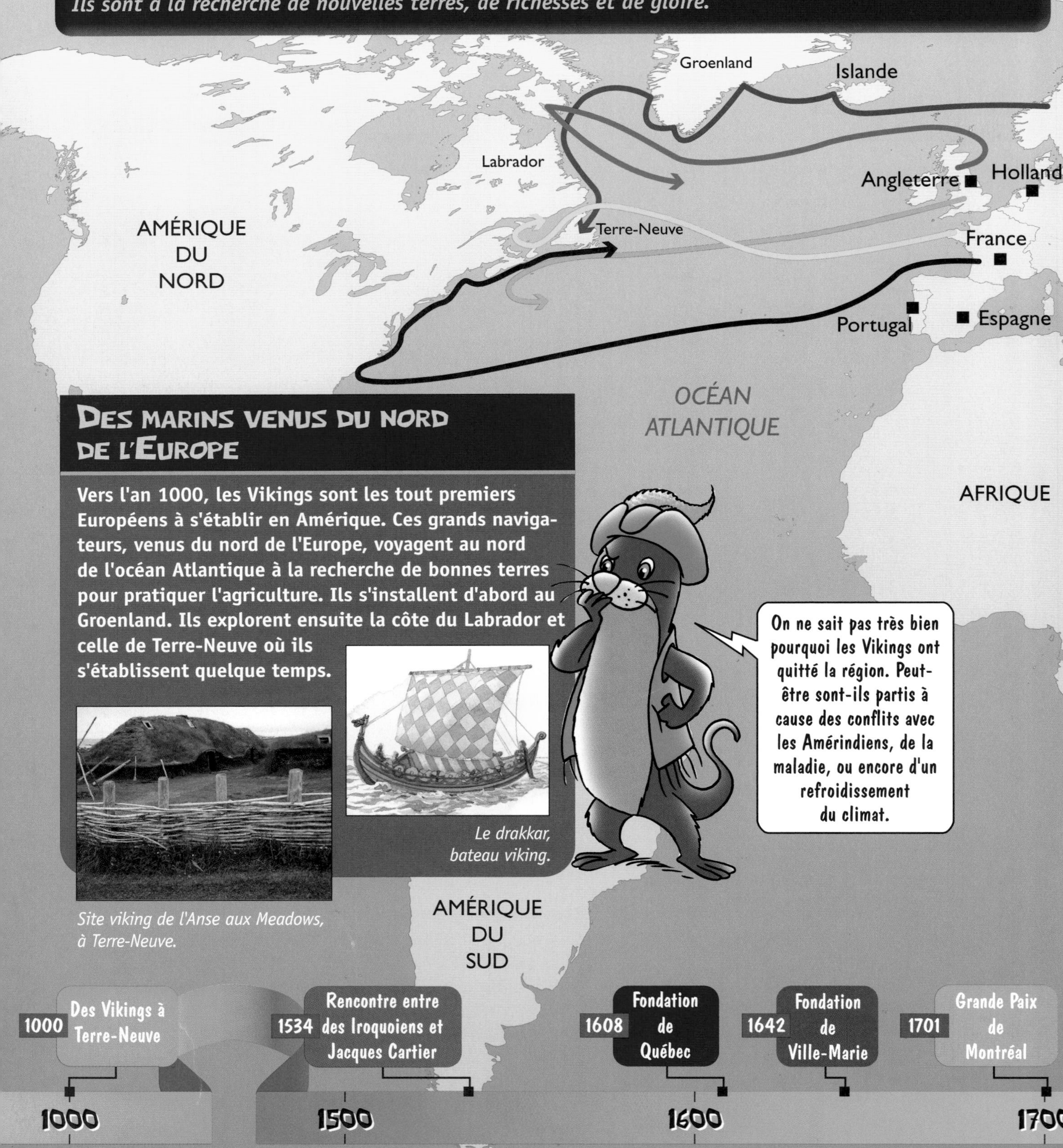
Groenland
Islande
Labrador
Angleterre
Hollande
AMÉRIQUE DU NORD
Terre-Neuve
France
Portugal
Espagne
OCÉAN ATLANTIQUE
AFRIQUE
AMÉRIQUE DU SUD
On ne sait pas très bien pourquoi les Vikings ont quitté la région. Peut-être sont-ils partis à cause des conflits avec les Amérindiens, de la maladie, ou encore d'un refroidissement du climat.

DES MARINS VENUS DU NORD DE L'EUROPE

Vers l'an 1000, les Vikings sont les tout premiers Européens à s'établir en Amérique. Ces grands navigateurs, venus du nord de l'Europe, voyagent au nord de l'océan Atlantique à la recherche de bonnes terres pour pratiquer l'agriculture. Ils s'installent d'abord au Groenland. Ils explorent ensuite la côte du Labrador et celle de Terre-Neuve où ils s'établissent quelque temps.

Le drakkar, bateau viking.

Site viking de l'Anse aux Meadows, à Terre-Neuve.

1000	Des Vikings à Terre-Neuve	
1534	Rencontre entre des Iroquoiens et Jacques Cartier	
1608	Fondation de Québec	
1642	Fondation de Ville-Marie	
1701	Grande Paix de Montréal	

1000 — 1500 — 1600 — 1700

Savais-tu qu'à l'époque les Européens avaient besoin des épices pour donner meilleur goût à leurs viandes ? Comme le réfrigérateur n'existait pas, la viande n'était pas toujours fraîche et n'avait pas très bon goût.

ROPE

ASIE

À la recherche d'une route vers l'Asie

Plusieurs pays d'Europe se lancent à la recherche d'une route maritime vers l'Asie : le Portugal, l'Espagne, la Hollande, la France et l'Angleterre. Certains explorateurs pensent qu'en naviguant vers l'ouest sur l'océan Atlantique, ils arriveront en Asie. En fait, ils vont découvrir la présence d'un immense continent entre l'Europe et l'Asie : l'Amérique.

Une caravelle, navire portugais.

Au 17e siècle, les Français s'établiront en Amérique du Nord pour fonder la Nouvelle-France. Plus au sud, sur la côte de l'océan Atlantique, les Anglais vont établir les Treize colonies anglo-américaines.

Les richesses de l'Asie

À partir du 15e siècle, de nouvelles raisons poussent les Européens à naviguer sur l'océan Atlantique. En effet, les Européens utilisent des marchandises précieuses, comme les épices, la porcelaine et la soie, qui viennent de très loin, en Asie de l'Est. Ils paient très cher pour aller chercher ces produits. Aussi veulent-ils trouver une nouvelle route qui les mènera directement en Asie.

De la cannelle, des clous de girofle et du poivre.

LÉGENDE

Les Européens découvrent l'Amérique du Nord

- Les Vikings, vers 1000
- Giovanni Caboto, 1497 (au service du roi d'Angleterre)
- Giovanni da Verrazano, 1524 (au service du roi de France)
- Jacques Cartier, 1534 (au service du roi de France)
- Martin Frobisher, 1576 (au service du roi d'Angleterre)

0 1500 3000 km

1760 Conquête de la Nouvelle-France

1800

Le climatogramme

Les mots en vert dans le texte sont définis dans la marge.

Le climatogramme est un diagramme qui donne un aperçu du climat d'un lieu sur une longue période, à différents moments. Par exemple, il indique les variations de température et la quantité de précipitations dans ce lieu, pendant les différents mois de l'année. Les stations d'observation, appelées aussi stations météorologiques, servent à recueillir ces données.

précipitation

Chute d'eau qui provient de l'atmosphère sous forme liquide (pluie, brouillard) ou sous forme solide (neige, grêle).

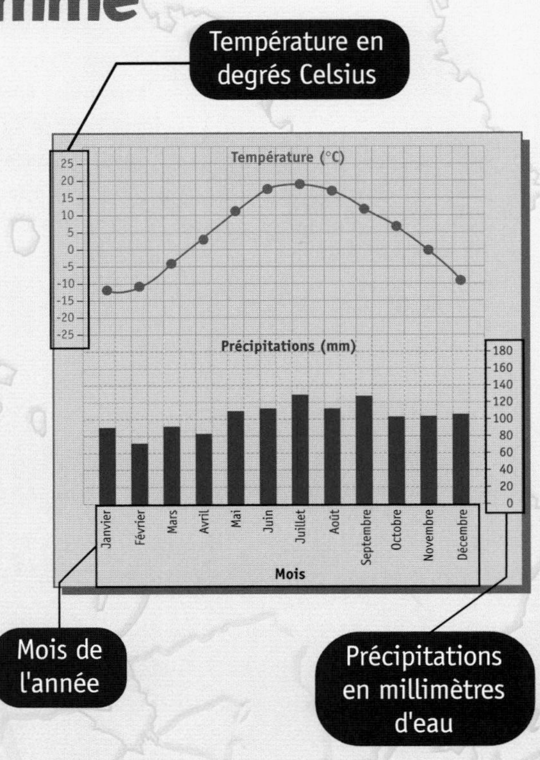

Des intervalles de temps

S'est-il écoulé plus ou moins d'une décennie depuis ta naissance? Et depuis le début du 21e siècle, combien d'années se sont écoulées?

Pour parler du temps, on le découpe souvent en petits moments : une heure, une minute, une seconde. La ligne du temps est divisée en périodes plus longues, appelées « intervalles ».

- La décennie est un intervalle de 10 ans.
- Le siècle est un intervalle de 100 ans.
- Le millénaire est un intervalle de 1000 ans.

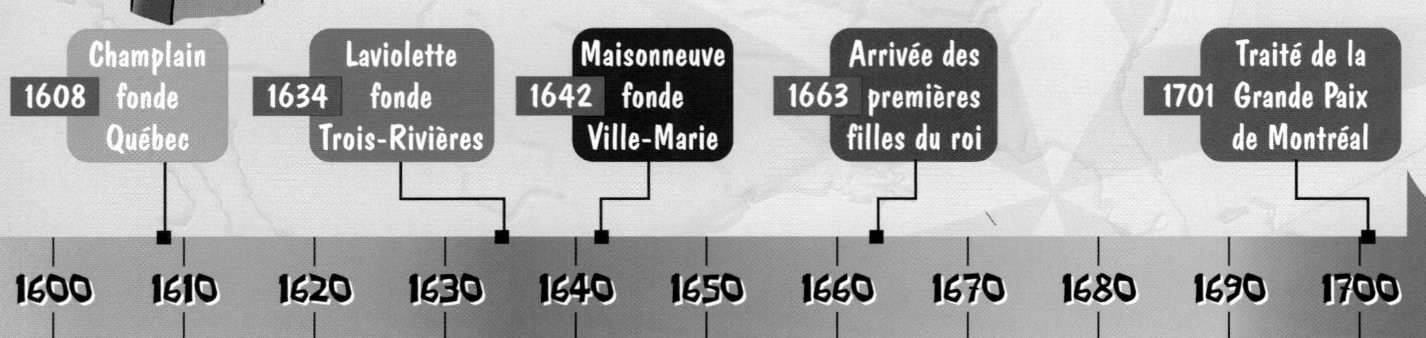

Une ligne du temps graduée en décennies.

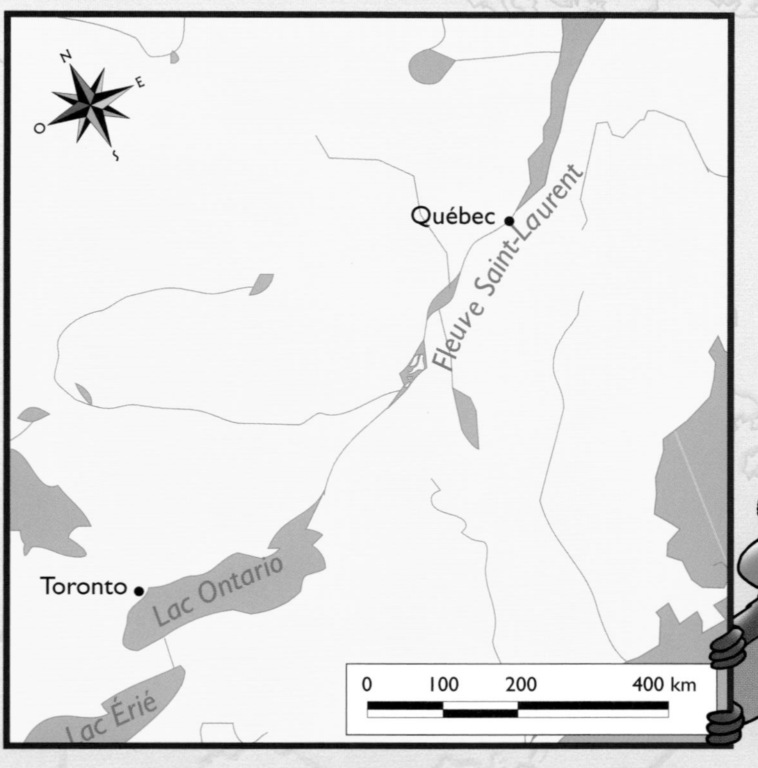

L'échelle graphique

La petite ligne graduée que l'on retrouve sur la plupart des cartes est une échelle graphique. Cet outil te permet de mesurer la distance réelle entre deux endroits. Observe l'échelle graphique sur la carte ci-contre.

Selon cette échelle, 1 centimètre sur la carte est égal à 100 kilomètres dans la réalité.

À l'aide d'une règle, tu peux mesurer rapidement la distance entre Toronto et Québec. Sur la carte, il y a 7 centimètres entre les deux points. La distance entre Toronto et Québec est donc de 700 kilomètres.

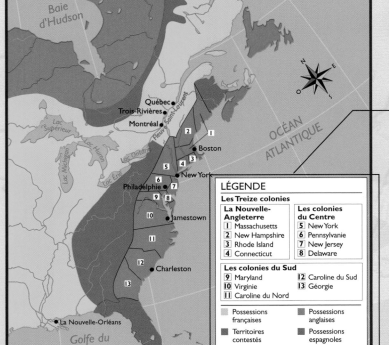

La légende

Une carte contient beaucoup de renseignements. Pour t'aider à comprendre une carte, lis d'abord son titre. Ensuite, consulte la légende. Ce petit encadré permet d'interpréter ce que représentent les couleurs ou les symboles employés dans la carte.

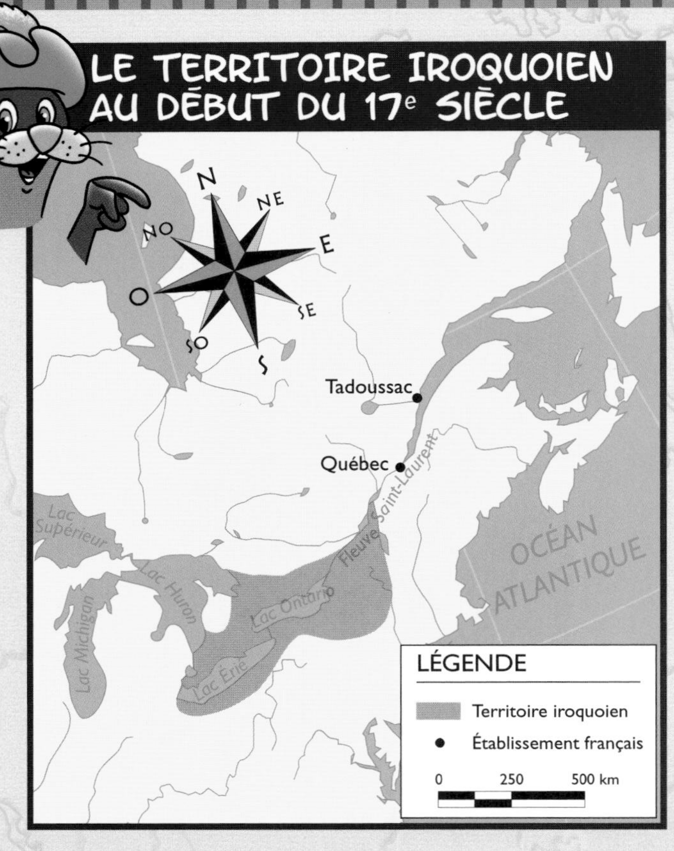

La rose des vents

Vois-tu cette sorte de petite étoile sur la carte? C'est une rose des vents. Elle pointe dans différentes directions pour indiquer les points cardinaux: le nord (N), le sud (S), l'est (E) et l'ouest (O). Entre ces quatre points, il y a les points collatéraux: le nord-est (NE), le sud-est (SE), le sud-ouest (SO) et le nord-ouest (NO).

Les hémisphères Nord et Sud

Cette ligne imaginaire qui sépare la Terre en deux parties, c'est l'équateur. Chaque moitié s'appelle un hémisphère. Il y a l'hémisphère Nord et l'hémisphère Sud.

AMÉRIQUE DU NORD
OCÉAN ATLANTIQUE
Équateur
OCÉAN PACIFIQUE
AMÉRIQUE DU SUD

Cette flèche, placée entre crochets dans le texte, renvoie à la page indiquée pour des renseignements complémentaires.

LES IROQUOIENS VERS 1500

Un territoire et ses habitants

Vers 1500, les Iroquoiens habitent un territoire au sol riche où il y a beaucoup d'eau et d'immenses forêts. Les petites populations iroquoiennes sont nombreuses à se partager cette terre d'abondance qui les fait vivre.

La terre des Iroquoiens

Vers l'an 1500, le territoire des Iroquoiens est surtout situé dans la vallée du Saint-Laurent et autour des lacs Ontario et Érié. Dans cette immense plaine, il y a des collines, des vallées, de vastes lacs et de nombreux cours d'eau, comme des rivières et le fleuve Saint-Laurent.

vallée
Espace allongé, qu'un cours d'eau a creusé, situé entre deux zones de terrain plus élevées.

plaine
Grande étendue de terrain assez plat.

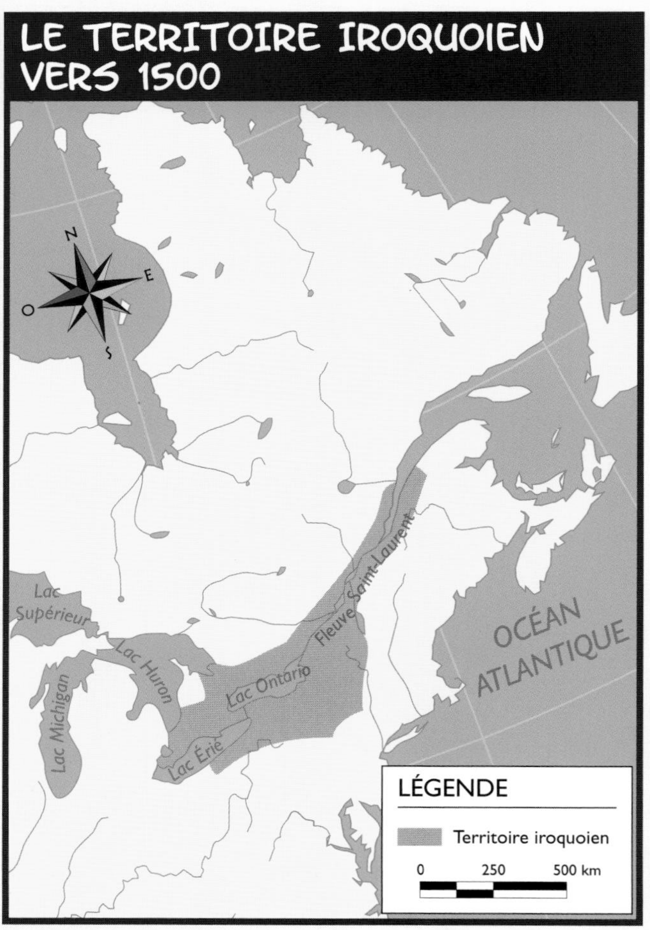

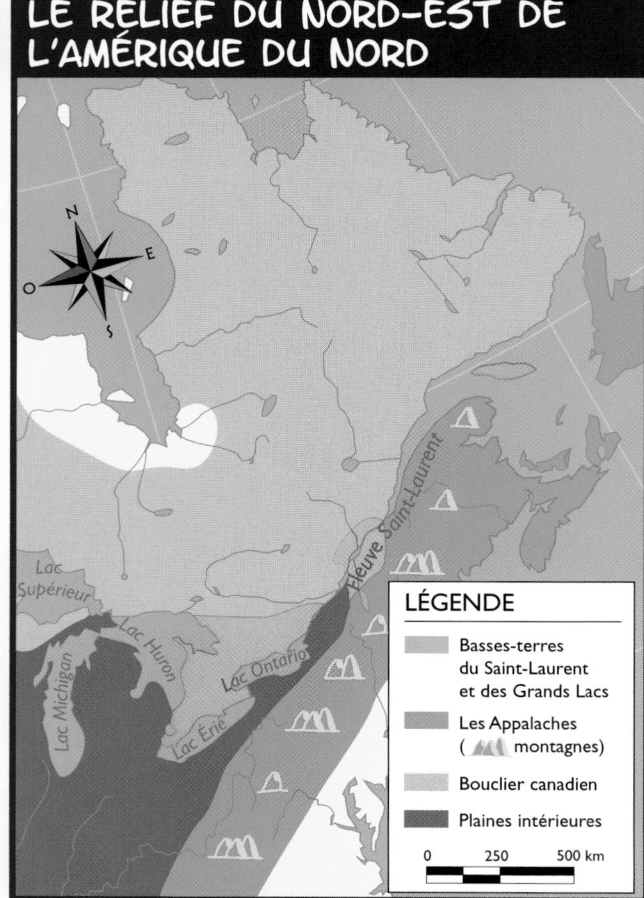

Regarde de plus près la carte du territoire iroquoien et celle du relief du nord-est de l'Amérique du Nord. Tu peux y repérer le long fleuve Saint-Laurent et les cinq Grands Lacs. Tu peux aussi voir que la chaîne de montagnes des Appalaches traverse, au sud, une petite portion de ce territoire.

Le sol du territoire iroquoien est très fertile, c'est-à-dire que la végétation y pousse facilement. De magnifiques forêts couvrent ce territoire. Plus au sud et près des Grands Lacs, c'est la forêt de **feuillus**. Dans la vallée du fleuve Saint-Laurent se dresse la forêt mixte formée de feuillus et de **conifères**. On l'appelle aujourd'hui la « forêt mixte des Grands Lacs et du Saint-Laurent ».

feuillu
Arbre qui perd ses feuilles à l'automne. Ses feuilles se renouvellent chaque printemps.

conifère
Arbre résineux aux feuilles en forme d'aiguilles ou d'écailles. La plupart des conifères gardent leurs feuilles toute l'année.

Regarde ces deux tableaux. Ils t'indiquent les principaux arbres se trouvant sur le territoire iroquoien vers 1500.

La forêt de feuillus	
caryer	hêtre
chêne	orme
érable	noyer noir

La forêt mixte des Grands Lacs et du Saint-Laurent	
Conifères	**Feuillus**
pin blanc pin rouge pruche du Canada thuya (cèdre)	bouleau jaune chêne érable

Une feuille d'érable.

Une feuille de chêne.

Il n'y a pas que des arbres sur la terre des Iroquoiens. En été, les sous-bois sont remplis de baies sauvages, comme la fraise, la framboise et le bleuet. Beaucoup d'animaux vivent dans les forêts, les cours d'eau et les lacs.

Une grande oie blanche.

Des animaux du territoire iroquoien vers 1500

Mammifères	Oiseaux	Poissons
castor	bernache du Canada	achigan
cerf de Virginie	dindon sauvage	anguille
lièvre	héron	brochet
loup	gélinotte huppée	esturgeon
mulot	grande oie blanche	saumon
orignal	tourte (pigeon sauvage)	touladi
ours		
phoque		
porc-épic		

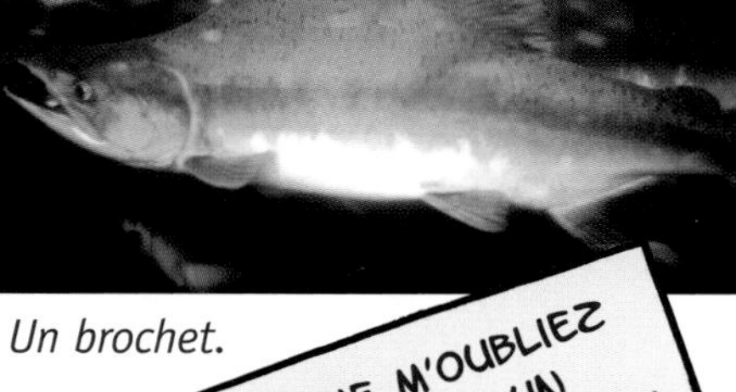
Un brochet.

HÉ! HO! NE M'OUBLIEZ PAS! JE SUIS UN MAMMIFÈRE QUI VIT DANS LES RIVIÈRES ET LES LACS DE CE TERRITOIRE.

Un lièvre. *Un loup.*

Le temps qu'il fait

Quand tu étudies une société ancienne, comme celle des Iroquoiens, le climat est un aspect important.

Le climat agit sur la vie des plantes, des animaux et des humains. Le temps qu'il fait a une grande influence sur la façon de se nourrir, de se loger et de se vêtir.

Vers 1500, le climat du territoire iroquoien est généralement tempéré. L'été chaud et humide est plutôt court. L'hiver froid dure plusieurs mois et la neige est abondante. En revanche, sur les rives des lacs Ontario et Érié ou dans le sud du territoire, le climat est plus doux et plus sec que dans la vallée du fleuve Saint-Laurent.

Évidemment, les appareils qui recueillent des données sur le climat n'existaient pas en l'an 1500 ni les villes de Québec et de Toronto. Regarde les deux climatogrammes au bas de la page. Ils te donnent une idée des différences qu'il pouvait y avoir d'un bout à l'autre du territoire iroquoien.

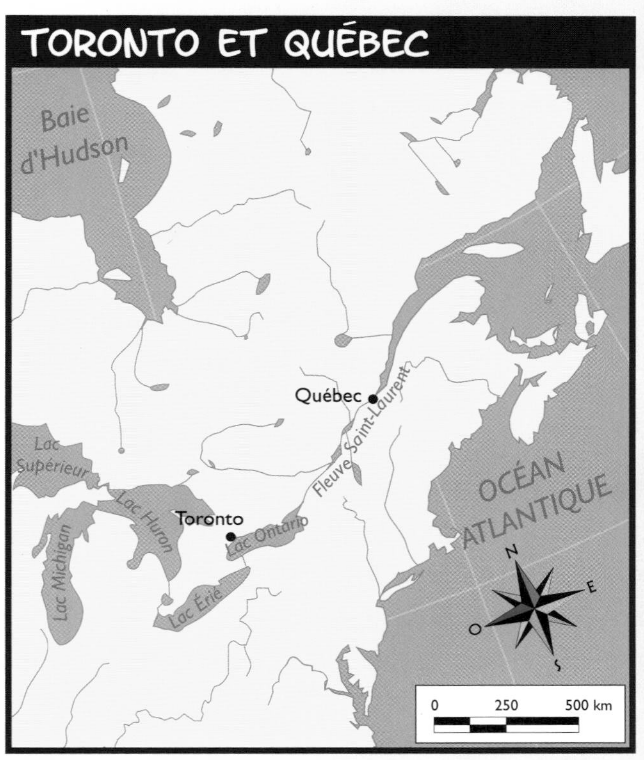

Depuis 500 ans, le climat s'est un peu modifié dans les basses-terres du Saint-Laurent et des Grands Lacs. Il fait plus chaud aujourd'hui qu'en 1500.

Climatogramme de Québec

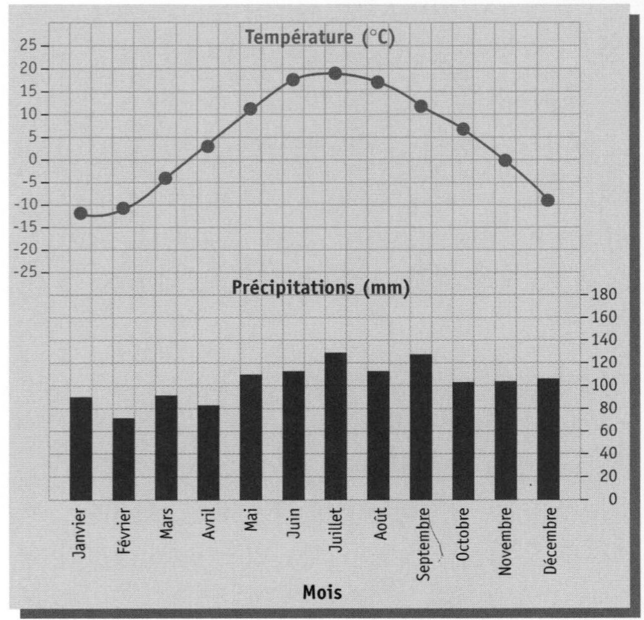

Climatogramme de Toronto

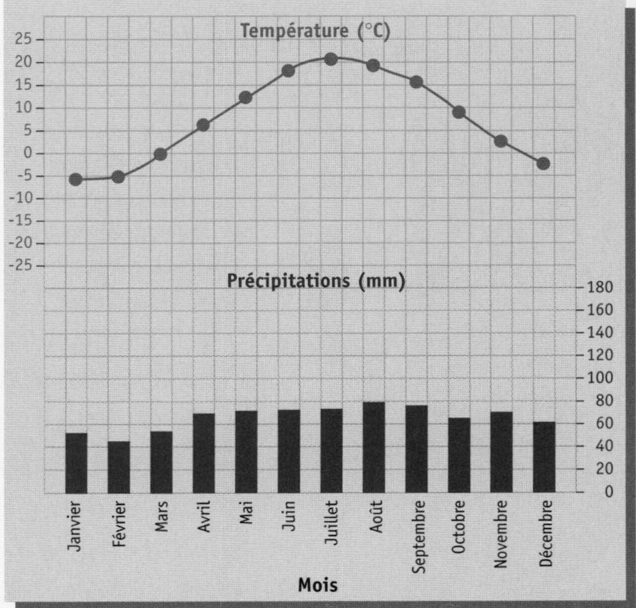

La grande famille iroquoienne

Vers l'an 1500, les Iroquoiens sont environ 100 000 à vivre sur leur territoire. Ils forment des populations réparties en sept grands groupes, soit les Neutres, les Pétuns, les Hurons, les Ériés, les Andastes, les Iroquois et les Iroquoiens du Saint-Laurent.

Ces différentes populations du territoire iroquoien parlent des langues qui se ressemblent beaucoup. C'est pour cela qu'elles appartiennent à la famille linguistique iroquoienne.

De nomades à sédentaires

nomade
Population qui n'a pas de lieu d'habitation fixe.

Pendant longtemps, les Iroquoiens ont dû se déplacer pour trouver leur nourriture. Ils étaient alors des nomades qui vivaient de chasse, de pêche, de la cueillette de fruits et de plantes sauvages.

sédentaire
Population qui possède un lieu d'habitation fixe.

combustible
Matière que l'on fait brûler pour obtenir de la chaleur.

Vers l'an 1000, ils commencent à cultiver le maïs, le haricot et la courge, des plantes qui poussent bien dans le sol de leur territoire. Elles leur procurent de la nourriture de façon plus régulière. Les Iroquoiens doivent habiter tout près de leurs champs pour les cultiver. C'est ainsi qu'ils deviennent sédentaires.

Le village iroquoien

Avant d'établir leur village, les Iroquoiens choisissent son emplacement avec soin. Ils vont y cultiver la terre et y construire des maisons longues.

Un village iroquoien peut regrouper jusqu'à 40 maisons longues et compter jusqu'à 2000 habitants.

Ils recherchent un terrain surélevé, qui est facile à défendre en cas d'attaque. En plus, cet endroit doit être situé au bord d'un lac ou d'une rivière, près d'une belle forêt.

Ces ressources en eau et en bois sont très utiles. L'eau étanche la soif, bien sûr, mais elle sert aussi à arroser les champs de maïs, de courge et de haricot. Avec le bois de la forêt, ils construisent leurs habitations et des canots. Le bois est aussi employé comme combustible pour la cuisson des aliments et le chauffage des maisons.

Une fois l'emplacement trouvé, les hommes abattent les arbres des alentours. Ils préparent ainsi le terrain pour bâtir un village. Ils utilisent leurs haches en pierre pour couper les plus petits arbres.

Pour faire tomber les gros arbres, ils mettent le feu à la base des troncs. Les grosses souches d'arbres restent enracinées au sol, car les Iroquoiens n'ont pas d'animaux domestiques assez forts pour les aider à les retirer du sol.

Avant de construire leurs maisons longues, les Iroquoiens surveillent la direction des **vents dominants**. C'est important, car ils veulent éviter d'exposer les longs côtés des maisons à ces vents. Ainsi, elles sont plus faciles à chauffer. De plus, elles risquent moins de se renverser quand le vent souffle très fort.

vent dominant
Vent qui souffle le plus souvent dans une direction sur une région en particulier.

La maison longue peut abriter plusieurs familles. Elle mesure environ de 20 à 30 mètres de long. C'est une construction en bois au toit arrondi recouverte par des panneaux d'écorce de thuya ou d'orme. À chaque bout, il y a une porte. À l'intérieur de la maison, au milieu, une rangée de foyers servent à la cuisson des aliments et au chauffage. La fumée de ces feux s'échappe par des trous percés dans le toit d'où la lumière du jour pénètre.

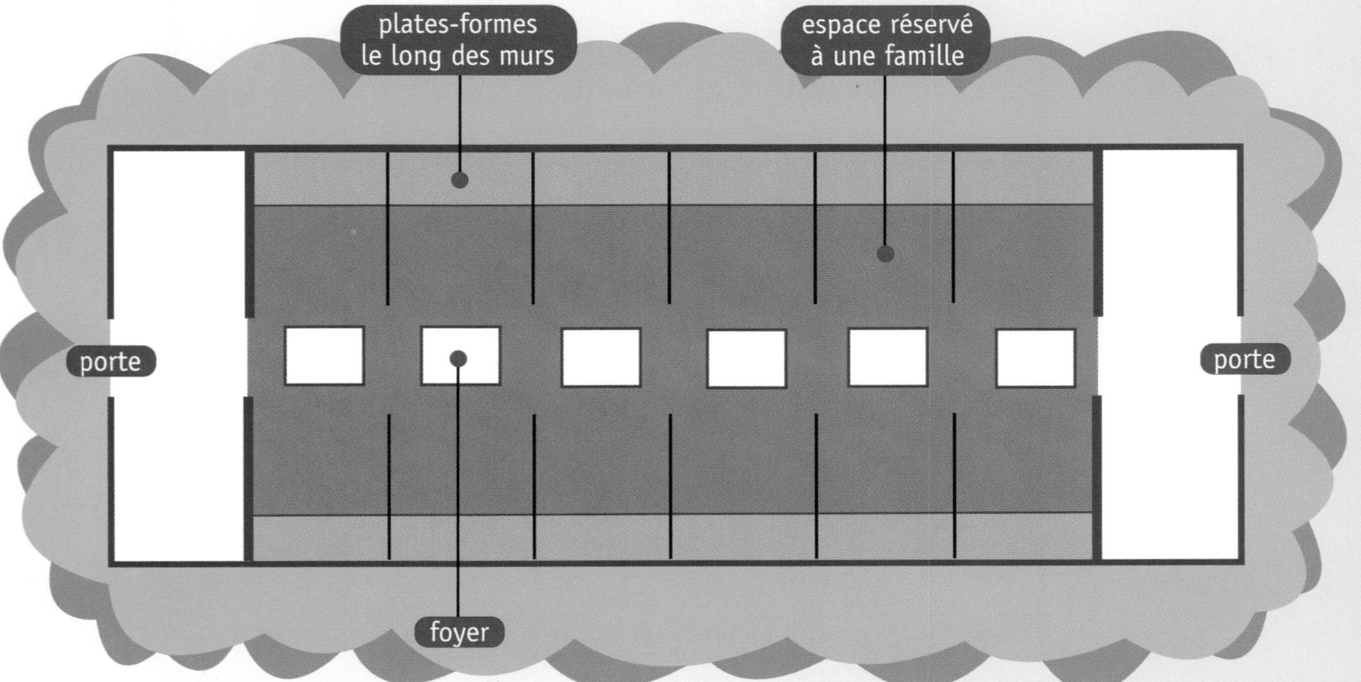

Le plan d'aménagement d'une maison longue.

L'intérieur d'une maison longue.

Les familles, qui vivent de chaque côté des foyers, utilisent les plates-formes aménagées le long des murs. La plate-forme du bas leur sert de couchette pour dormir. Celle au-dessus leur sert de grenier pour entreposer les réserves de nourriture, les vêtements ou les raquettes.

Un village iroquoien.

Le village iroquoien est une véritable forteresse! Tout autour du village, les Iroquoiens érigent une palissade faite de pieux ou parfois de branches entremêlées et pointues. C'est une sorte de mur qui protège les maisons longues et leurs habitants du vent, des animaux sauvages et des guerriers ennemis. À l'intérieur de la palissade, une plate-forme assez haute sert à surveiller les alentours du village. On y monte à l'aide d'échelles.

Le plan d'un village iroquoien.

LÉGENDE

- Palissade
- Plate-forme d'observation
- Maison longue
- Rivière
- Forêt
- Champ cultivé

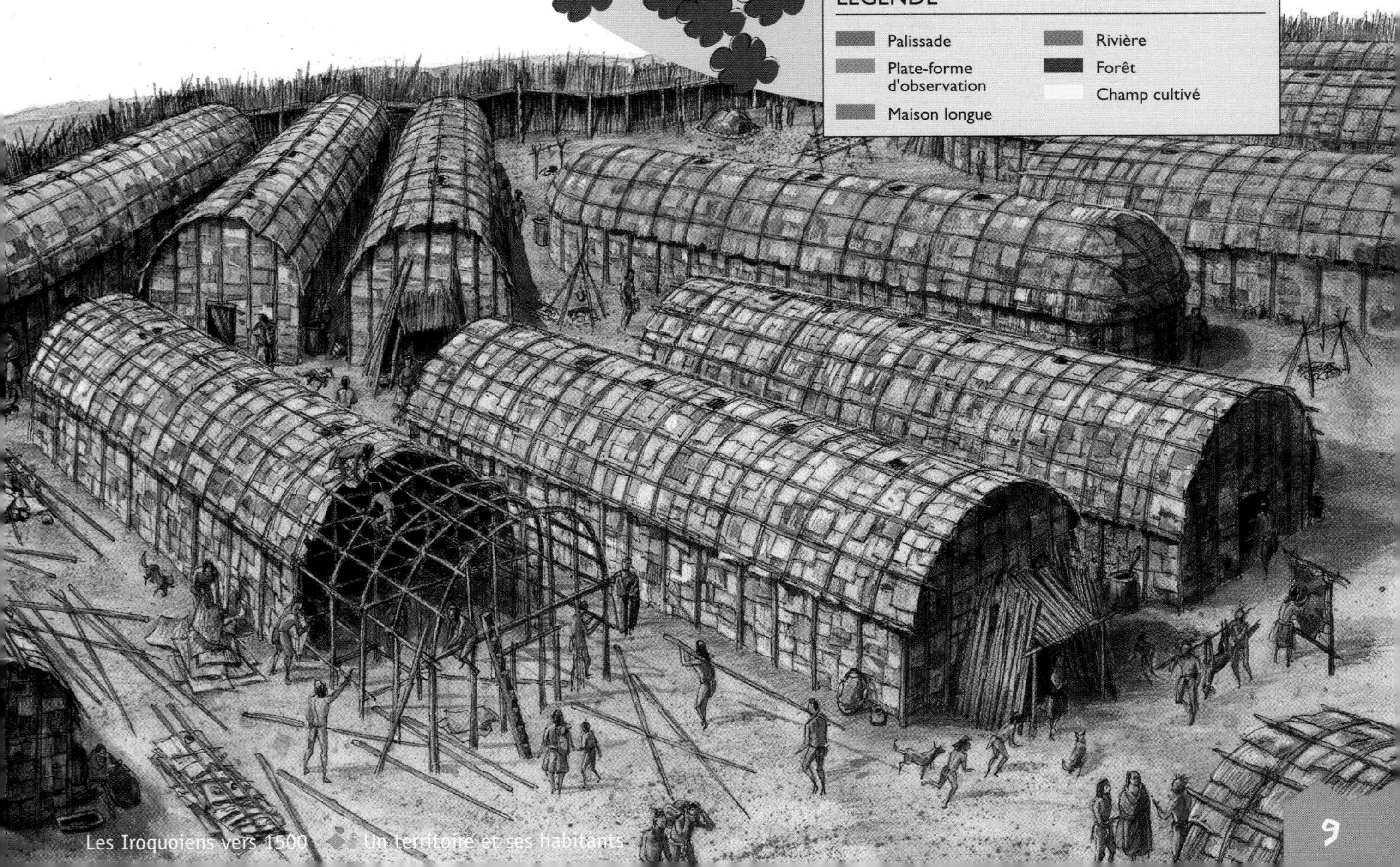

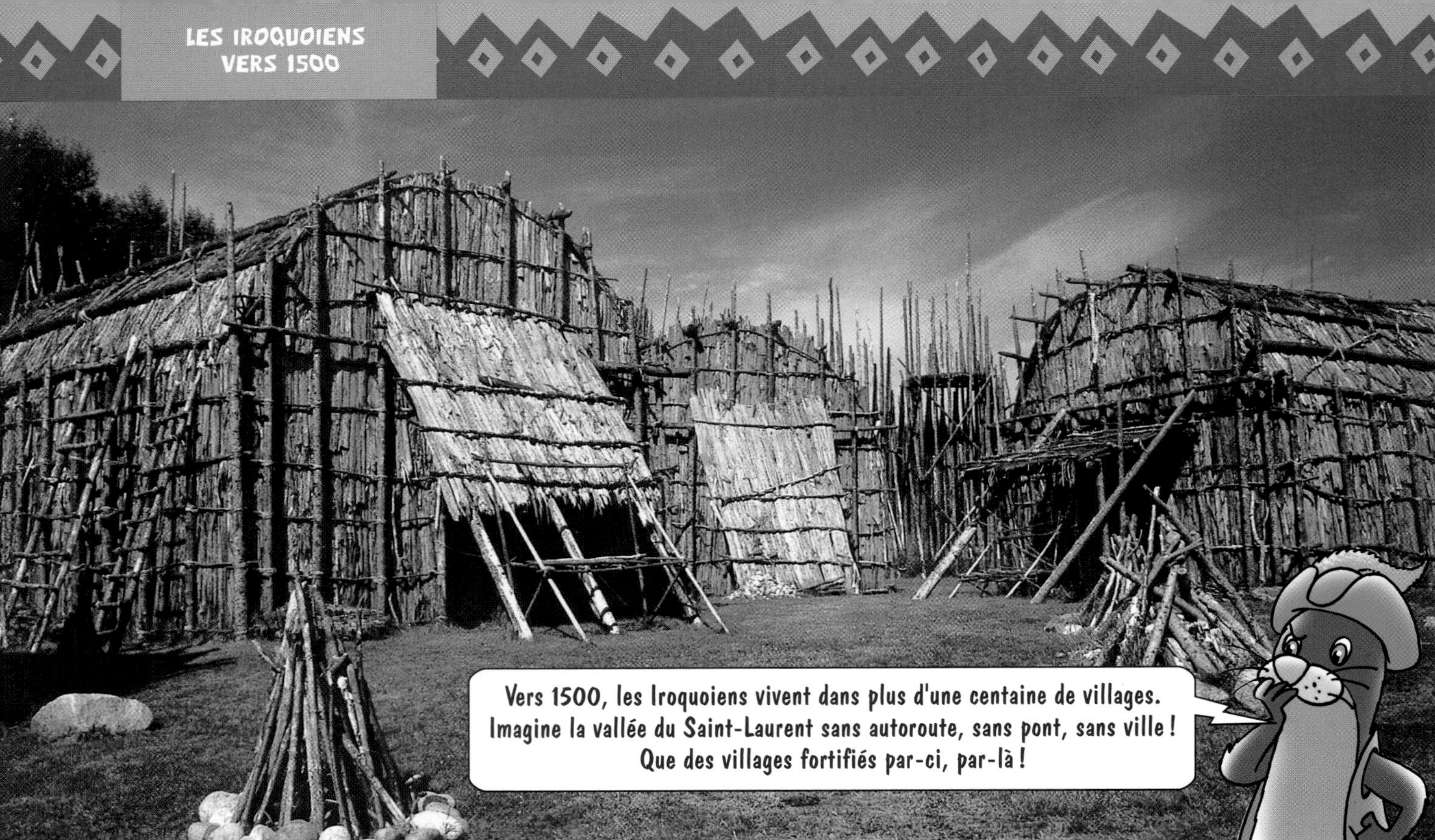

Vers 1500, les Iroquoiens vivent dans plus d'une centaine de villages.
Imagine la vallée du Saint-Laurent sans autoroute, sans pont, sans ville !
Que des villages fortifiés par-ci, par-là !

Une reconstitution d'un village huron.

Tous les 10 ou 15 ans, les familles iroquoiennes doivent trouver un nouvel emplacement pour leur village, puis tout recommencer. En effet, après plusieurs années d'agriculture, le sol finit par s'appauvrir. Les plants de maïs, de courge et de haricot poussent moins bien dans les champs. Les villageois épuisent aussi une autre ressource précieuse : les arbres de la forêt avoisinante. Sans ce combustible, il leur est impossible de cuire les aliments ou de chauffer les maisons.

Travail et vie quotidienne

Au début du 16e siècle, comment les Iroquoiens parviennent-ils à survivre sur leur territoire ? En as-tu une idée, une image ? Essaie de t'imaginer au milieu d'une forêt, près d'un lac ou d'une rivière, il y a environ 500 ans. Comment ferais-tu pour te nourrir et te vêtir ? Et comment t'adapterais-tu au changement des saisons ? Les Iroquoiens ont su le faire en transformant et en utilisant des ressources de leur territoire.

L'agriculture

Les activités des populations iroquoiennes changent au fil des saisons. Du printemps à l'automne, les Iroquoiens pratiquent l'agriculture. Le sol fertile des plaines du territoire et le climat sont favorables à la culture du sol.

À l'arrivée du printemps, le temps s'adoucit. C'est le moment d'ensemencer d'immenses champs à l'extérieur du village. Les femmes préparent le sol. À l'aide de **houes**, elles retournent la terre entre les souches d'arbres pour y semer des graines.

houe
Pioche munie d'une lame de pierre ou d'os.

Tout au long de l'été, les Iroquoiennes s'activent dans les champs de maïs, de courges, de haricots et de tournesols. Elles enlèvent les mauvaises herbes autour des plants et éloignent les oiseaux que les champs attirent. Dans les sous-bois, elles cueillent des fraises, des bleuets et des framboises.

Au début de l'automne, les Iroquoiennes s'occupent de la récolte et du séchage des plantes cultivées.

Les semailles au printemps.

LES TROIS SŒURS

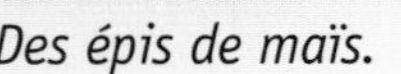
Des épis de maïs.

Des haricots.

Selon une légende iroquoienne, le maïs, la courge et le haricot étaient trois belles femmes inséparables. Cette légende vient peut-être du fait que ces trois plantes poussent bien ensemble.

Dans les champs, les Iroquoiennes sèment les graines de maïs, de haricot et de courge côte à côte. Pendant leur croissance, ces plantes s'aident entre elles. Les grands plants de maïs protègent les courges du soleil et du vent. Les feuilles des plants de courge étouffent les mauvaises herbes et gardent l'humidité du sol. Les plants de haricot s'enroulent sur les grandes tiges de maïs qui leur servent d'appui.

Des courges.

Le maïs est le principal aliment des Iroquoiens. Les femmes le servent bouilli ou grillé. Elles transforment aussi les grains de maïs séchés en farine pour cuisiner une soupe, la sagamité, ou un pain tout plat.

DE LA SAGAMITÉ AU MENU

Pour cuisiner la sagamité, l'Iroquoienne broie des grains de maïs séchés avec un pilon et un mortier. Parfois, elle écrase les grains entre deux pierres. Elle sépare la farine obtenue de l'enveloppe des grains. Elle fait chauffer de l'eau et y verse cette farine de maïs. Si elle a des haricots, de la courge, du poisson ou de la viande, elle en ajoute. Le tour est joué ! La sagamité peut être servie.

Une Iroquoienne écrasant des grains de maïs pour en faire de la farine. Le pilon est un bâton de bois et le mortier est un tronc d'arbre évidé.

pilon

mortier

Vers 1500, l'alimentation peut varier d'une population iroquoienne à une autre. Par exemple, les habitants du village de Stadaconé, situé dans l'est du territoire iroquoien (près de l'actuelle ville de Québec), mangent beaucoup plus de viande et moins de maïs que les villageois hurons. Le climat plus doux de l'ouest du territoire, où les Hurons vivent, leur permet de récolter plus de maïs et, ainsi, d'en consommer davantage.

Un sac à tabac.

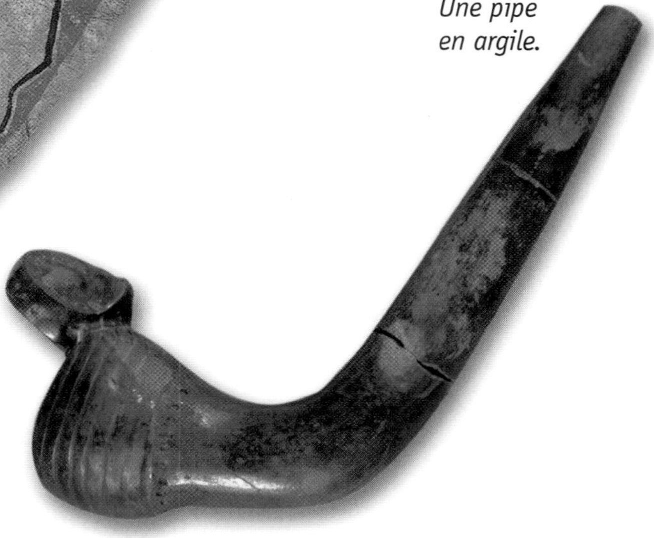

Une pipe en argile.

Les Iroquoiens cultivent le tabac. Ils font sécher les feuilles de cette plante au soleil, puis les fument à l'aide de pipes en argile de leur fabrication.

argile
Roche terreuse et imperméable, facile à façonner.

La pêche et la chasse

Les nombreux lacs et cours d'eau du territoire iroquoien sont poissonneux. À bord de leurs canots d'écorce, les Iroquoiens naviguent sur les lacs et les rivières pour aller pêcher le touladi, le brochet, l'achigan et autres poissons de leur territoire. Ils les attrapent avec des hameçons de bois ou d'os, des filets et des harpons. Ils pêchent aussi en eau peu profonde. En hiver, ils percent un trou dans la glace pour pêcher.

Le poisson est un complément de nourriture pour les Iroquoiens, qui s'adonnent à la pêche toute l'année.

Le séchage du poisson.

Les Iroquoiens consomment les poissons qu'ils ont pris la journée même ou les conservent pour plus tard. Pour conserver le poisson, ils le font sécher au soleil ou fumer au-dessus d'un feu. Ils entreposent les poissons ainsi séchés dans des contenants d'écorce.

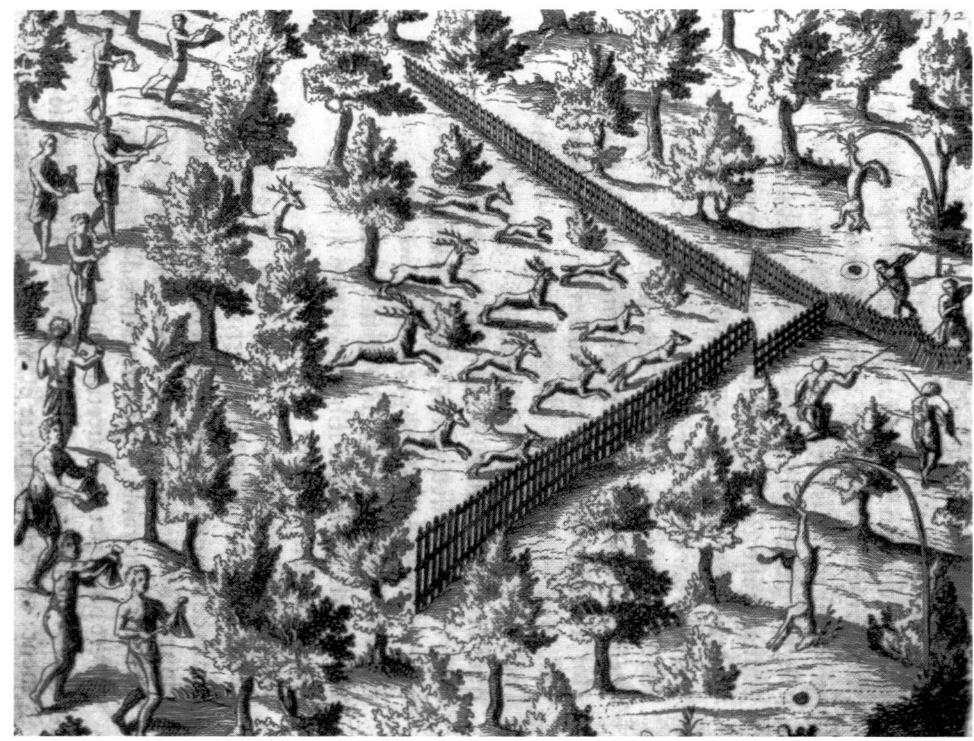

À l'aide de leurs chiens, les hommes poursuivent le cerf ou l'ours jusqu'à un cours d'eau ou à un enclos qu'ils ont construit. Ainsi encerclé, l'animal ne peut pas s'échapper et est tué à l'aide de javelots.

Les Iroquoiens sont d'habiles chasseurs. Ils chassent des animaux de la forêt pour se vêtir, se nourrir et fabriquer des objets. Cette activité d'automne et d'hiver éloigne souvent les hommes de leur village pendant de longues périodes. Le cerf de Virginie est l'animal le plus recherché, tant pour sa chair que pour ses os et sa peau. L'ours et le castor sont aussi du gibier que les chasseurs rapportent de leurs expéditions.

Les Iroquoiens chassent également la gélinotte huppée, la tourte ou d'autres oiseaux de leur territoire. Les chasseurs sont munis d'arcs et de flèches pour tirer les oiseaux ou ils les capturent à l'aide de leurs grands filets. Ils chassent aussi de plus petits animaux, comme les mulots. Ces rongeurs, attirés par les réserves de nourriture et les champs cultivés, vivent en grand nombre à l'intérieur et autour des villages iroquoiens.

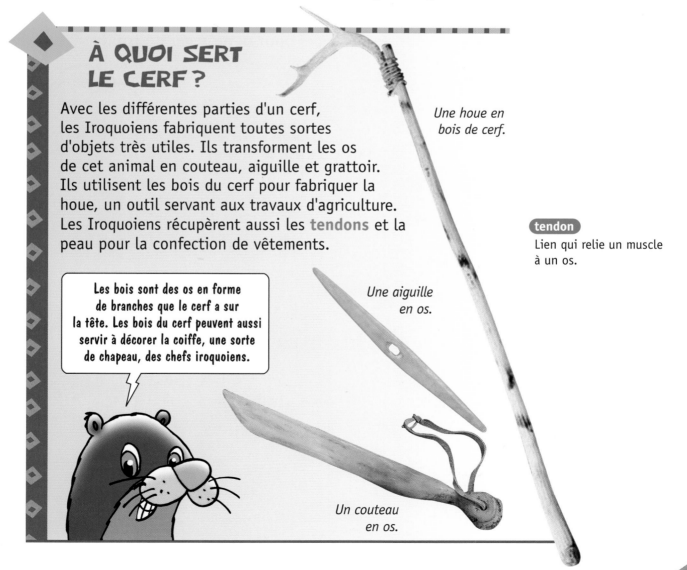

À QUOI SERT LE CERF ?

Avec les différentes parties d'un cerf, les Iroquoiens fabriquent toutes sortes d'objets très utiles. Ils transforment les os de cet animal en couteau, aiguille et grattoir. Ils utilisent les bois du cerf pour fabriquer la houe, un outil servant aux travaux d'agriculture. Les Iroquoiens récupèrent aussi les **tendons** et la peau pour la confection de vêtements.

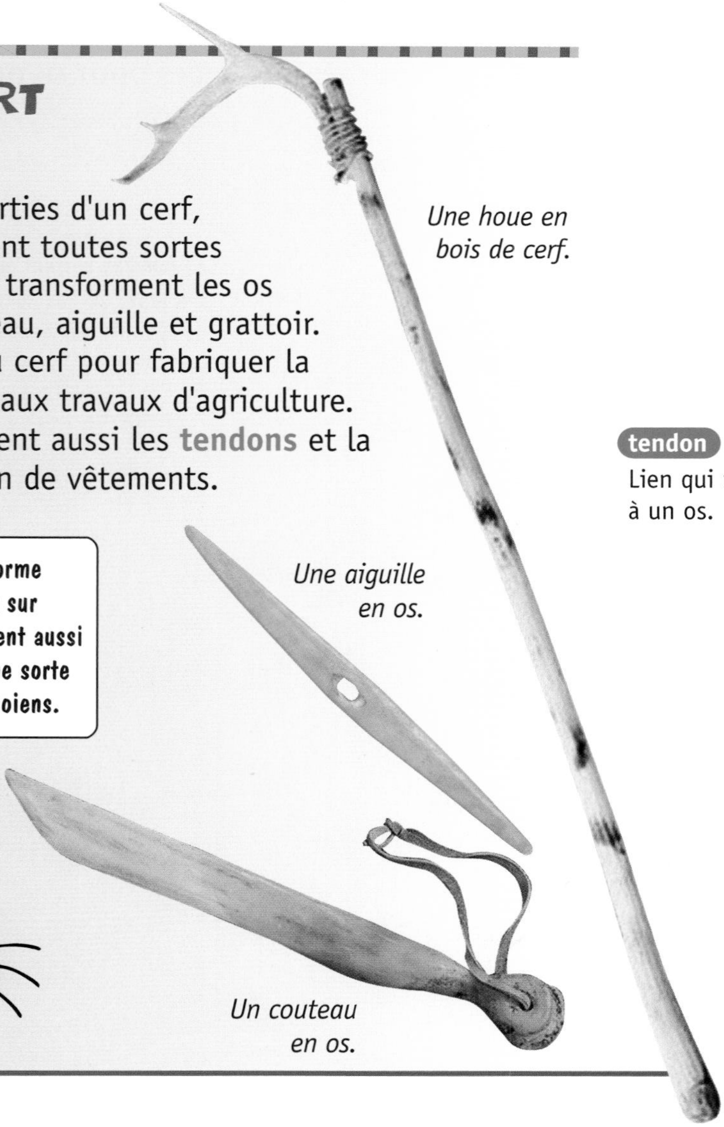

Les bois sont des os en forme de branches que le cerf a sur la tête. Les bois du cerf peuvent aussi servir à décorer la coiffe, une sorte de chapeau, des chefs iroquoiens.

Une houe en bois de cerf.

Une aiguille en os.

Un couteau en os.

tendon
Lien qui relie un muscle à un os.

Les vêtements

Les Iroquoiens confectionnent leurs vêtements avec les peaux des animaux qu'ils ont chassés. À l'aide d'un grattoir, ils préparent ces peaux avant de les tailler au couteau. Ensuite, ils cousent les morceaux obtenus pour en faire des vêtements simples. Les tendons du cerf ou d'un autre animal leur servent alors de fil à coudre.

La garde-robe des hommes et des femmes est à peu près la même. Tous deux portent un pagne et chaussent des mocassins. À l'arrivée du temps froid, ils portent des jambières, faites de peaux de cerf, et de longues chemises droites. Pour se garder encore plus au chaud, ils s'enveloppent parfois d'une couverture de peaux. Les peaux de castor ou d'ours sont des fourrures très efficaces pour se protéger du froid.

Des mocassins d'été, faits de feuilles de maïs tressées. Les mocassins d'hiver sont en peaux de bêtes.

Les femmes portent aussi une jupe, qui les couvre de la taille aux genoux.
pagne

Des vêtements d'été.

Des vêtements d'hiver.

LES VÊTEMENTS À FRANGES, C'EST GÉNIAL !

Les franges des vêtements ne sont pas que décoratives. Elles sont surtout très utiles. Les femmes ont de bonnes raisons d'ajouter ces lanières de peau aux vêtements, à l'extrémité des manches et au bas des chemises. Quand il pleut, les franges permettent au vêtement mouillé de s'égoutter, ce qui le rend plus confortable. Par temps froid, le mouvement des franges empêche la glace de se former aux extrémités du vêtement.

Les franges ont bien d'autres usages. Par exemple, les chasseurs iroquoiens peuvent enlever des franges de leurs vêtements et en faire des cordelettes pour réparer une déchirure dans un vêtement ou fabriquer un collet servant à attraper le petit gibier.

Les Iroquoiens aiment peindre des dessins sur leurs vêtements ou les décorer avec des piquants de porc-épic. Ils soignent aussi leur chevelure qu'ils enduisent de graisse animale ou d'huile de tournesol. Les jours de fête, ils se parent de bijoux faits de coquillages et peignent leur corps de motifs géométriques et de dessins d'animaux.

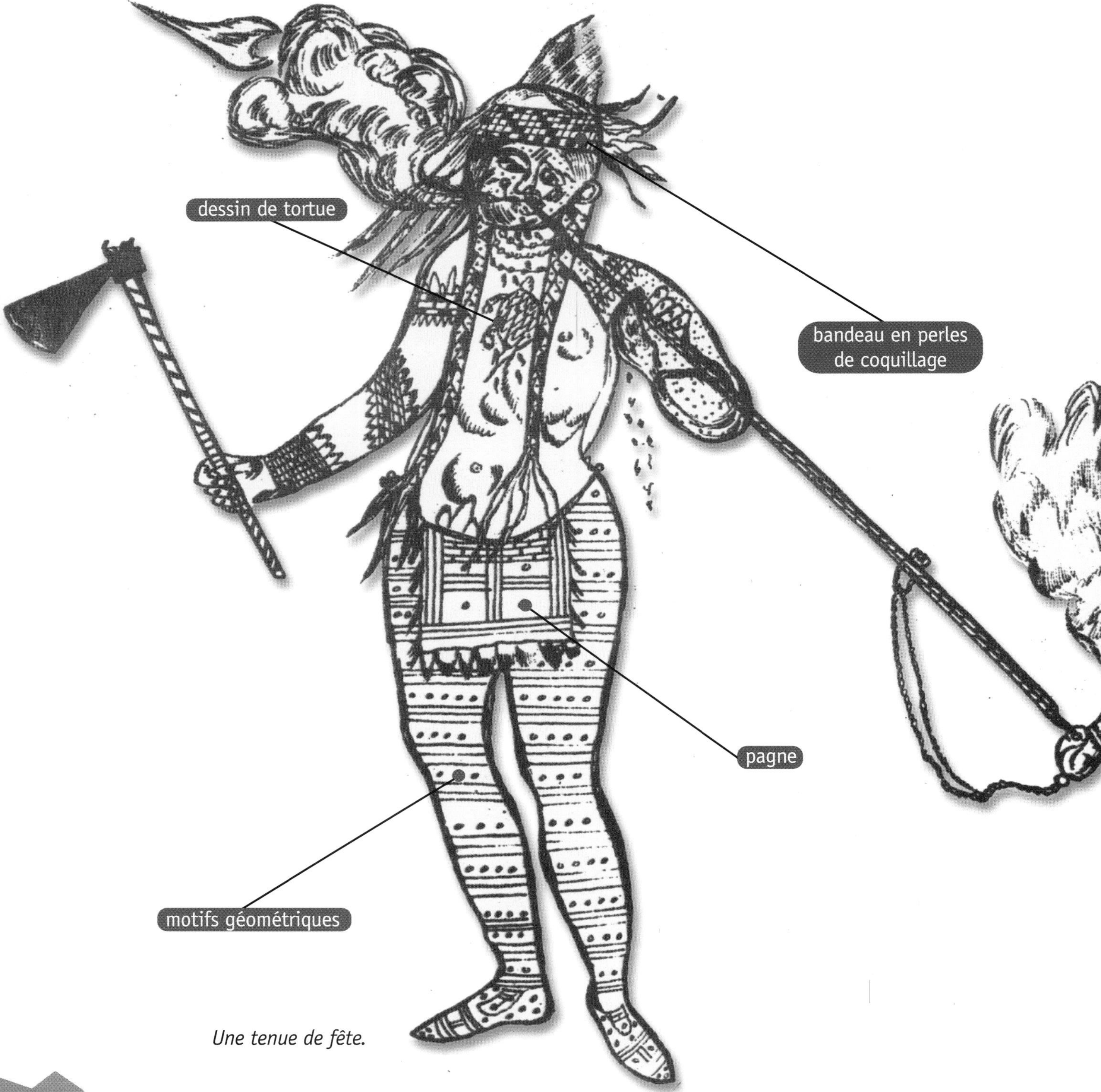

Une tenue de fête.

Société et culture

Rappelle-toi : la culture du maïs, du haricot et de la courge est une source de nourriture abondante pour les Iroquoiens. Ce sont les femmes qui s'occupent des champs, des récoltes et de la préparation des repas. De bien grandes responsabilités ! C'est pour cela qu'elles sont influentes dans la société iroquoienne. Dans les prochaines pages, tu verras aussi que les Iroquoiens se consultent avant de prendre des décisions importantes et qu'ils respectent la nature.

La mère à l'origine du clan

La société iroquoienne est organisée en clans. Un clan regroupe des familles qui ont une même ancêtre maternelle. Dans un village, les familles de même clan vivent ensemble dans une ou plusieurs maisons longues.

C'est une mère âgée et puissante, entourée de ses filles ou de ses sœurs, qui dirige une maison longue. Quand une femme se marie, son époux vient vivre avec elle dans sa maison.

Appartenir à un clan iroquoien, ce n'est pas sorcier. Je vais te donner un exemple.

- Un homme du clan du Loup épouse une femme du clan de la Tortue.
- Cet homme du clan du Loup doit aller vivre avec son épouse dans la maison longue du clan de la Tortue.
- Leurs enfants seront membres du clan de la Tortue, soit le clan de la mère.

L'organisation d'un clan iroquoien.

LE TOTEM, SYMBOLE DU CLAN

Les Iroquoiens associent souvent un animal à une qualité ou à une action humaine. Cet animal symbolique s'appelle un totem. Il y a plusieurs totems chez les Iroquoiens. Les plus fréquents sont le loup, l'ours et la tortue.

La signification de trois totems chez les Iroquoiens

Totem	Comportement de l'animal	Qualité ou action humaine
Loup	• Il vit en groupe. • Il explore souvent son territoire.	• Sens de la famille • Curiosité
Ours	• Le mâle vit seul. • La femelle défend férocement ses petits.	• Indépendance • Protection
Tortue	• Elle se déplace lentement.	• Patience et détermination

Chaque clan s'identifie à son totem. Les membres du clan peignent leur totem à l'entrée de leur maison longue. Ils l'utilisent aussi comme un motif décoratif sur leurs vêtements ou leur corps.

Le totem du clan de la Tortue à l'entrée d'une maison longue.

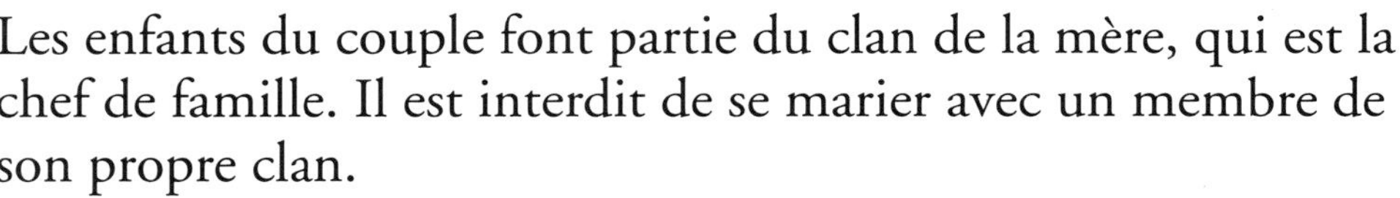

Les enfants du couple font partie du clan de la mère, qui est la chef de famille. Il est interdit de se marier avec un membre de son propre clan.

Les tâches des femmes

Les tâches des Iroquoiennes sont très nombreuses. Elles sont responsables des travaux agricoles et de l'entretien des maisons longues. Au printemps, elles sèment les graines dans les champs. À l'automne, elles partagent les récoltes entre les familles du village. Elles préparent les repas et entretiennent les feux de leur maison. Elles s'occupent aussi des enfants et leur transmettent les traditions et les connaissances.

En plus d'être des agricultrices, les femmes sont d'habiles artisanes. Elles fabriquent toutes sortes d'objets utiles, comme des vases en argile ou d'autres récipients en écorce. Elles s'en servent pour conserver, par exemple, des grains de maïs, des haricots et des poissons séchés ou pour faire cuire des aliments. Les paniers qu'elles tressent servent aussi à transporter de petits fruits et des plantes sauvages à la période de la cueillette.

Un panier tressé.

Elles préparent les peaux pour en faire des vêtements ou des couvertures. Elles cousent les morceaux d'écorce qui recouvrent les canots et tressent le fond des raquettes.

Les tâches des hommes

Les hommes construisent les villages. Ils passent beaucoup de temps à chasser, à pêcher, à commercer ou à participer à des expéditions guerrières. Quand ils sont au village, ils s'occupent du défrichement, pour obtenir de nouveaux champs, de la coupe du bois et de la culture du tabac.

Comme les femmes, les hommes sont aussi d'habiles artisans. En hiver, ils confectionnent différents outils (hache, grattoir, houe) et leurs armes (arc, flèche, javelot, couteau). Ils les façonnent dans des os de bêtes, le bois et la pierre. Ils fabriquent aussi l'armature des canots, le cadre des raquettes et les toboggans.

défrichement
Action de détruire la végétation et de retirer les pierres du sol pour le rendre cultivable.

toboggan
Traîneau fait de planches minces recourbées à l'avant.

Le tomahawk est une hache. Il est à la fois un outil et une arme.

Un casse-tête, aussi appelé « massue ».

Les enfants et les personnes âgées

L'éducation des enfants iroquoiens se fait très librement. On ne leur adresse jamais de reproches en public et les punitions sont rares. Les petits Iroquoiens ne vont pas à l'école. Ils apprennent en jouant ou en imitant les adultes.

Les filles accompagnent leur mère dans les champs et observent leur travail. On peut leur confier la tâche de faire fuir les oiseaux qui picorent dans les champs. Les garçons, eux, apprennent à pêcher et à manier les armes. En observateurs, ils participent aux expéditions de chasse pour reconnaître le gibier et apprendre comment l'attraper. On attend d'eux courage et débrouillardise.

Quand leurs parents sont vieux, les enfants en prennent soin. Au village, les aînés sont très respectés. Les villageois consultent souvent ces personnes âgées, car elles ont beaucoup de connaissances.

Partager et s'amuser

Les Iroquoiens n'accumulent pas de biens pour leur usage personnel. Tout appartient au clan. Quand les hommes reviennent d'une expédition de chasse ou d'un voyage de commerce, ils distribuent les prises et les produits aux membres de leur clan à l'occasion d'un grand festin. Cette entraide favorise l'harmonie entre les membres du clan.

Plus un Iroquoien est généreux, plus les autres le respectent. Les Iroquoiens aiment offrir des cadeaux et participer aux activités du village. Par exemple, quand un incendie détruit une maison, les villageois font une collecte de bois et de maïs pour aider les familles éprouvées. Ils s'unissent pour rebâtir cette maison. Les Iroquoiens ont un grand sens de l'hospitalité et accueillent leurs visiteurs comme des membres de leur propre famille.

Les Iroquoiens aiment organiser des fêtes. Ils jouent alors à des sports d'équipe, comme la crosse et le jeu des deux balles. Les jeux d'adresse, comme le bilboquet, sont très populaires. Ils adorent aussi les jeux de hasard, par exemple le jeu de plat.

Le jeu de plat s'apparente à un jeu de dés. Il consiste à faire sauter des noyaux de fruits séchés qui ont une moitié noircie, un peu comme on lance des dés.

JEUX DE BALLE

Parmi les sports d'équipe des Iroquoiens, il y a la crosse pour les hommes et, pour les femmes, le jeu des deux balles.

Encore pratiquée de nos jours, la crosse est un jeu qui consiste à aller porter une balle dans un but à l'aide d'un bâton muni d'un panier. Une partie de crosse se joue entre deux équipes.

Un peu moins connu, le jeu des deux balles réunit aussi deux équipes. Il s'agit d'atteindre une cible plantée dans le sol à l'aide de deux balles réunies par une lanière de cuir. Ces balles sont faites de peau de bête et sont remplies de sable. Les joueuses se servent d'un bâton recourbé pour attraper et lancer les deux balles.

Un bâton de crosse.

Le jeu des deux balles.

Les chefs de clan

Dans un village iroquoien, il peut y avoir plusieurs clans. Chaque clan a son chef de paix, le sachem, qui le représente au conseil du village. Pour être élu, un sachem doit faire preuve d'éloquence, de courage et de générosité. Ce sont les mères qui choisissent les sachems. S'ils ne remplissent pas bien leur rôle, elles demandent leur remplacement.

éloquence
Don de la parole, facilité à s'exprimer.

Les sachems forment un conseil d'hommes qui règle la vie du village et s'occupe d'établir des relations avec les villages voisins. Quand ils se réunissent pour régler un problème, tous les sachems du village doivent se mettre d'accord avant de prendre des décisions.

Un guerrier iroquoien en armure.

Plusieurs villages voisins constituent une nation. Certaines nations se regroupent en **confédérations**. On trouve donc aussi des conseils de nation et des conseils de confédération, tous formés par des chefs de clan.

Il y a aussi les chefs de guerre. Lors des conflits, ces chefs dirigent les expéditions guerrières, capturent des prisonniers et les ramènent au village. Les mères du village n'hésitent pas à adopter ces captifs pour remplacer les hommes de leur clan qui sont morts au combat.

L'avis des mères iroquoiennes est très important dans la décision du village de partir en guerre ou de faire la paix. Elles ont de l'influence sur les affaires du village !

Regarde le schéma. Il résume comment les Iroquoiens s'organisent pour prendre des décisions à l'intérieur d'un village, d'une nation, d'une confédération.

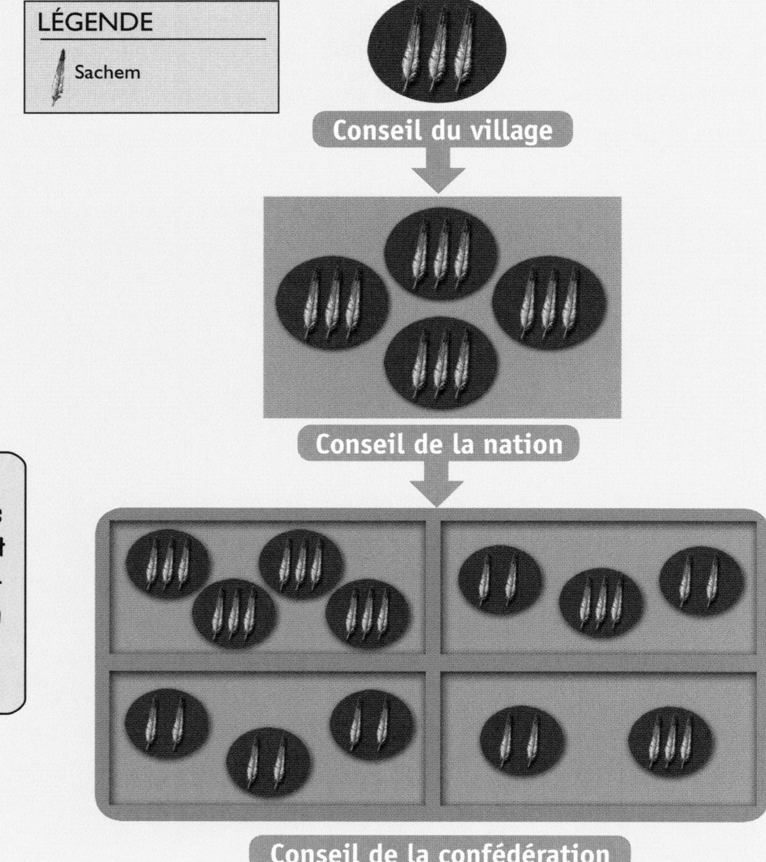

Les dirigeants iroquoiens vers 1500.

LES CONFÉDÉRATIONS IROQUOISE ET HURONNE

Au 16e siècle, les Iroquois et les Hurons sont deux grandes **confédérations** de la famille iroquoienne.

confédération
Union de nations. Ces nations s'unissent pour rétablir la paix entre elles, se protéger contre des ennemis communs et faciliter leurs échanges commerciaux.

Vers 1500, les Iroquois sont environ 22 000 et forment une confédération de cinq nations. C'est le groupe iroquoien le plus nombreux après les Neutres.

À peine moins nombreux que leurs voisins iroquois, les Hurons comptent environ 20 000 personnes. Ils sont répartis en quatre nations, unies pour former la confédération huronne. Le véritable nom des Hurons est « Wendats », qui veut dire les « insulaires » ou les « habitants d'une île ».

« Haudénosauni », qui signifie le « peuple de la maison longue », est le nom exact de ceux qu'on appelle « Iroquois ». Leurs ennemis les nommaient « Iroquois », qui veut dire « peuple de tueurs ». Cela en dit long sur la grande crainte que les Iroquois inspiraient à leurs ennemis en temps de guerre.

Des croyances liées à la nature

Au 16e siècle, les croyances des Iroquoiens sont très liées à leur vie quotidienne et à la nature. Pour eux, tout ce qui les entoure possède un esprit : les êtres humains, les animaux, les plantes et les objets.

Les Iroquoiens demandent souvent aux esprits de les protéger et de les guider. Selon eux, les esprits les aident à accomplir leurs activités quotidiennes et peuvent, s'ils sont mécontents, provoquer le malheur, par exemple une mauvaise récolte de maïs ou la maladie.

Chez les Iroquoiens, le chaman peut accéder au monde des esprits. C'est un homme, ou parfois une femme, qui aurait des pouvoirs magiques.

Un chaman iroquoien.

Les Iroquoiens portent sur eux des objets porte-bonheur, comme un petit os de lièvre ou un caillou qui, selon eux, servaient à les protéger. Ce sont des amulettes.

Certains chamans prétendent pouvoir conjurer le sort qu'un sorcier ennemi aurait jeté aux villageois. D'autres se disent capables de parler aux personnes qui sont mortes et de prédire l'avenir. Les chamans les plus importants du village sont les guérisseurs. Ils soignent les malades à l'aide de plantes, de chants ou de danses.

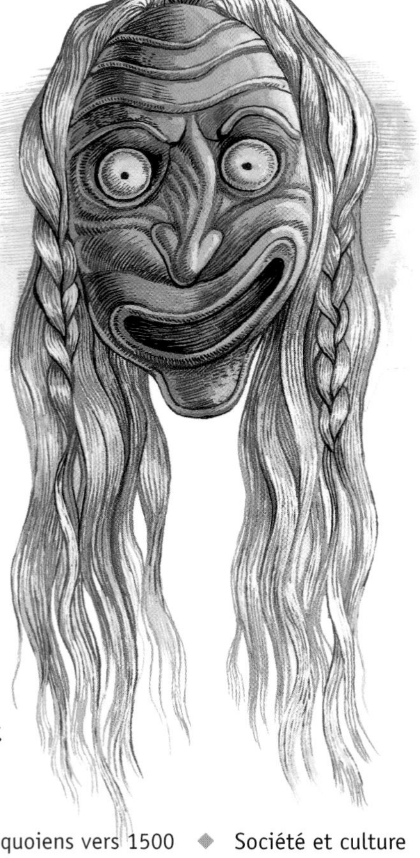

Un masque de guérisseur.

Les Iroquoiens respectent beaucoup la nature. Ils célèbrent les « trois sœurs » : le maïs, la courge et le haricot. Ces cérémonies spéciales ont lieu au printemps, lors des semailles, et à l'automne, au moment des récoltes. Tout l'été, les Iroquoiens prient l'esprit du tonnerre pour éviter la sécheresse. Ils n'ont pas d'église ou de temple où prier, ni de prêtre pour célébrer des cérémonies.

Le culte des morts

Les Iroquoiens ont un grand respect pour leurs morts. Certains les enterrent à l'intérieur du village, parfois même sous leur maison. D'autres placent les morts, entourés de leurs objets personnels, sur des plates-formes, à l'extérieur du village.

Les villageois iroquoiens célèbrent une grande fête des morts tous les 10 ou 15 ans, au moment de changer l'emplacement du village. Cette fête spéciale dure 10 jours. Elle est l'occasion d'un gigantesque festin. Le conseil du village organise des chants, des danses, des jeux et des compétitions amicales. C'est le temps pour les villageois d'offrir des cadeaux à tous ceux qui sont morts et de rassembler leurs os pour les enterrer dans une grande fosse commune.

Un cimetière iroquoien.

L'art utile

Comme tu l'as vu, les Iroquoiens utilisent des ressources de leur milieu pour confectionner des objets dont ils ont besoin. Ils y apportent beaucoup de soin.

vannerie
Fabrication d'objets à l'aide de matières végétales tressées.

Les Iroquoiennes font de la vannerie. Elles tressent des joncs, qui poussent au bord des lacs et des cours d'eau, pour en faire des nattes, une sorte de tapis. Avec ces plantes ou de fines lamelles de bois, elles tressent aussi des paniers. Elles façonnent des marmites, des vases, des pipes ou d'autres poteries dans de l'argile. À l'aide de petits outils en os, elles tracent sur ces contenants d'argile des motifs décoratifs.

Un vase en argile.

Une Iroquoienne tressant un panier.

Un wampum.

La coiffe des chefs est un autre magnifique exemple de l'art iroquoien. Cette sorte de chapeau est orné de plumes, de poils de bête, de piquants de porc-épic ou de perles. Les chefs portent cette coiffe lors des cérémonies.

Une coiffe de cérémonie.

L'objet d'art le plus impressionnant est sûrement le wampum, une parure très appréciée des Iroquoiens. C'est une ceinture ou un collier fait de perles. Pour obtenir ces perles, les artisans polissent des morceaux de coquillage. Ils les percent pour les enfiler sur une lanière de peau. Par la disposition des couleurs et des motifs des perles, les artisans « racontent » un événement important, comme un mariage ou une entente conclue entre deux nations.

Moyens de transport et échanges

Au début du 16e siècle, les Iroquoiens sont sédentaires mais ils voyagent souvent. Leurs expéditions de chasse, de pêche ou de guerre les éloignent de leurs villages. Ils se déplacent aussi pour échanger des choses. Les échanges leur permettent de se procurer ce qu'ils ne trouvent pas dans leur milieu ou ne peuvent pas produire.

Par les sentiers et les cours d'eau

À cette époque, les routes n'existent pas, mais un immense ensemble de sentiers relie les villages iroquoiens entre eux. Les Iroquoiens parcourent ces chemins de terre à travers les forêts. À bord de leurs canots, ils naviguent sur le fleuve Saint-Laurent et sur les nombreux lacs et rivières de leur territoire. Ces chemins d'eau sont les « routes » les plus rapides du territoire.

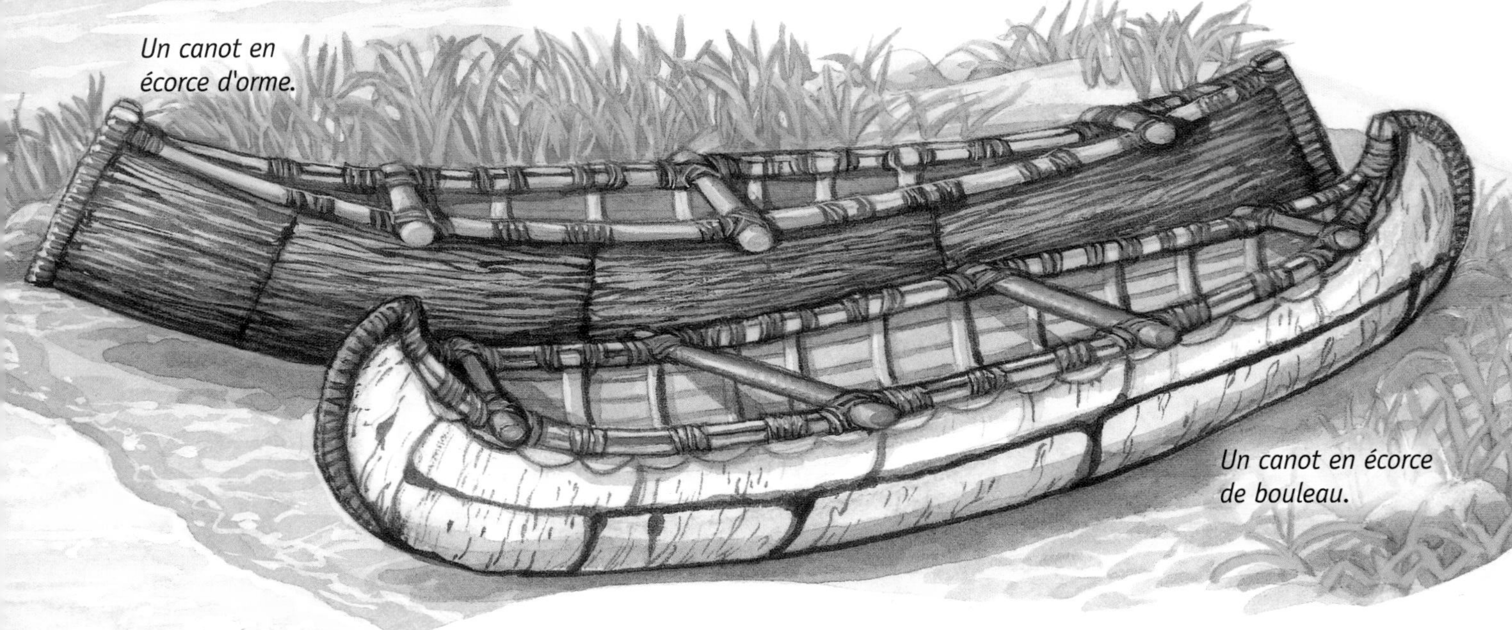

Un canot en écorce d'orme.

Un canot en écorce de bouleau.

Le canot

Le canot est le moyen de transport par excellence chez les Iroquoiens. Il mesure environ de 3 à 4 mètres de long. L'Iroquoien peut le porter sur ses épaules pour contourner des rapides ou des chutes qui l'empêchent de naviguer.

rapide
Partie d'un cours d'eau où le courant est rapide et tourbillonnant.

Les nations iroquoiennes construisent des canots avec les ressources de leur milieu. C'est ainsi qu'au nord du territoire iroquoien, les Hurons se déplacent dans un canot léger et rapide, fait d'écorce de bouleau. Au sud du lac Ontario, où les grands bouleaux sont plus rares, les Iroquois fabriquent un canot en écorce d'orme. Le canot d'orme est plus lourd et prend plus facilement l'eau que celui en écorce de bouleau.

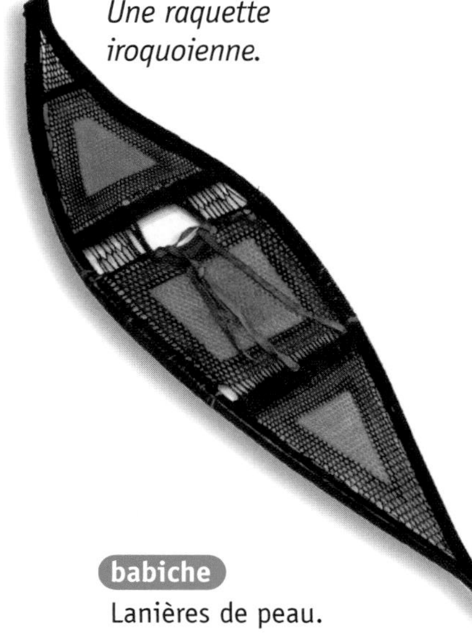

Une raquette iroquoienne.

Les raquettes et le toboggan

Les raquettes sont très efficaces pour marcher dans la neige épaisse. Raquettes aux pieds, les Iroquoiens peuvent suivre facilement la trace des animaux qu'ils chassent sans trop s'enfoncer dans la neige. Les raquettes iroquoiennes sont étroites, ce qui facilite les déplacements entre les arbres rapprochés.

La fabrication des raquettes est une tâche commune aux hommes et aux femmes. D'abord, les hommes en fabriquent le cadre. Ils utilisent un bois léger, comme le bouleau jaune, qu'ils ramollissent dans l'eau chaude pour le plier sans le casser. Une fois le cadre séché, les femmes tressent un fond en babiche à l'aide d'une aiguille en os.

babiche
Lanières de peau.

En hiver, pour transporter de lourdes charges, comme du gros gibier ou du bois de chauffage, les Iroquoiens utilisent le toboggan, qui glisse facilement sur la neige.

Le troc n'est pas une nouveauté du début du 16e siècle. Les sociétés amérindiennes font déjà des affaires entre elles depuis plus de 5000 ans !

Le troc : du commerce sans monnaie

Les Iroquoiens n'ont pas de monnaie. Quand ils font du commerce, ils échangent un bien contre un autre. Ce moyen d'échange s'appelle le troc. En temps de paix, les nations iroquoiennes font du troc entre elles ou avec d'autres nations amérindiennes. Elles le font parce que les ressources de leur territoire ne répondent pas à tous leurs besoins.

Chaque nation iroquoienne a ses spécialités. Par exemple, les Neutres sont reconnus pour leur fameux tabac, leur silex noir, une pierre d'une dureté imbattable, et leurs magnifiques fourrures d'écureuil noir. Pour la fourrure de raton laveur, on s'adresse aux Ériés. Les Andastes offrent des coquillages de qualité, pêchés dans l'océan Atlantique. Les Hurons, eux, échangent leur important surplus de maïs et de tabac, des cordes et des filets contre d'autres objets.

médicinal
Qui sert de médicament.

Les nations iroquoiennes font aussi du troc avec leurs voisins algonquiens. En échange de maïs et de cordages, elles obtiennent des fourrures, des vêtements d'hiver, des plantes médicinales et des canots en écorce de bouleau. Les Algonquiens échangent aussi leur surplus de viande et de poisson séchés contre des choses utiles qu'ils n'ont pas.

Une scène de troc.

L'héritage amérindien

Tu as commencé à rassembler, un peu comme les pièces d'un casse-tête, les morceaux du passé des Iroquoiens. C'est ce que continuent à faire les archéologues et les historiens.

Les Iroquoiens du 16e siècle ne sont plus là pour te raconter en personne leur histoire. Mais ils ont laissé de très nombreuses traces. Tu en as suivi certaines depuis le début de ce dossier. Parmi ces traces du passé, tu as peut-être reconnu des objets ou des activités qui existent encore aujourd'hui.

Des traces du passé dans le présent

Une grande partie des connaissances sur les premiers Amérindiens nous vient des fouilles archéologiques. Les archéologues cherchent sous la terre les traces que les sociétés du passé ont laissées.

Dans certains sites archéologiques d'Amérique du Nord, ils ont trouvé des pointes de flèche, des pierres placées en cercle avec, au milieu, les restes d'un feu ou des poteries cassées, comme des morceaux de vase ou de marmite en argile. On appelle ces objets des artefacts. Ils récupèrent très rarement des objets en bois ou en peau d'animal, car ces matériaux ne résistent pas aux insectes ni à l'humidité du sol. Ils se détériorent plus rapidement que les objets en argile, en os ou en pierre.

artefact
Objet utilisé ou fabriqué par l'être humain.

SOUS LA TERRE, LE PASSÉ

Le site archéologique de Pointe-du-Buisson, à Beauharnois, près de Montréal, a déjà livré des milliers d'artefacts en pierre et en argile ainsi que de nombreux ossements.

Des pointes de flèche en pierre.

Cet endroit de la vallée du Saint-Laurent montre la trace d'une occupation amérindienne qui remonte à 5000 ans !

Une fouille archéologique.

Une poterie amérindienne.

Un village huron.

Ce dessin d'un artiste européen est plutôt fantaisiste. En réalité, dans les villages iroquoiens, les maisons longues n'étaient pas placées en rangs bien droits. Les pieux de la palissade ne ressemblaient pas à des poteaux de clôture! Les vêtements et les coiffures étaient bien différents.

C'est souvent difficile de suivre le fil de l'histoire des Amérindiens qui ont vécu il y a 500 ans. Les récits et les dessins des explorateurs, qui sont venus d'Europe au cours du 16e siècle, sont d'autres sources d'information. Toutefois, ces représentations déforment souvent la réalité de l'époque.

La tradition orale

Les Amérindiens du début du 16e siècle n'écrivaient pas. Ils transmettaient leurs savoirs, leurs techniques et leurs légendes par la parole. C'est ce qu'on appelle la tradition orale. Les plus jeunes devaient écouter, regarder et imiter les plus vieux pour apprendre des choses. C'est de cette façon que, de génération en génération, la mémoire des peuples amérindiens s'est formée.

Des lieux et des mots

Les Iroquoiens, comme d'autres Amérindiens, nommaient chaque lieu, chaque chose, chaque animal, chaque plante de leur territoire. Au fil du temps, des toponymes amérindiens ont été remplacés par d'autres de langue française ou anglaise. Toutefois, certains toponymes et mots proviennent des langues amérindiennes.

toponyme
Nom donné à un lieu, par exemple le nom d'un village, d'une rivière, d'un lac.

Des toponymes d'ici

Origine	Toponyme	Signification
algonquienne	Gaspé (ville)	fin des terres, extrémité
	Mégantic (lac et mont)	là où se tiennent les poissons
	Québec (ville)	là où la rivière se rétrécit
iroquoienne	Canada (pays)	village
	Niagara (chute)	(du nom de la nation neutre des Niagagaregas)
	Ontario (province)	beau lac

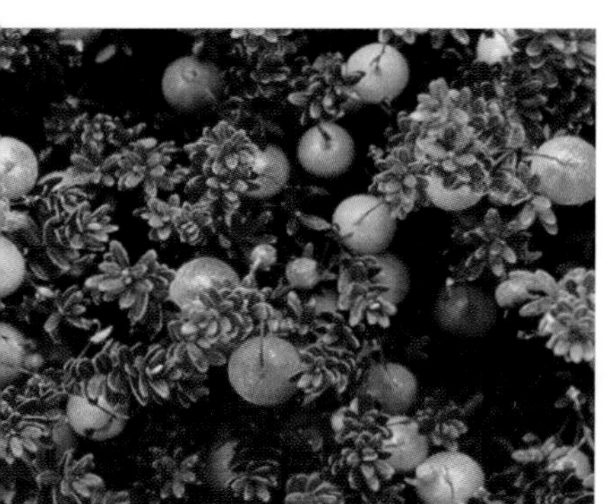

La canneberge, ou atoca, est un fruit au goût très acidulé.

Des mots amérindiens francisés

Origine	Mots
algonquienne	achigan, caribou, toboggan, mocassin
iroquoienne	atoca, ouaouaron

Les nations amérindiennes du Québec d'aujourd'hui

De nos jours, 10 nations amérindiennes vivent au Québec. Elles appartiennent à deux grandes familles linguistiques : algonquienne et iroquoienne. La plupart des Amérindiens habitent dans des communautés.

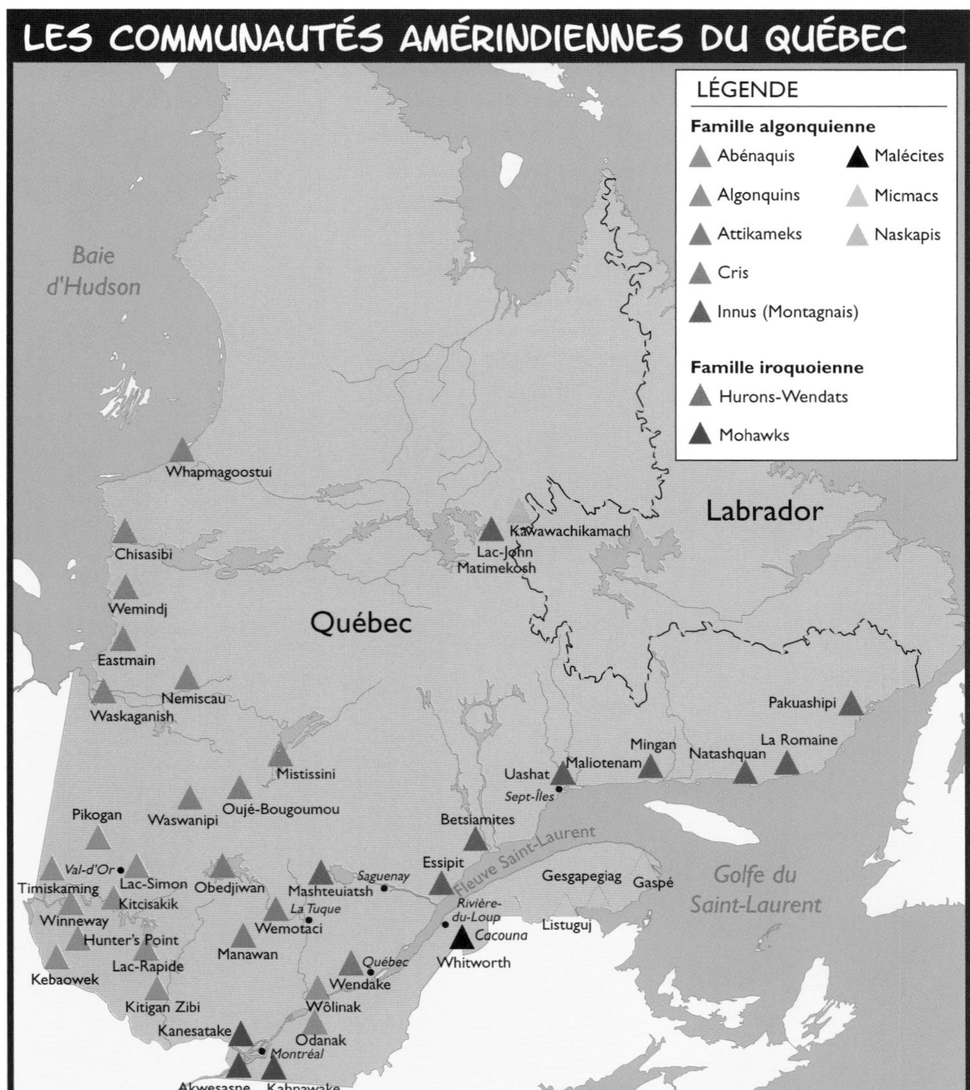

LES COMMUNAUTÉS AMÉRINDIENNES DU QUÉBEC

Les Mohawks, descendants des Iroquois

Au Québec, les descendants des Iroquois sont les Mohawks. « Mohawk » est le nom anglais des Kanienkéhakas, l'une des cinq nations qui formaient la confédération iroquoise du début du 16e siècle.

Aujourd'hui, on trouve des Mohawks dans trois communautés, tout près de Montréal : Akwesasne, Kahnawake et Kanesatake. Ils forment la nation amérindienne qui a la plus forte population au Québec, soit environ 15 500 personnes. Plusieurs d'entre eux parlent encore la langue mohawk, mais la majorité s'exprime en anglais.

L'INFLUENCE DU MILIEU DE VIE

Aujourd'hui, les 10 nations amérindiennes sont partagées en communautés. Certaines communautés, comme celles des Iroquoiens, sont situées près des grandes villes. Au contact de la population des villes, ces Iroquoiens ont modifié leur façon de vivre. C'est un peu différent dans d'autres communautés, surtout celles situées plus au nord et loin des villes. Dans ces communautés, des Amérindiens s'adonnent à certaines activités liées à un mode de vie plus traditionnel, comme la chasse et la pêche.

De nos jours, la manière de chasser et de pêcher n'est plus la même qu'en 1500 ! La chaloupe à moteur a remplacé le canot d'écorce. Au lieu de se déplacer en raquettes et d'utiliser le toboggan, les Amérindiens conduisent des motoneiges.

Le Mohawk Joe Regis, entre ciel et terre.

Depuis plus de 80 ans, on retrouve chez les Mohawks des ouvriers spécialisés qui ont acquis une solide réputation pour leur savoir-faire. Ils participent à des constructions tout en hauteur, comme les ponts et les gratte-ciel. Ils installent les poutres d'acier de ces immenses structures. Ils ont travaillé et travaillent encore dans des chantiers de la ville de New York, aux États-Unis. Ces ouvriers mohawks maîtriseraient mieux que d'autres la peur des hauteurs.

UNE JEUNE CRÉATRICE

La Mohawk Tammy Beauvais déborde d'imagination. Elle crée des robes, des châles, des foulards, des chapeaux. Pour décorer les vêtements, elle utilise des motifs qui mettent en valeur la richesse et la beauté de sa culture mohawk. Tammy a sa propre boutique à Kahnawake. Ses créations sont aussi offertes dans une quarantaine de boutiques, au Canada et aux États-Unis.

Tammy Beauvais dans son atelier de Kahnawake.

UN HÉROS OLYMPIQUE

Le Mohawk Alwyn Morris a reçu la médaille d'or à l'épreuve de canot kayak, aux Jeux olympiques de Los Angeles en 1984. Ce grand athlète a grandi au Québec, dans la communauté de Kahnawake. Sur le podium, il a brandi une plume d'aigle pour rappeler ses origines amérindiennes.

Alwyn Morris, médaillé d'or olympique.

Les Hurons-Wendats, descendants des Hurons

Au Québec, les descendants des Hurons sont les Hurons-Wendats. Aujourd'hui, la nation huronne compte plus de 2500 personnes. Environ 1200 Hurons-Wendats vivent dans la communauté de Wendake, située au nord de la ville de Québec. La langue huronne n'est plus parlée, mais les Hurons-Wendats font beaucoup d'efforts pour la faire revivre et mettre en valeur leur culture traditionnelle.

Repère Wendake sur la carte des communautés amérindiennes du Québec, à la page 35.

La nation huronne est dynamique. Les entreprises de Wendake fournissent du travail à la majorité des résidants de la communauté ainsi qu'à plus de 300 autres personnes qui ne sont pas des Amérindiens. Les raquettes, les mocassins et les canots fabriqués à Wendake sont reconnus partout dans le monde pour leur qualité.

La communauté de Wendake.

UN HURON EN POLITIQUE QUÉBÉCOISE

Le premier député d'origine amérindienne élu au Québec a été Ludger Bastien. Né en 1879, ce chef huron de Loretteville, l'ancien nom de Wendake, était un homme d'affaires qui a connu beaucoup de succès. Il dirigeait sa propre tannerie, une manufacture où l'on prépare des peaux pour en faire du cuir. À sa mort en 1948, il a été enterré dans le cimetière de la communauté de Wendake.

Ludger Bastien, dit Sarenhes qui signifie « le Grand Arbre », a été le grand chef de la nation huronne-wendat de 1929 à 1935, et le premier député amérindien du Québec.

L'histoire des Iroquoiens remonte à il y a très longtemps. Dans ce dossier, tu as pu parcourir un bout de chemin de leur passé et entrevoir comment ils vivaient vers l'an 1500. Quelles sont tes découvertes les plus étonnantes sur cette société ?

LES ALGONQUIENS VERS 1500

Un territoire et ses habitants

Tu vas maintenant faire la connaissance des Algonquiens qui vivaient dans l'est du Canada il y a environ 500 ans.

Explore d'abord le milieu dans lequel ils vivaient : l'étendue et le relief de ce territoire, ses ressources naturelles et son climat. Tu verras que ces éléments vont déterminer le mode de vie de ce peuple qui était en étroite union avec la nature.

Un vaste territoire

Vers l'an 1500, le territoire des Algonquiens traverse une grande partie du Canada et couvre presque entièrement le Québec d'aujourd'hui.

Le territoire algonquien est bien vaste ! Je te propose une bonne affaire. Nous allons en explorer seulement une partie, celle qui correspond au territoire montré sur la carte ci-contre.

LE TERRITOIRE ALGONQUIEN VERS 1500

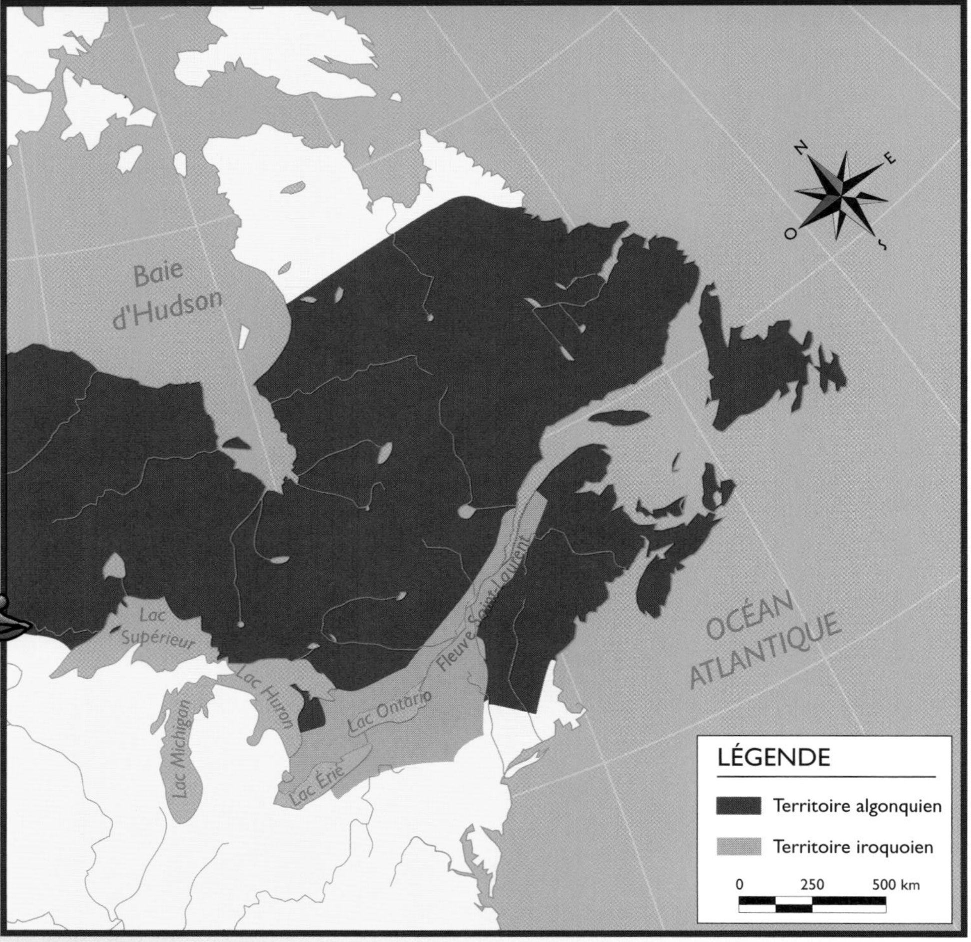

LES FORÊTS DE L'EST DU CANADA

Baie d'Hudson

OCÉAN ATLANTIQUE

Québec
Trois-Rivières
Montréal
Fleuve Saint-Laurent
Lac Supérieur
Lac Michigan
Lac Huron
Lac Ontario
Lac Érié

LÉGENDE

- Taïga
- Forêt boréale
- Forêt mixte des Grands Lacs et du Saint-Laurent
- Forêt mixte acadienne
- Feuillus

0 250 500 km

Connais-tu la différence entre la taïga et la forêt boréale ? C'est la taille des arbres ! Dans la taïga, plus au nord, les arbres sont petits à cause des longs gels et du climat sec. Dans la forêt boréale, l'humidité favorise la croissance de grands conifères.

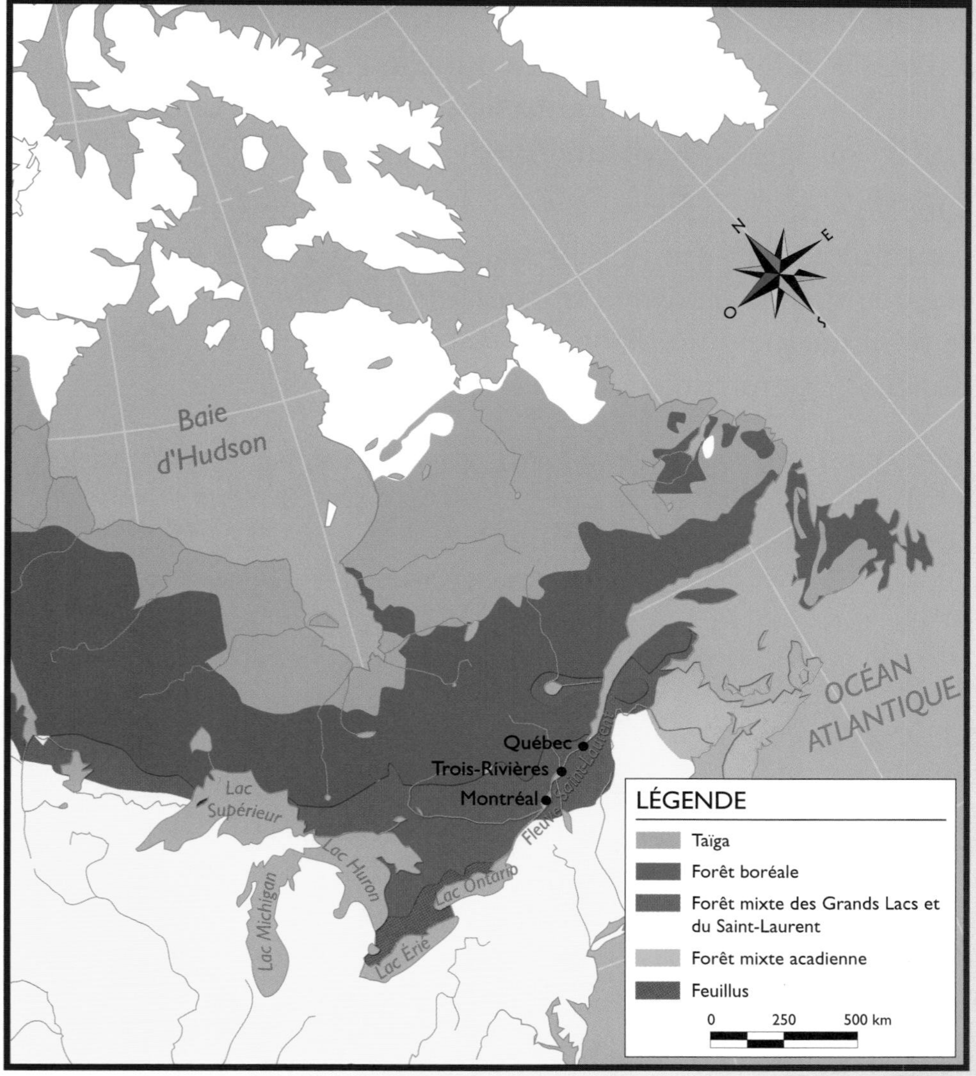

Le territoire algonquien est situé sur le plateau du Bouclier canadien ainsi que dans la chaîne de montagnes des Appalaches [↩ p. 2]. Le sol rocailleux est peu fertile, mais les arbres y poussent à merveille.

Au nord, c'est le royaume de la taïga et de la forêt boréale, composées surtout de conifères. Au sud, près des Grands Lacs, et du côté de l'océan Atlantique, c'est la forêt mixte de conifères et de feuillus. Tu peux le vérifier sur la carte des forêts de l'est du Canada ci-dessus.

Pour connaître les principales espèces d'arbres qui poussent dans les forêts du territoire algonquien, consulte les tableaux de la page suivante.

plateau
Étendue de terrain assez plate et surélevée.

fertile
Qui fournit de bonnes récoltes.

Le territoire algonquien abrite une grande variété de ressources. Au sud, on retrouve les mêmes animaux et les mêmes plantes que chez les Iroquoiens [p. 3 et 4]. Au nord, la forêt boréale est remplie d'animaux à fourrure, de fruits sauvages et de plantes **médicinales**.

médicinal
Qui sert de médicament.

Quels animaux habitent la forêt boréale? Quels poissons fourmillent dans ses nombreux lacs et rivières? Pour le savoir, regarde bien le tableau à la page suivante. Tu y trouveras aussi le nom de quelques plantes sauvages qui poussent en abondance sur ce territoire.

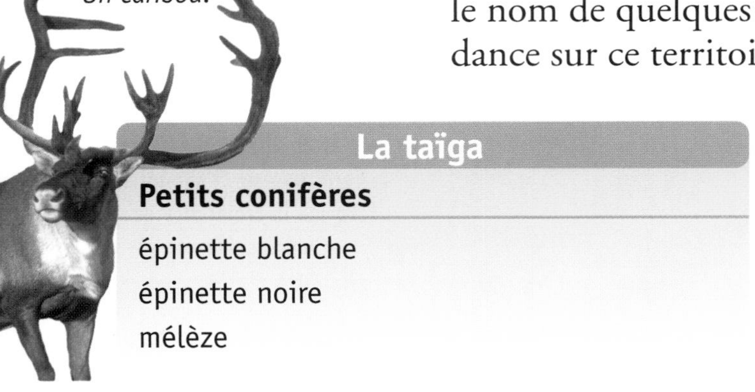

Un caribou.

La taïga

Petits conifères
épinette blanche épinette noire mélèze

La forêt boréale

Conifères	Feuillus
épinette blanche épinette noire sapin baumier pin gris	bouleau blanc ou bouleau à papier peuplier faux-tremble

Un orignal.

La forêt mixte acadienne

Conifères	Feuillus
mélèze sapin baumier	érable bouleau jaune

Un castor.

Des épinettes noires.

Une épinette blanche.

Des bouleaux à papier.

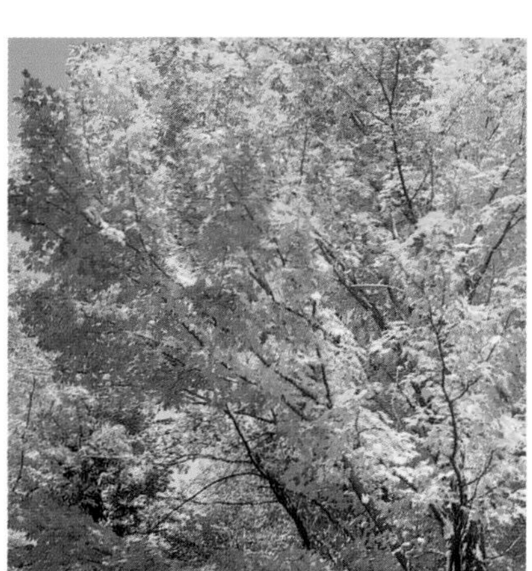

Un érable à sucre.

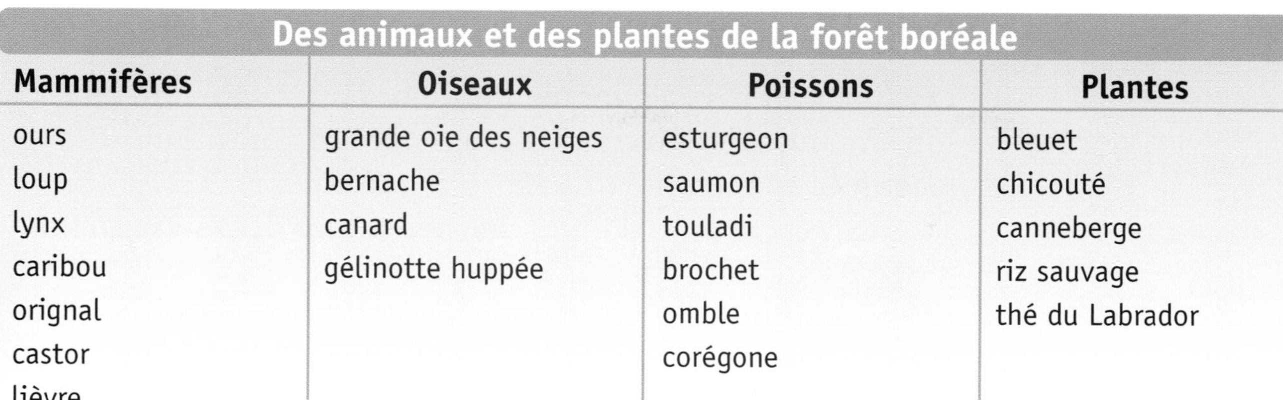

Des animaux et des plantes de la forêt boréale			
Mammifères	**Oiseaux**	**Poissons**	**Plantes**
ours	grande oie des neiges	esturgeon	bleuet
loup	bernache	saumon	chicouté
lynx	canard	touladi	canneberge
caribou	gélinotte huppée	brochet	riz sauvage
orignal		omble	thé du Labrador
castor		corégone	
lièvre			

Un corégone.

Un ours noir.

Des bernaches du Canada.

Une chicouté.

LE THÉ DU LABRADOR

Le thé du Labrador est un des arbustes les plus répandus dans la forêt boréale. Les Algonquiens utilisent ses feuilles pour faire une tisane qui combat les rhumes, la toux, l'irritation de la gorge, les maux de tête et d'estomac. On l'emploie aussi pour ses propriétés calmantes : certaines femmes en prennent trois fois par jour lorsqu'elles sont sur le point d'accoucher.

Des hivers longs et froids

Le climat du pays algonquien varie beaucoup du nord au sud. Au nord, les hivers sont longs, secs et froids. Au sud, la température est plus douce et les précipitations sont plus abondantes. Pour te donner une petite idée de ces variations, observe les deux climatogrammes suivants : celui de Kuujjuarapik, au nord, sur la baie d'Hudson, et celui de Halifax, au sud, sur l'océan Atlantique.

Climatogramme de Kuujjuarapik

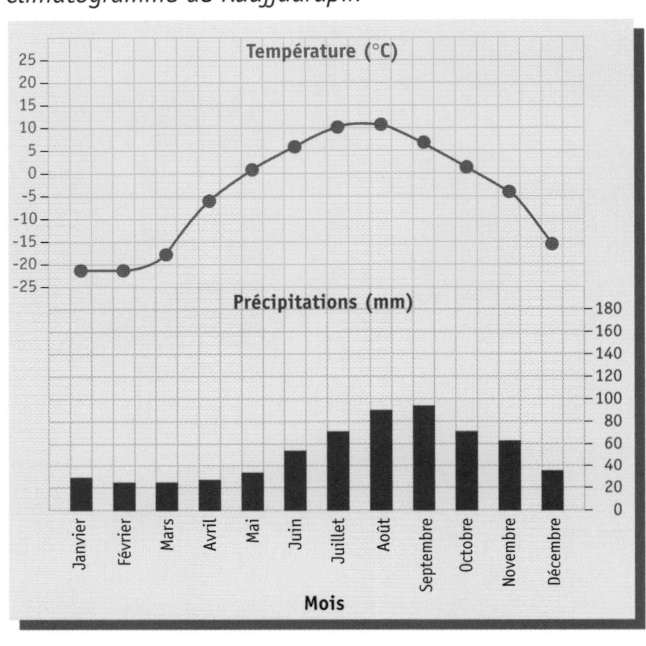

Climatogramme de Halifax

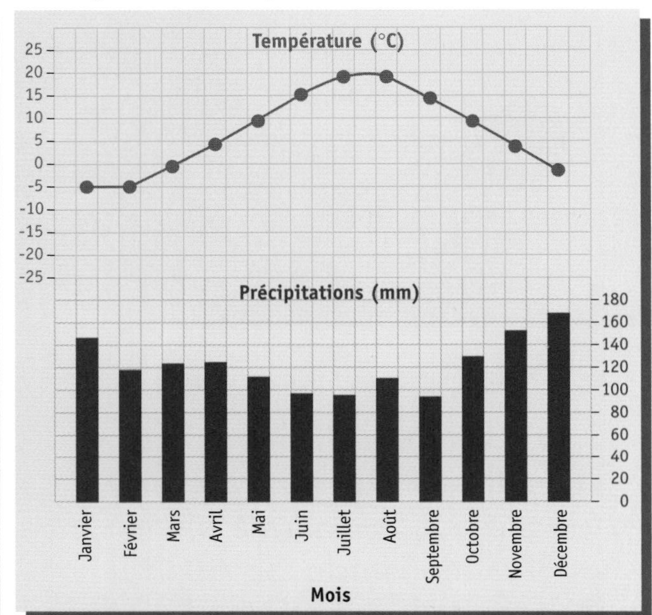

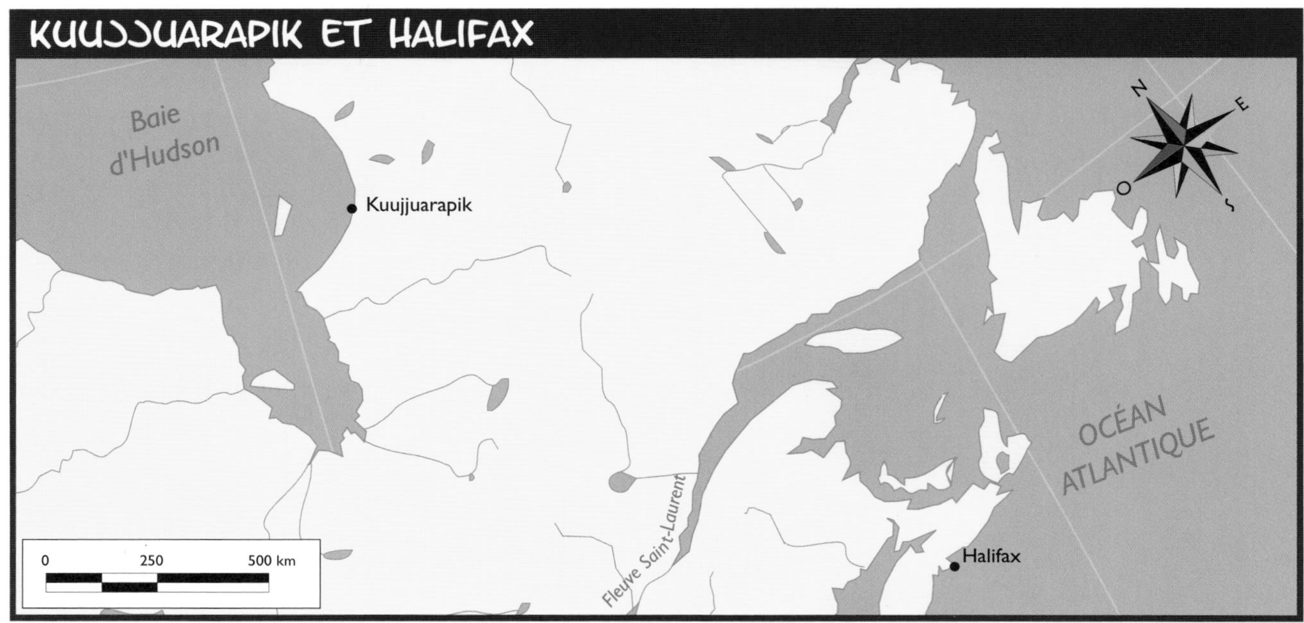

Une grande famille de nomades

Au 16e siècle, les Algonquiens forment la population amérindienne la plus importante d'Amérique du Nord. Seulement dans la partie nord-est de leur territoire, ils sont environ 15 000 individus. La famille algonquienne regroupe plusieurs nations qui appartiennent à la même famille linguistique et ont une culture semblable.

Les hivers longs et froids et le sol rocailleux ne sont pas favorables à l'agriculture. Les Algonquiens vivent donc principalement de chasse, de pêche et de cueillette. Seule la nation des Abénaquis, dont le territoire est plus au sud, cultive le maïs. Les Algonquiens doivent se déplacer souvent pour trouver tout ce dont ils ont besoin pour vivre, ce sont des **nomades**.

nomade
Personne qui n'a pas d'habitation fixe, qui se déplace souvent.

LES NATIONS ALGONQUIENNES VERS 1500

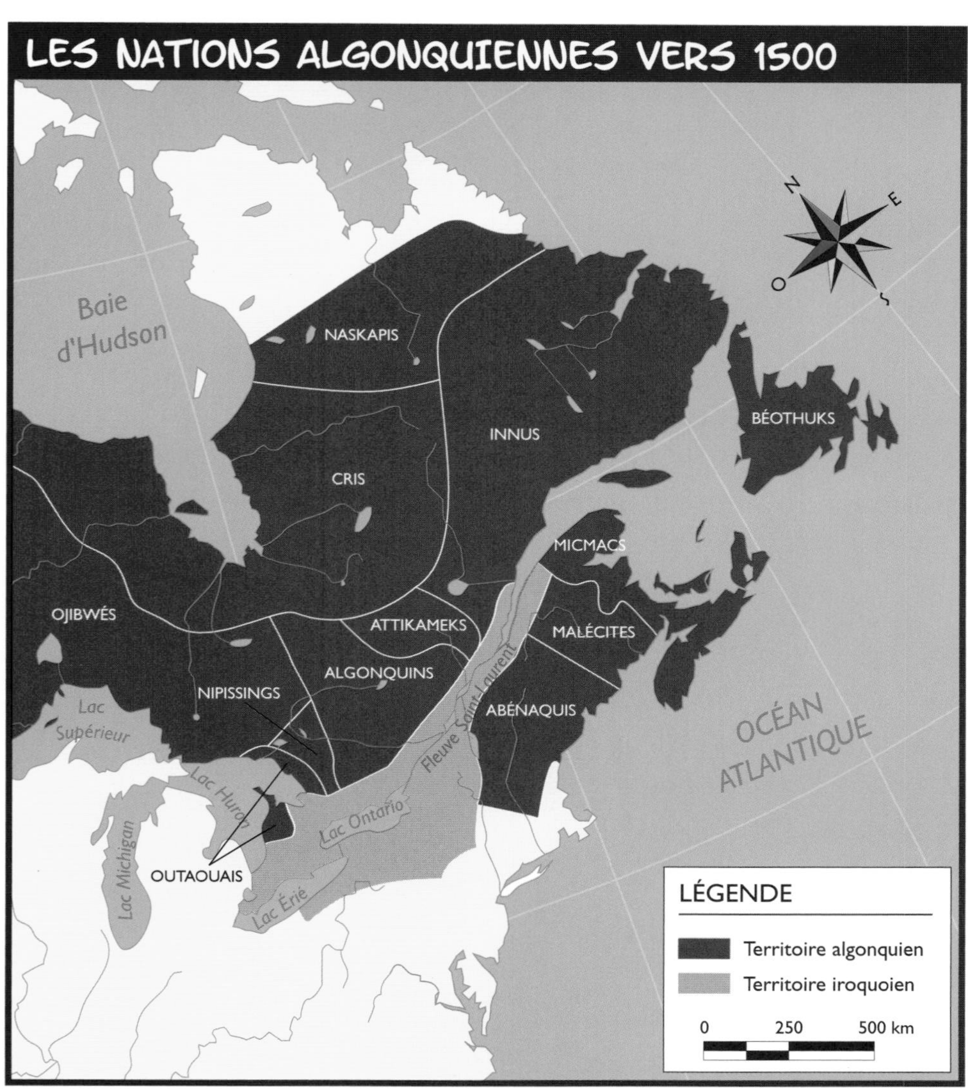

Attention ! Il ne faut pas confondre Algon**quiens** et Algon**quins**. Le mot *Algonquiens* désigne **toutes** les nations de la grande famille algonquienne. Quant aux « Algonquins », ils forment **une** des nations algonquiennes vivant au nord-ouest de la vallée du Saint-Laurent.

LA CIVILISATION DU BOULEAU

La « civilisation du bouleau », c'est le surnom des Algonquiens. Le bouleau est très répandu sur leur territoire. Il sert à la construction des tentes, à la fabrication des contenants, des canots et des toboggans. On échange même l'écorce de cet arbre avec d'autres Amérindiens. C'est aussi un excellent bois de chauffage. De plus, les Algonquiens recueillent la sève du bouleau comme ils le font avec l'eau d'érable.

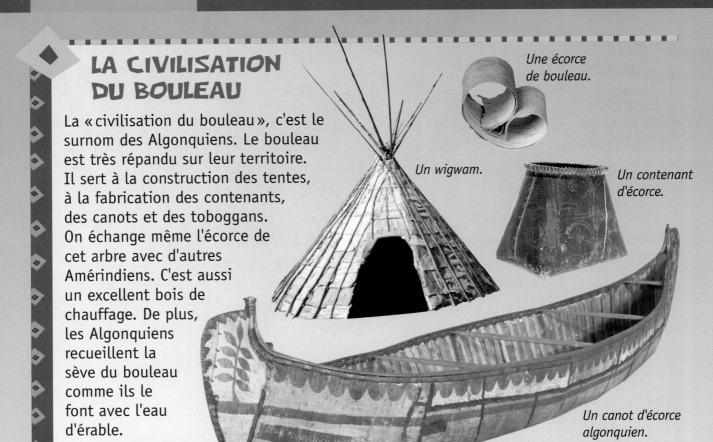

Une écorce de bouleau.

Un wigwam.

Un contenant d'écorce.

Un canot d'écorce algonquien.

Les campements et les wigwams

Les Algonquiens se déplacent en fonction des saisons. Au printemps, ils choisissent un emplacement près d'un cours d'eau navigable. Ils forment alors de véritables villages abritant plusieurs dizaines et, parfois même, des centaines d'individus.

Voici un campement algonquien du 19e siècle. Sans les vêtements de tissu et le chaudron en fer, tu pourrais facilement croire que c'est un campement de l'an 1500.

L'automne venu, les Algonquiens forment de petites bandes de chasse de deux ou trois familles. Ils partent à la recherche du gros **gibier**, comme le caribou ou l'orignal.

gibier
Animaux que l'on chasse pour les manger.

Les Algonquiens se sont très bien adaptés à la vie en forêt. Pour s'abriter, ils construisent des wigwams. Ils plantent d'abord des perches de bois dans le sol pour former un cône. Ensuite, les femmes fixent à cette charpente des panneaux d'écorce de bouleau, cousus avec de fines racines d'épinette. Pour rendre le sol plus confortable, on le recouvre de branches de conifères.

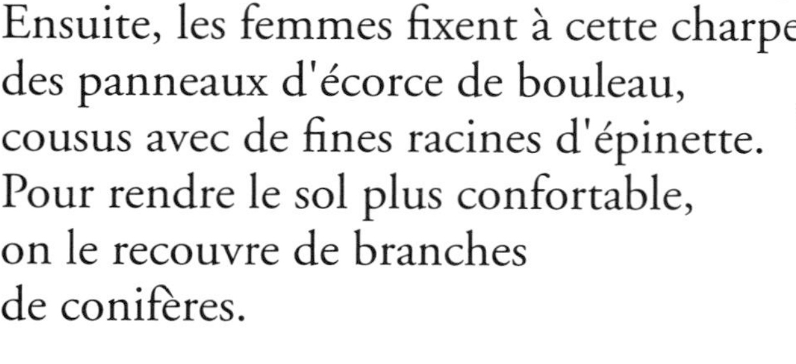

Des femmes recouvrant un wigwam.

L'intérieur d'un wigwam.

Durant la saison froide, on recouvre les wigwams de peaux d'animaux afin de mieux se protéger du vent et du froid. On allume aussi un feu au centre de la tente. Le sommet de la tente est ouvert pour laisser s'échapper la fumée du feu.

Chaque matériau utilisé pour le recouvrement de l'habitation a ses avantages et ses inconvénients. L'écorce est imperméable, mais elle devient cassante lorsqu'il fait froid. Les peaux d'animaux coupent le vent et se roulent facilement, mais elles absorbent l'eau. Les wigwams sont des tentes faciles à installer et à démonter. Pour des nomades, cela est très pratique!

DES WIGWAMS POUR TOUS LES GOÛTS

Il n'y a pas qu'une seule sorte de wigwam pour tous les Algonquiens. Certaines tentes sont plus allongées, d'autres sont de forme arrondie, ou en dôme. Parfois, on construit de petites maisons longues pour loger plusieurs familles. Lors de voyages de chasse, il arrive que les Algonquiens se couchent simplement sous un abri de branchages ou sous leur canot renversé.

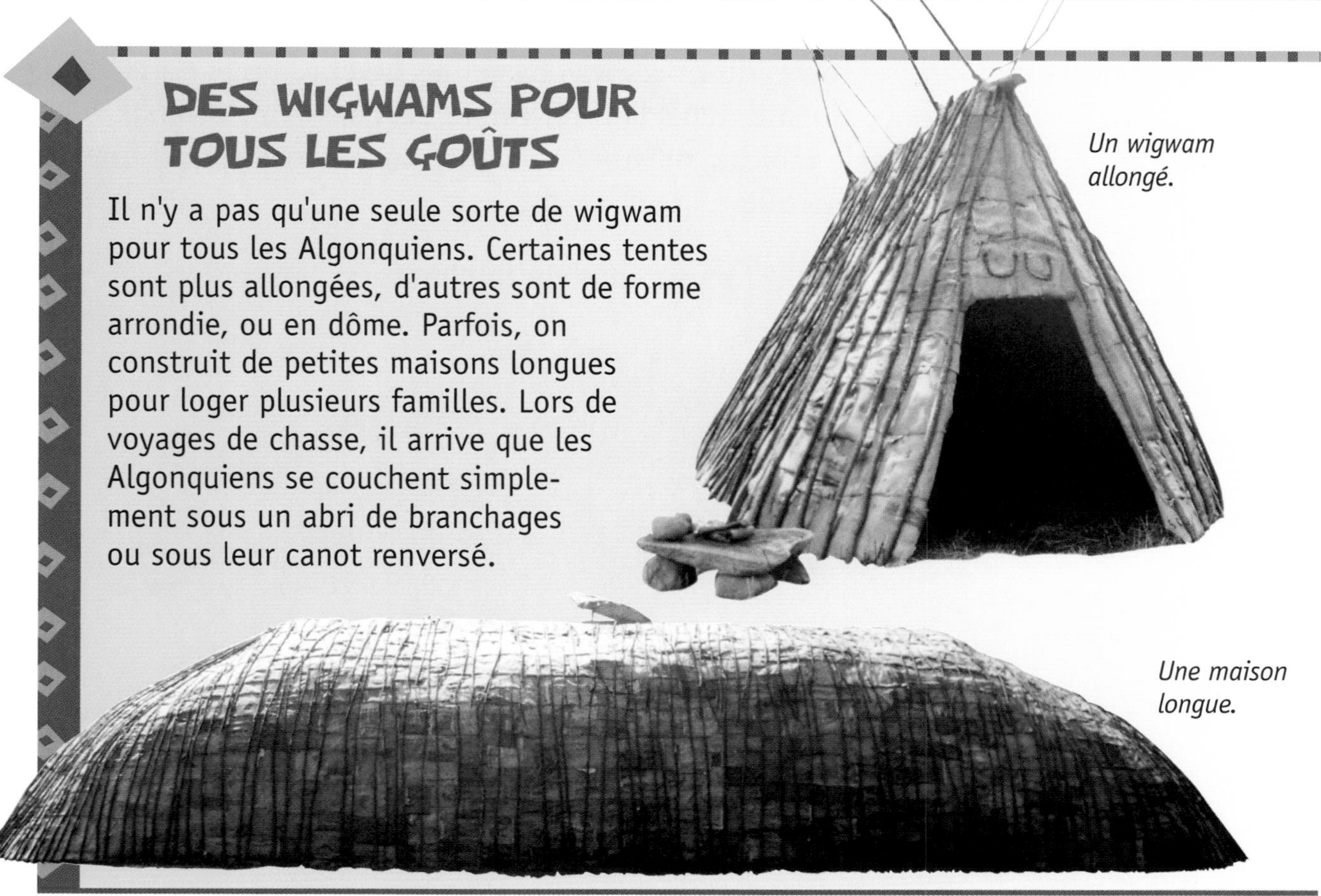

Un wigwam allongé.

Une maison longue.

Travail et vie quotidienne

Vois comment les Algonquiens ont exploité les ressources de leur environnement pour pourvoir à leurs besoins.

De grands chasseurs

La chasse, pratiquée toute l'année, permet aux Algonquiens de se nourrir. Avec les peaux d'animaux, ils peuvent se vêtir et s'abriter du froid. Les bois des caribous et des orignaux ainsi que leurs os servent à fabriquer des outils. La chasse d'hiver au gros gibier est très importante. Elle assure la survie des Algonquiens durant cette saison difficile.

Les Algonquiens chassent toujours avec leurs chiens. Ces derniers sont dressés pour suivre le gibier. Ils poursuivent la bête jusqu'à ce qu'elle soit épuisée ou coincée dans un enclos aménagé pour la capturer.

Des grattoirs pour nettoyer les peaux, fabriqués à partir d'os d'orignal.

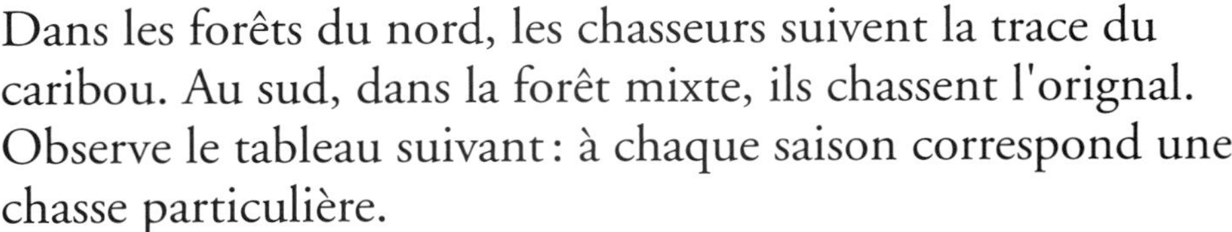

Dans les forêts du nord, les chasseurs suivent la trace du caribou. Au sud, dans la forêt mixte, ils chassent l'orignal. Observe le tableau suivant : à chaque saison correspond une chasse particulière.

Les saisons de la chasse

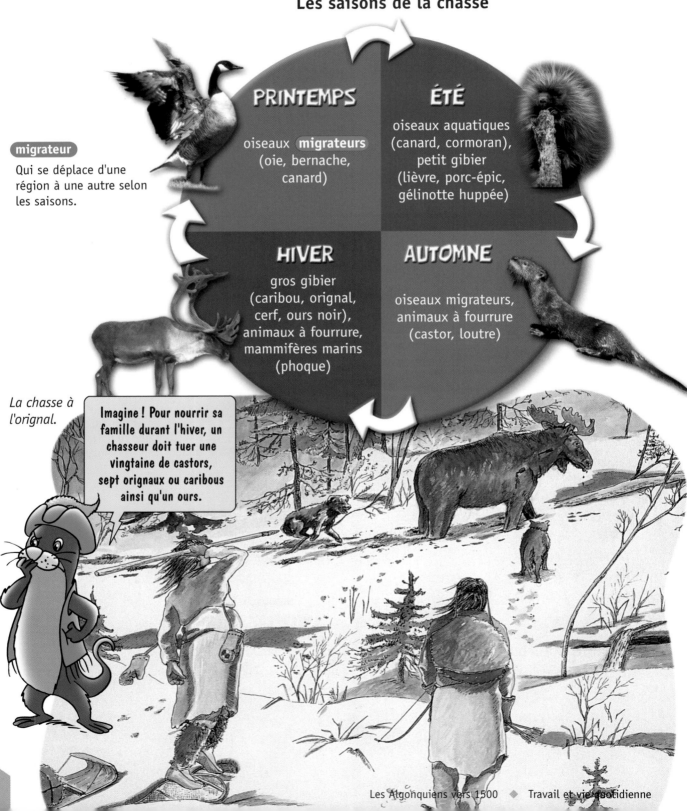

PRINTEMPS
oiseaux **migrateurs** (oie, bernache, canard)

ÉTÉ
oiseaux aquatiques (canard, cormoran), petit gibier (lièvre, porc-épic, gélinotte huppée)

AUTOMNE
oiseaux migrateurs, animaux à fourrure (castor, loutre)

HIVER
gros gibier (caribou, orignal, cerf, ours noir), animaux à fourrure, mammifères marins (phoque)

migrateur
Qui se déplace d'une région à une autre selon les saisons.

La chasse à l'orignal.

Imagine ! Pour nourrir sa famille durant l'hiver, un chasseur doit tuer une vingtaine de castors, sept orignaux ou caribous ainsi qu'un ours.

troncs soutenus par la branche aiguisée

branche aiguisée

Tu vois ce piège ? C'est un piège à ours. Les Algonquiens en construisaient de semblables pour attraper les castors... et les loutres comme moi !

Voici un piège à guillotine destiné à piéger un ours. On place un appât de nourriture sur l'étroit morceau de bois coincé sous la petite branche aiguisée aux deux bouts. Lorsque l'ours essaie de prendre la nourriture, la branche aiguisée se déplace et fait tomber les troncs : crac ! La colonne vertébrale de l'animal est brisée sur-le-champ.

La pêche toute l'année

Comme la chasse, la pêche se pratique toute l'année. La pêche la plus abondante commence en mars et se poursuit jusqu'à l'automne. Dans les lacs ou au bord de la mer, les Algonquiens tendent des filets ou pêchent à la nasse, une sorte de panier fixé à un long bâton. Ils utilisent aussi le harpon et l'arc.

Une scène de pêche.

La pêche au flambeau.

La pêche la plus surprenante est sans doute la pêche au flambeau. Les nuits sans lune, on pêche en canot à l'aide d'un rouleau d'écorce enflammé. Le poisson, attiré par la flamme, s'approche à la surface de l'eau et se fait harponner.

En hiver, les Algonquiens pêchent sous la glace à l'hameçon, au filet ou au harpon.

Un menu varié

Grâce à la chasse, à la pêche et à la cueillette, les Algonquiens se composent un menu très varié. Cependant, en hiver, lorsque le gibier est rare, il arrive qu'ils doivent se contenter de manger de la mousse, de l'écorce et des bourgeons.

Les aliments du menu algonquien

Viande	Oiseaux	Poisson	Fruits de mer	Fruits	Autres
orignal	bernache	saumon	moule	bleuet	graisse
caribou	oie	brochet	huître	framboise	œufs
ours	canard	esturgeon	palourde	chicouté	grenouille
cerf	cormoran	touladi	pétoncle	fraise	tortue
phoque	tourte	anguille		cerise	racines
castor	gélinotte huppée	morue		noix	riz sauvage
porc-épic					maïs
renard					
lièvre					
marmotte					
écureuil					

Pour faire bouillir la nourriture, on plonge des pierres brûlantes dans des contenants d'écorce remplis d'eau. Les Algonquiens se régalent aussi de bouillons gras et de graisse fondue.

Les femmes sèchent et fument le poisson pour faire des provisions pour l'hiver. Elles conservent également les aliments en les enterrant dans le sol, où la température est plus fraîche.

Au printemps, certains Algonquiens recueillent la sève d'érable. Mais leurs contenants en écorce ou en argile ne permettent pas de faire bouillir l'eau d'érable assez longtemps pour obtenir du sirop ou du sucre.

À la fin de l'été, les Ojibwés, une nation algonquienne vivant au nord du lac Supérieur, récoltent le riz sauvage.

Le fumage du poisson.

Un contenant d'écorce.

La récolte de l'eau d'érable.

LE PEMMICAN

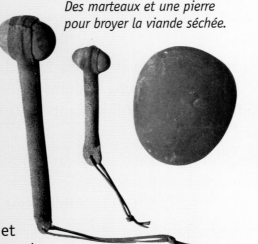

Des marteaux et une pierre pour broyer la viande séchée.

De la viande séchée.

Le pemmican, c'est l'ancêtre de nos soupes en sachet et de nos bouillons en cube ! C'est un mets très nourrissant et facile à transporter : pas étonnant que ce soient des nomades qui l'aient inventé.
Le pemmican est fait de viande séchée et écrasée, mélangée avec de la graisse et des fruits secs. Pour le préparer, les Algonquiens utilisent du caribou, de l'orignal ou du cerf. Le mélange est conservé dans des intestins d'animaux. On s'en sert pour faire des soupes et des bouillons auxquels on peut ajouter des plantes.

LE RIZ SAUVAGE

C'est de la mi-août à la mi-septembre que les Ojibwés récoltent le riz sauvage. La cueillette se fait en canot, dans les eaux peu profondes des lacs. On plie les tiges de riz au-dessus du canot et on y fait tomber les grains à l'aide d'une baguette. Les grains sont ensuite vannés, c'est-à-dire débarrassés de leur enveloppe, puis séchés. Ce riz fournit une bonne réserve de nourriture pour la saison froide.

La récolte du riz sauvage.

Se vêtir à l'algonquienne

Les vêtements algonquiens sont faits de peaux d'animaux : caribou, orignal, cerf, lièvre, loutre, castor ou ours. Ces peaux servent à confectionner leurs chemises, leurs jupes, leurs pagnes et leurs mocassins. Par temps plus froids, ils portent aussi des manches détachables, des jambières, appelées mitasses ou midassines, ainsi que des couvertures toutes faites de peaux. Les femmes mettent beaucoup de soin à décorer les vêtements en y peignant des motifs, ou en les parant de piquants de porc-épic, de franges et de queues d'animaux comme l'écureuil.

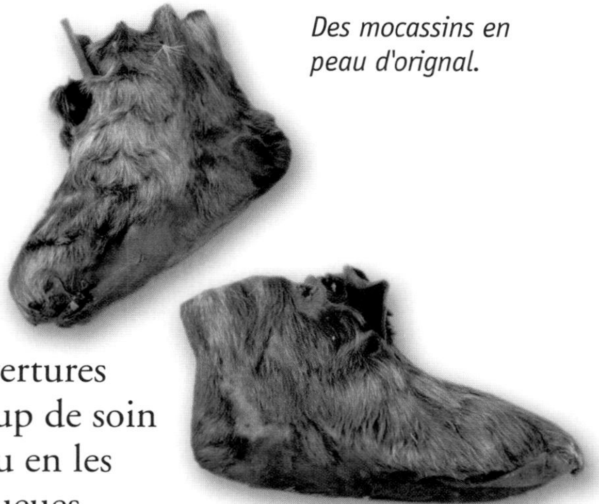

Des mocassins en peau d'orignal.

Des vêtements algonquiens.

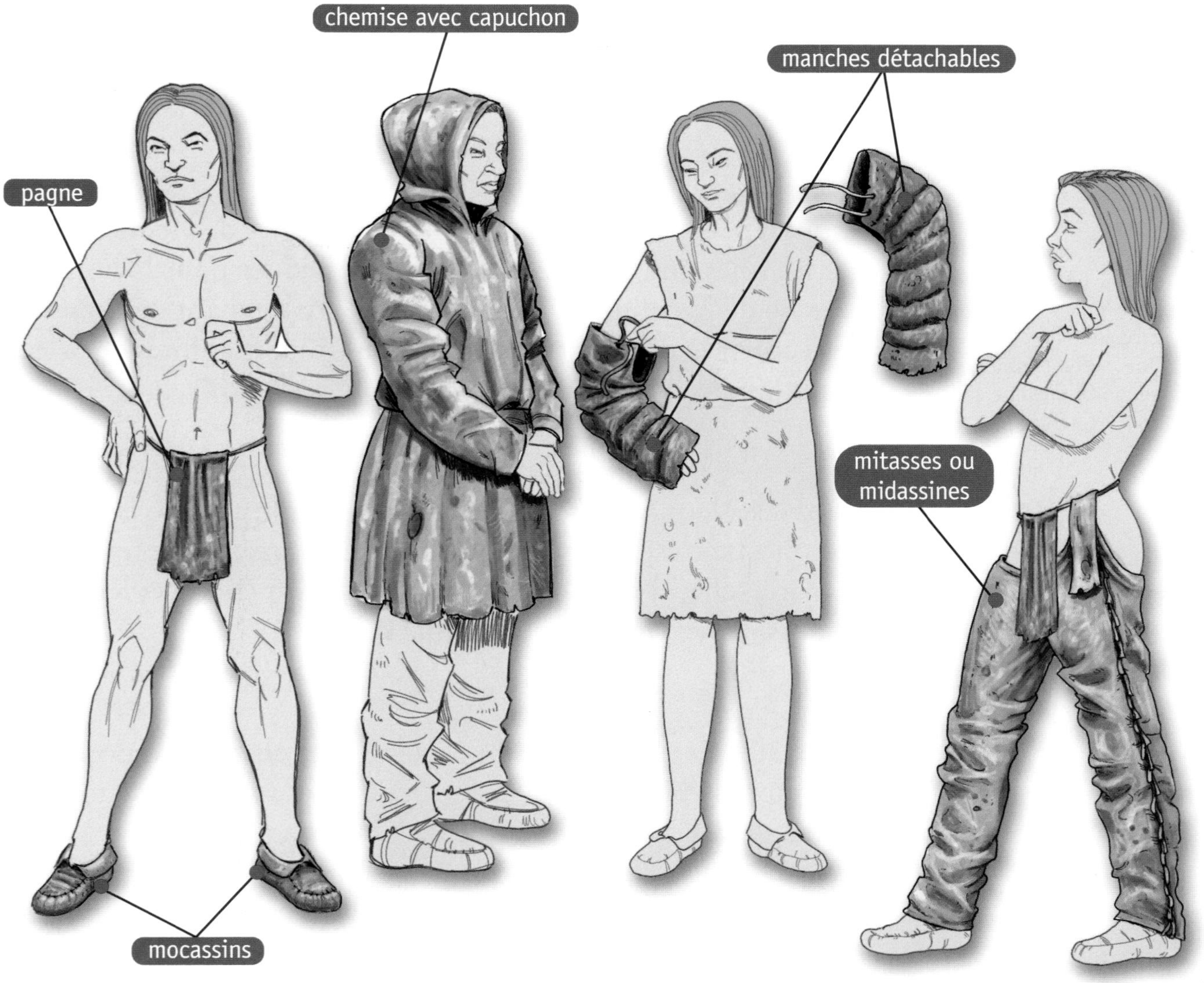

Les Algonquiens soignent leur coiffure et leur apparence. Ils graissent leurs cheveux longs pour éviter qu'ils s'emmêlent et se prennent dans les branches. Ils aiment les parures faites de plumes, de coquillages, de griffes ou de dents d'animaux. Ils les portent à la tête, aux oreilles, au cou, aux bras, aux jambes ou aux chevilles. Ils peignent aussi leur visage avec des huiles colorées.

Un maquillage algonquien.

Société et culture

Pour vivre en société, il faut établir des règles de vie, déterminer les rôles que chaque individu aura à jouer pour la bonne marche de la communauté. Découvre maintenant comment s'effectuait le partage des droits et des responsabilités chez les Algonquiens du 16e siècle.

armature
Ensemble de pièces en bois ou en métal qui supporte quelque chose.

La famille du père

Chez les Algonquiens, c'est le père qui est le chef de la famille. On dit que c'est une société patriarcale. Lorsqu'une femme se marie, elle va vivre dans la famille de son époux et leurs enfants appartiennent à la famille du père.

Les tâches des hommes

Généralement, le rôle des hommes est de chasser, de pêcher et de couper le bois pour la construction des tentes, des raquettes et des canots. Ils fabriquent le cadre des raquettes, l'**armature** des canots ainsi que les armes et les outils. Enfin, les hommes vont à la guerre et participent aux échanges avec les autres groupes.

Les tâches des femmes

La femme algonquienne est responsable de la préparation des repas et de l'entretien des tentes et du feu. C'est elle qui doit aller chercher le gros gibier abattu en forêt et le poisson laissé dans les canots. Elle coupe la viande, la sèche, la fume et prépare les peaux. La femme chasse aussi le petit gibier et cueille les plantes pour compléter le menu quotidien.

L'Algonquienne est également une habile artisane : elle fabrique les contenants d'écorce ou d'argile et les cordages, et tresse le fond des raquettes. Elle confectionne les vêtements et coud les panneaux d'écorce ou les peaux qui recouvriront les wigwams. C'est encore elle qui s'occupe de l'éducation des enfants.

Des femmes au travail.

À cette époque, il n'y avait pas de garderies... Les femmes algonquiennes transportaient leur bébé, bien emmitouflé, sur leur dos dans un nagane comme celui-ci et le déposaient près d'elles lorsqu'elles travaillaient.

troc
Échange d'objets, sans utiliser d'argent.

Les enfants et les personnes âgées

Les enfants algonquiens sont élevés très librement. Ils apprennent en observant et en imitant les adultes. Vers l'âge de 8 ans, les garçons accompagnent les hommes à la chasse. Quant aux filles, on leur montre très tôt à réparer les peaux de la tente et à préparer le feu.

Un nagane ou tikinagan, le porte-bébé algonquien.

Chez les Algonquiens, les personnes âgées, appelées les anciens, sont très respectées. Un grand-père a beaucoup d'influence dans la vie de sa communauté. Il transmet les légendes et les traditions de la nation. Les membres de la bande le consultent avant de prendre d'importantes décisions ainsi que pour les petites choses de la vie.

Tous ensemble pour l'été

Les grands rassemblements d'été sont l'occasion de pratiquer le troc et de s'amuser. C'est aussi le temps des rencontres et des fréquentations pour les jeunes gens. Les Algonquiens en

Une scène de danse au son du tambour.

Les Algonquiens sont d'excellents nageurs, tout comme moi d'ailleurs ! Les enfants aiment jouer dans l'eau et apprendre à nager.

profitent pour célébrer les événements importants, comme les mariages, les naissances et les décès. On mange, on danse, on chante, on se raconte des histoires de chasse et des légendes. Leurs danses très vivantes sont rythmées par les pas des danseurs et par le son des tambours.

Les Algonquiens pratiquent des sports comme la lutte et la course. Les jeux d'adresse, comme le tir à l'arc, font également partie de leurs loisirs.

La participation aux décisions

La famille est la base de la société algonquienne. Les familles se regroupent en bandes. Chaque bande se choisit un chef. Le pouvoir de ce chef est cependant très limité, puisque tous les membres de la bande participent aux décisions. Toutefois, durant les déplacements d'hiver, le chef de bande doit être capable de prendre des décisions très rapidement. C'est une personne d'expérience qui connaît bien les territoires de chasse.

La taille d'une bande varie selon les saisons. L'hiver, au moment de la chasse au gros gibier, on forme des petites bandes de deux ou trois familles. En été, l'ensemble des petites bandes de chasse forme une sorte de grande bande qu'on appelle une tribu. Les chefs de bandes se regroupent en conseil de tribu.

Les tribus qui parlent une même langue, partagent les mêmes coutumes et chassent dans la même région forment une nation.

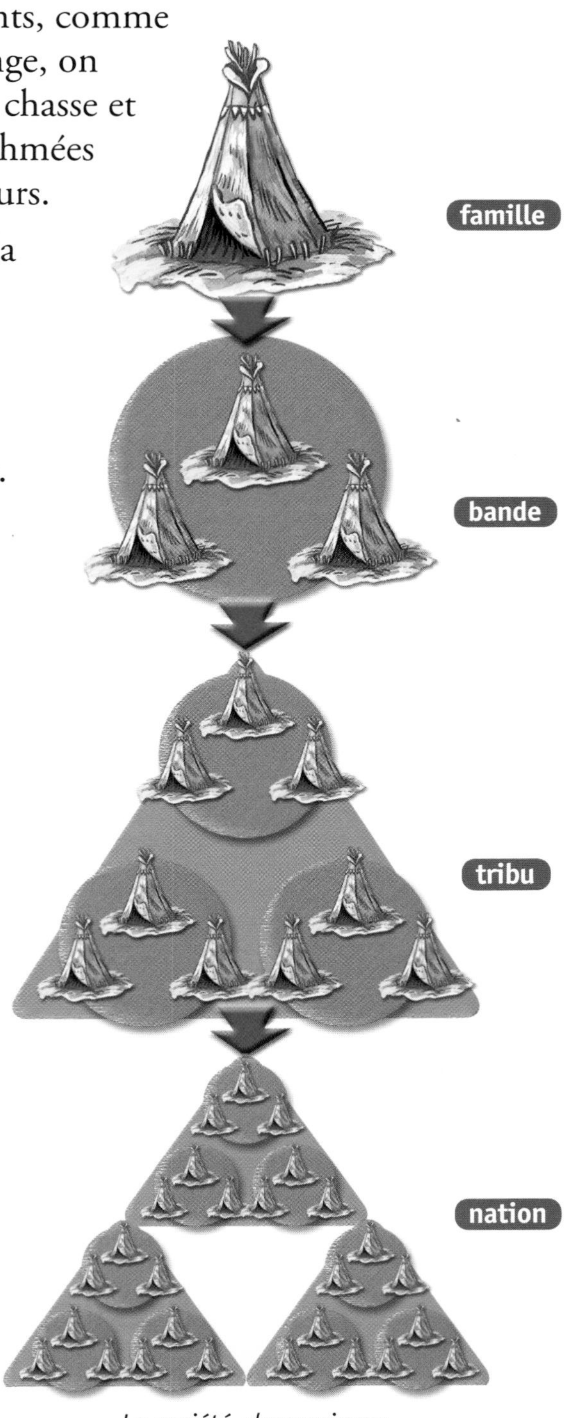

La société algonquienne.

Vivant en petits groupes sur un immense territoire, les Algonquiens n'ont pas besoin de s'imposer un code de vie très compliqué. Ainsi, ils restent libres de faire ce qu'ils veulent, à condition de faire leur part pour la bande.

Les Algonquiens du nord sont rarement en conflit avec d'autres groupes, mais il arrive parfois qu'ils se disputent un même territoire de chasse. Les guerres les plus fréquentes ont lieu au sud, principalement contre les Iroquois.

En harmonie avec la nature

Les Algonquiens sont très respectueux de leur environnement. Ils croient que tout ce qui existe a une âme : les animaux, les plantes, les roches, les objets. Ils chantent pour l'esprit de l'animal qu'ils veulent chasser. Ils ne laissent jamais ses os aux chiens. En respectant les animaux, les Algonquiens croient s'assurer une chasse abondante.

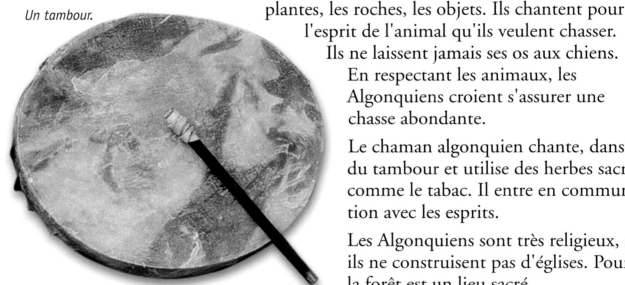

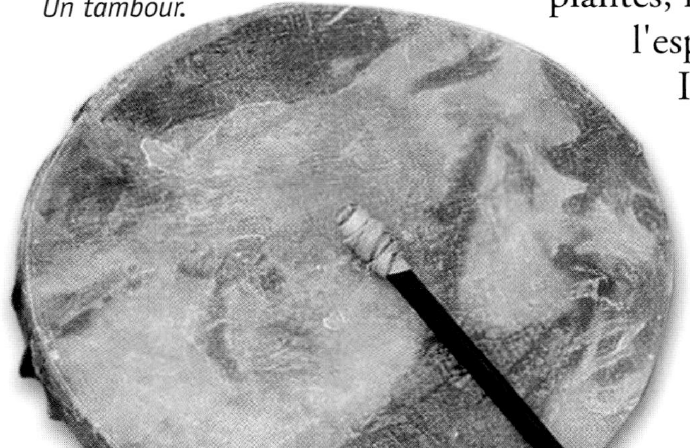
Un tambour.

Le chaman algonquien chante, danse, bat du tambour et utilise des herbes sacrées comme le tabac. Il entre en communication avec les esprits.

Les Algonquiens sont très religieux, mais ils ne construisent pas d'églises. Pour eux, la forêt est un lieu sacré.

VISION D'ADOLESCENT

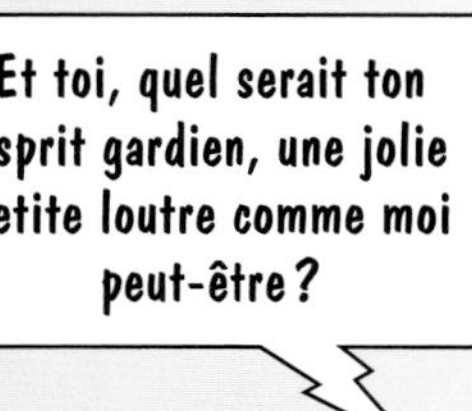

Et toi, quel serait ton esprit gardien, une jolie petite loutre comme moi peut-être ?

À un moment de son adolescence, le jeune Algonquien reste à l'écart dans la forêt, sans nourriture, pendant quatre jours et quatre nuits. Il attend une vision, une sorte de rêve éveillé, qui le mettra en contact avec l'esprit d'un ancêtre ou d'un animal. Cet esprit gardien le guidera et le protégera toute sa vie.

Moyens de transport et échanges

Pour les peuples nomades, il est très important d'avoir des moyens de transport efficaces. À cette époque, les cours d'eau constituent les principales voies de déplacement et de transport.

Se déplacer pour survivre

Le canot

Le canot est parfaitement adapté aux déplacements sur les nombreux lacs et rivières du territoire algonquien. Il permet de naviguer à travers les rapides. De plus, il se porte facilement lorsque la rivière devient trop dangereuse.

rapide
Partie d'un cours d'eau où le courant est rapide et tourbillonnant.

Des Ojibwés descendant des rapides.

Le grand avantage du canot d'écorce, c'est qu'on peut le réparer facilement avec des matériaux trouvés dans la forêt.

La construction d'un canot.

Le canot en écorce de bouleau est une embarcation légère et durable. Sa longueur varie de 3 à 7 mètres. Les plus grands canots peuvent accueillir une famille entière. Le canot est fait d'une armature de cèdre recouverte de grandes pièces d'écorce de bouleau. Le cèdre est un bois qui ne pourrit pas au contact de l'eau et l'écorce de bouleau est imperméable. L'écorce est cousue à l'armature avec des fils de racines d'épinette ou de pin. Les coutures sont ensuite recouvertes d'un mélange de gomme de conifère et de graisse pour les rendre **étanches**.

étanche
Qui ne laisse pas passer l'eau.

Le transport de charges en hiver.

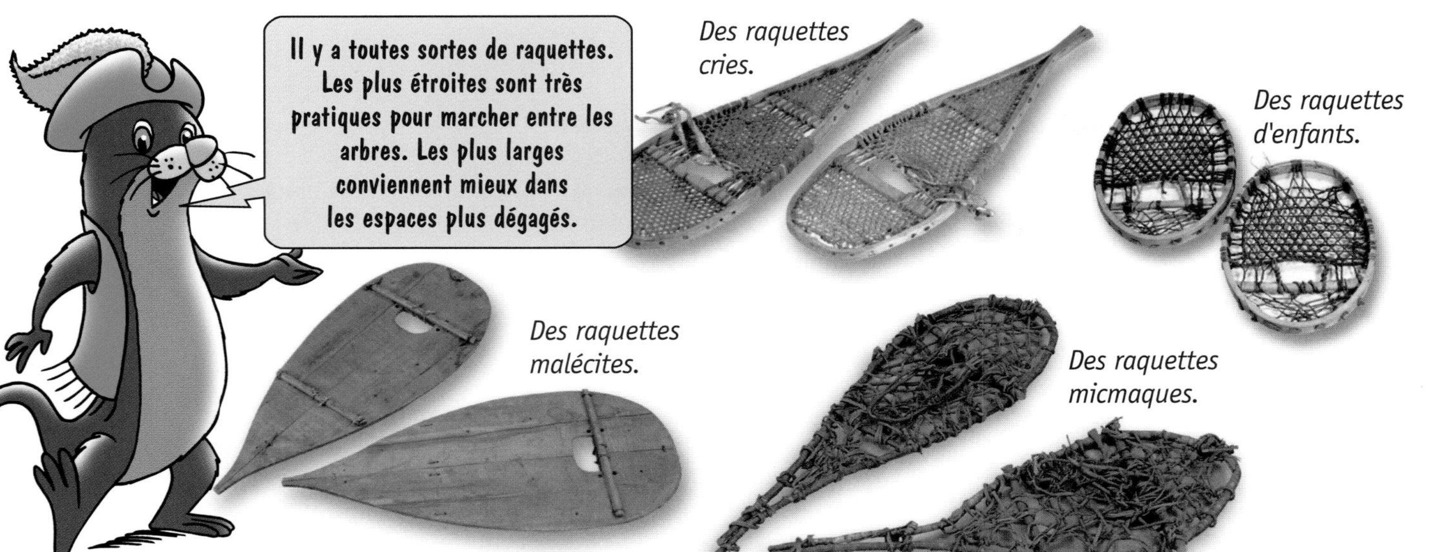

Il y a toutes sortes de raquettes. Les plus étroites sont très pratiques pour marcher entre les arbres. Les plus larges conviennent mieux dans les espaces plus dégagés.

Des raquettes cries.

Des raquettes d'enfants.

Des raquettes malécites.

Des raquettes micmaques.

Les raquettes et le toboggan

En hiver, les raquettes et le toboggan sont indispensables pour parcourir la forêt sur la neige. Lorsque les lacs et les rivières sont gelés, les canots sont mis à l'abri. Le transport se fait à l'aide d'une sangle frontale, une large bande de peau attachée au bagage que l'on passe sur le front. Pour les charges plus lourdes, on utilise le toboggan. Ce traîneau est parfois tiré par un chien.

Des raquettes innues.

Le commerce avec les autres Amérindiens et les Européens

Les diverses nations algonquiennes font du troc entre elles. Elles commercent aussi avec les nations iroquoiennes qui sont en paix avec elles, comme les Hurons. Elles leur apportent des fourrures, des canots, du poisson fumé et des plantes médicinales. Les nations vivant près de l'océan, comme les Abénaquis, échangent les précieux coquillages qui servent à fabriquer les wampums [p. 29].

Des commerçants algonquiens déchargeant leurs fourrures.

Au moment de l'arrivée des Européens, les Amérindiens avaient des connaissances très avancées sur les plantes médicinales. Savais-tu que plus de 500 médicaments que nous employons aujourd'hui étaient à l'origine utilisés par les Amérindiens ?

Les Algonquiens recherchent la farine de maïs des Iroquoiens. Elle leur permet de passer à travers les hivers difficiles. Je ne sais pas comment ils font pour manger de la farine ! Moi, je préfère le poisson !

Au début du 16e siècle, des pêcheurs européens viennent pêcher au large de l'île de Terre-Neuve et dans l'estuaire du fleuve Saint-Laurent. C'est probablement à ce moment-là que les Algonquiens rencontrent les Européens et commencent le commerce de la fourrure.

estuaire
Endroit où un cours d'eau s'élargit avant de se jeter dans l'océan.

Un chaudron de cuivre.

Les Algonquiens aiment beaucoup les objets de métal fabriqués en Europe, comme les chaudrons et les couteaux.

Tu viens de recevoir une grande leçon de vie : celle que t'ont donnée les femmes et les hommes de la grande famille algonquienne du 16e siècle. Tu as partagé les découvertes, les connaissances et les savoir-faire d'un peuple très respectueux de la nature.

N'oublie pas que, toi aussi, tu es responsable de ton environnement, des personnes qui vivent autour de toi et de tous ceux et celles qui, un jour, liront notre histoire.

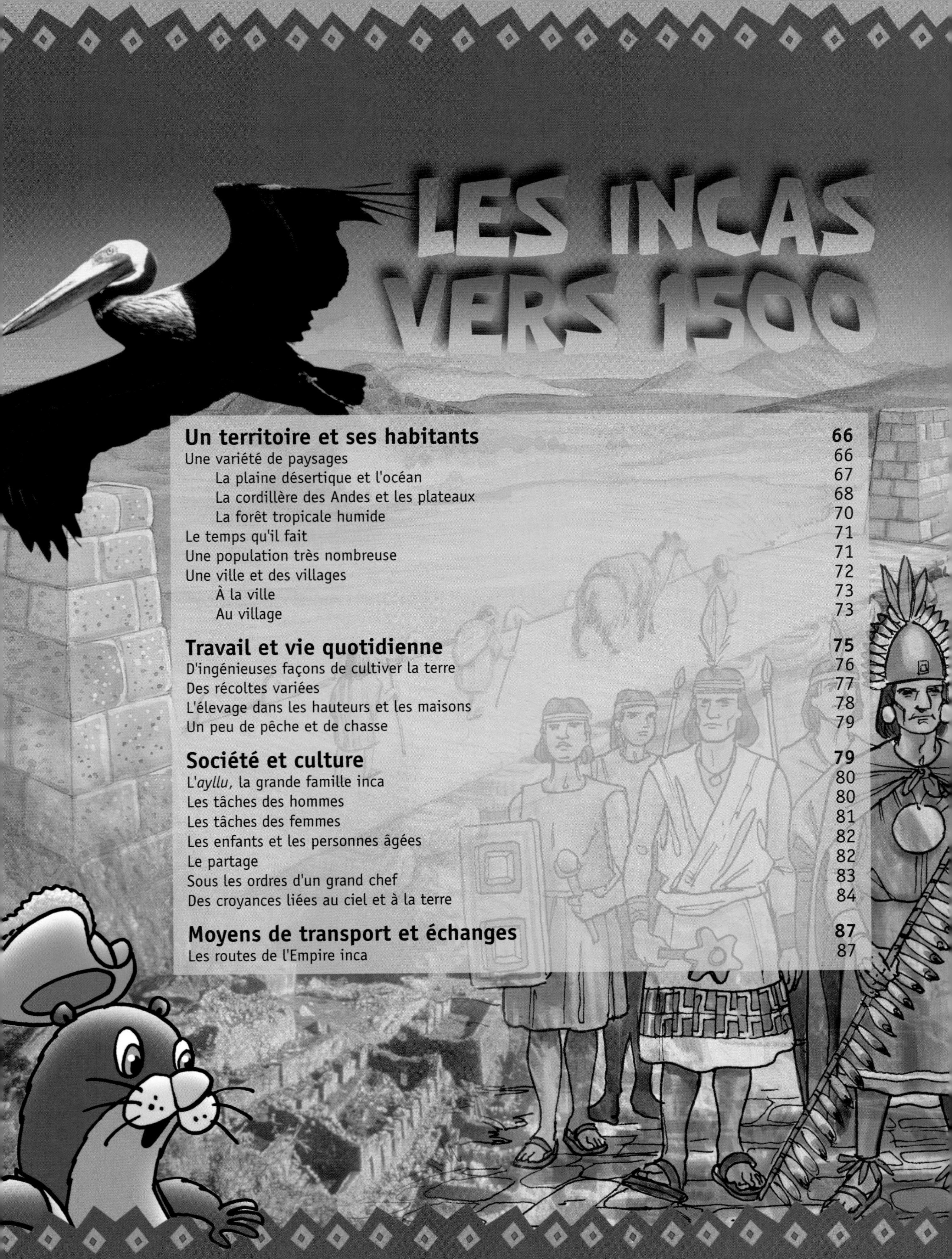

LES INCAS VERS 1500

Un territoire et ses habitants

Au début du 16e siècle, le territoire des Incas est immense. Plus long que large, il se compose de paysages très variés. Le long de la mer, le terrain est plat; il se soulève ensuite dans les montagnes, puis redescend jusqu'à une riche forêt. Avec de tels changements de relief, le climat, la végétation et les animaux sont différents d'une région à l'autre du territoire.

Une variété de paysages

Les Incas peuplent la côte ouest de l'Amérique du Sud. Leur territoire s'étire tout en longueur. Regarde la carte de ce territoire et celle du relief de l'Amérique du Sud. Repère l'océan Pacifique et l'imposante cordillère des Andes, une chaîne de montagnes qui traverse tout le territoire, du nord au sud.

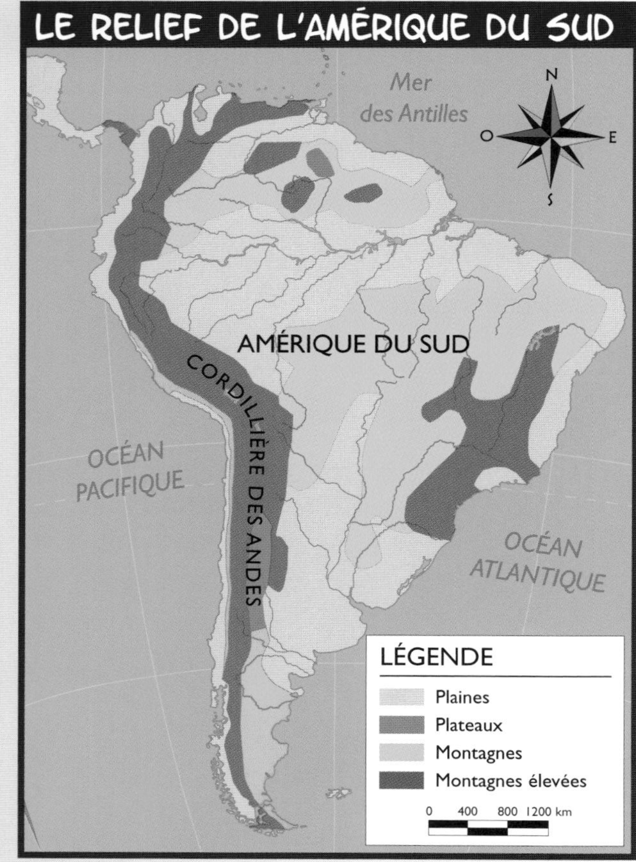

Vois comme le relief change ! Près de la mer, c'est plat et aride. Entre les montagnes, il y a aussi des plateaux. De l'autre côté, la forêt offre un tout autre paysage !
montagnes élevées
haut plateau
forêt tropicale humide
plateau
vallée
plaine désertique
océan

La plaine désertique et l'océan

Une étroite plaine désertique longe l'océan Pacifique. La végétation, composée surtout d'herbes et d'arbustes, est assez rare. Toutes sortes d'animaux vivent dans cette région. Il y a des reptiles, comme des serpents et des lézards. La mer est remplie de coquillages, de crustacés, de poissons et de mammifères marins.

plaine
Grande étendue de terrain assez plat.

La plaine désertique.

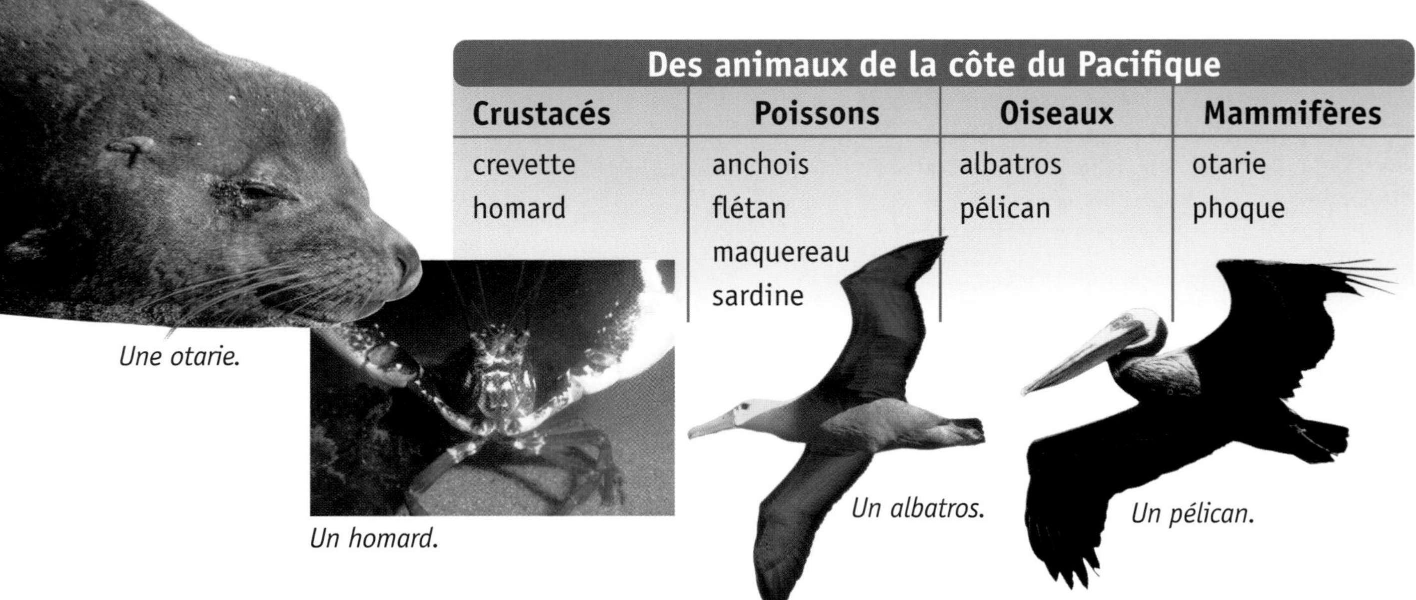

Des animaux de la côte du Pacifique			
Crustacés	**Poissons**	**Oiseaux**	**Mammifères**
crevette homard	anchois flétan maquereau sardine	albatros pélican	otarie phoque

Une otarie.

Un homard.

Un albatros.

Un pélican.

plateau Étendue de terrain assez plate et surélevée.

vallée Espace allongé, qu'un cours d'eau a creusé, situé entre deux zones de terrain plus élevées.

La cordillère des Andes et les plateaux

À l'est de la plaine désertique, la cordillère des Andes en impose par la hauteur de ses plateaux et de ses sommets. Ses plus hauts sommets, qui peuvent atteindre 6000 mètres, sont recouverts de neiges éternelles. Situés entre les montagnes, les hauts plateaux ont un sol pauvre. Ils sont creusés par de nombreuses vallées. Des rivières coulent au creux de ces vallées, où les terres cultivables se trouvent, et descendent jusqu'à la plaine.

Ouf ! Une altitude de 6000 mètres, c'est une hauteur vertigineuse. Imagine, c'est environ 600 fois la hauteur d'une école de deux étages.

Un paysage de la cordillère des Andes.

Une vallée, dans la cordillère des Andes.

Un haut plateau entre les montagnes.

Un cactus.

Des arbustes, comme le coca, et des plantes, comme le cactus, poussent dans cette région. L'araucaria, un conifère, et d'autres sortes d'arbres y poussent aussi.

Des animaux de la cordillère des Andes	
Mammifères	**Oiseaux**
alpaga	canard
chinchilla	colibri
cochon d'Inde (cobaye)	condor géant
guanaco	
lama	
loup	
ours	
puma	
vigogne	

Beaucoup d'animaux vivent dans ces paysages montagneux. Tu en connais peut-être déjà. Certains ont des noms un peu étranges.

Un guanaco. Cet animal est un proche parent du lama, de l'alpaga et de la vigogne. Ce sont des mammifères qui vivent dans les montagnes, les plateaux et les vallées des Andes.

Un condor géant.

Un lama.

Dans la forêt tropicale, il y a des lianes, comme le vanillier. C'est une plante qui s'enroule autour des branches d'arbre. Le vanillier produit un fruit, la vanille, qui sert aujourd'hui à aromatiser des desserts, comme la crème glacée.

Un paysage de la forêt tropicale humide.

La forêt tropicale humide

Le versant est de la cordillère des Andes offre un paysage complètement différent. C'est la forêt tropicale humide où la végétation est abondante. Il y a des arbres, surtout l'acajou, l'hévéa et le thuya. Cette riche forêt est remplie d'animaux.

versant
Pente d'une montagne ou d'une vallée.

Un jaguar.

Des animaux de la forêt tropicale humide

Reptiles	Oiseaux	Mammifères
caïman	perroquet	chauve-souris
serpent	toucan	fourmilier
		jaguar
		pécari (cochon sauvage)
		singe
		tatou

Un serpent.

Des perroquets.

Un pécari et ses petits.

Un toucan.

Le temps qu'il fait

Comme tu l'as vu, la cordillère des Andes occupe presque tout le territoire inca. Ces montagnes élevées et la présence de l'océan Pacifique ont une grande influence sur la température et les précipitations. C'est pour cela que le climat change d'une région à l'autre du territoire.

précipitation
Chute d'eau qui provient de l'atmosphère sous forme liquide (pluie, brouillard) ou sous forme solide (neige, grêle).

Consulte le tableau suivant pour découvrir cette diversité climatique.

Le climat du territoire inca	
La plaine désertique	• Il tombe très peu de pluie. • Il fait chaud pendant le jour et froid pendant la nuit.
La cordillère des Andes	• Dans les montagnes élevées, les précipitations sont peu fréquentes et tombent généralement sous forme de neige. • Les températures sont fraîches. • Le climat est plus doux dans les vallées que dans les hauts plateaux.
La forêt tropicale humide	• Les pluies sont abondantes et les températures sont chaudes toute l'année.

Une population très nombreuse

Il y a très longtemps, les Incas étaient une simple tribu. Ils vivaient dans la région de Cuzco, à environ 3500 mètres d'altitude, dans la cordillère des Andes. Au fil du temps, ils ont conquis d'autres peuples le long des Andes et du Pacifique.

tribu
Groupe de personnes d'une même origine, dirigé par un chef.

Vers l'an 1500, le territoire inca est devenu un vaste royaume très peuplé. Les Incas forment alors une population de plus de neuf millions d'habitants provenant de diverses cultures. C'est beaucoup plus que l'ancienne tribu de Cuzco.

Neuf millions d'Incas, c'est presque deux millions de plus que la population du Québec d'aujourd'hui !

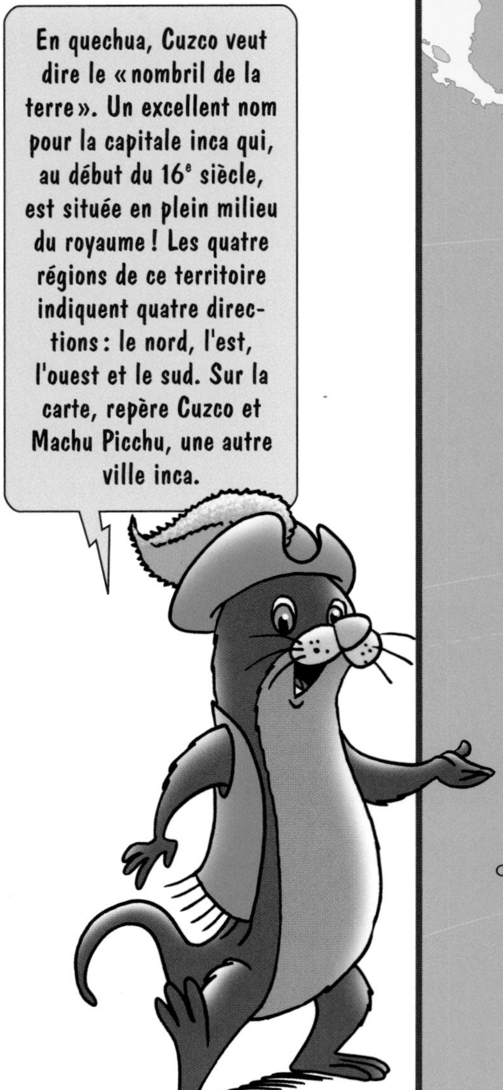
En quechua, Cuzco veut dire le « nombril de la terre ». Un excellent nom pour la capitale inca qui, au début du 16e siècle, est située en plein milieu du royaume ! Les quatre régions de ce territoire indiquent quatre directions : le nord, l'est, l'ouest et le sud. Sur la carte, repère Cuzco et Machu Picchu, une autre ville inca.

LES QUATRE GRANDES RÉGIONS DU TERRITOIRE INCA

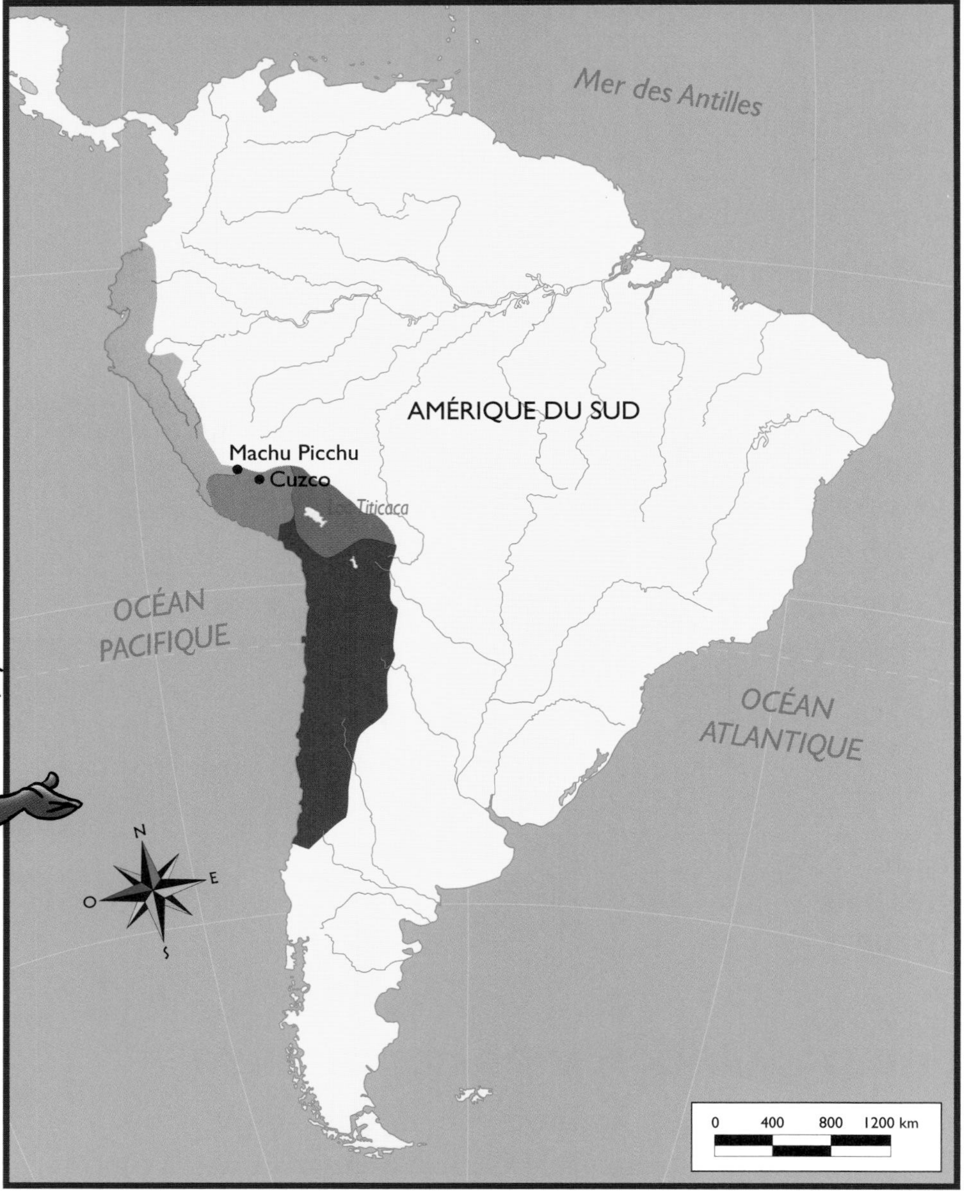
Mer des Antilles
AMÉRIQUE DU SUD
Machu Picchu
Cuzco
OCÉAN PACIFIQUE
OCÉAN ATLANTIQUE
N
E
O
S
0 400 800 1200 km

sédentaire
Qui possède un lieu d'habitation fixe.

Sédentaires, les Incas vivent dans la cordillère des Andes et sur la côte de l'océan Pacifique. La plupart cultivent la terre et font l'élevage d'animaux. Le quechua est la langue imposée aux habitants des quatre grandes régions du territoire.

Une ville et des villages

Le territoire inca compte des villes et de nombreux villages. La ville est l'endroit où les décisions importantes se prennent. C'est aussi le lieu de travail de plusieurs villageois établis aux alentours.

À la ville

Construite dans la montagne ou dans la plaine, la ville inca est entourée d'une muraille. Des dirigeants y ont leur palais. Il y a aussi d'importants édifices religieux et militaires ainsi que des bâtiments, comme des entrepôts qui servent à conserver des aliments ou des marchandises. Le jour, des artisans viennent travailler en ville. Ils y ont même leur quartier où ils fabriquent toutes sortes d'objets utiles.

Grâce à leurs techniques et à leurs nombreux ouvriers, les Incas sont capables de bâtir des édifices et des palais grandioses. Leurs constructions en pierre sont très solides et résistent généralement à un tremblement de terre. Ce phénomène naturel est assez fréquent dans leur territoire. L'extérieur des édifices et des palais est parfois recouvert de plaques d'or ou d'argent, des métaux précieux. L'intérieur est souvent peint de motifs rouge et jaune.

Au village

La plupart des Incas habitent des villages aux alentours d'une ville ou près des terres cultivables. Comme la ville, le village inca est protégé par un **rempart**. Il regroupe des maisons toutes simples, mais n'a ni palais ni édifice.

rempart
Muraille autour d'une ville ou d'un village.

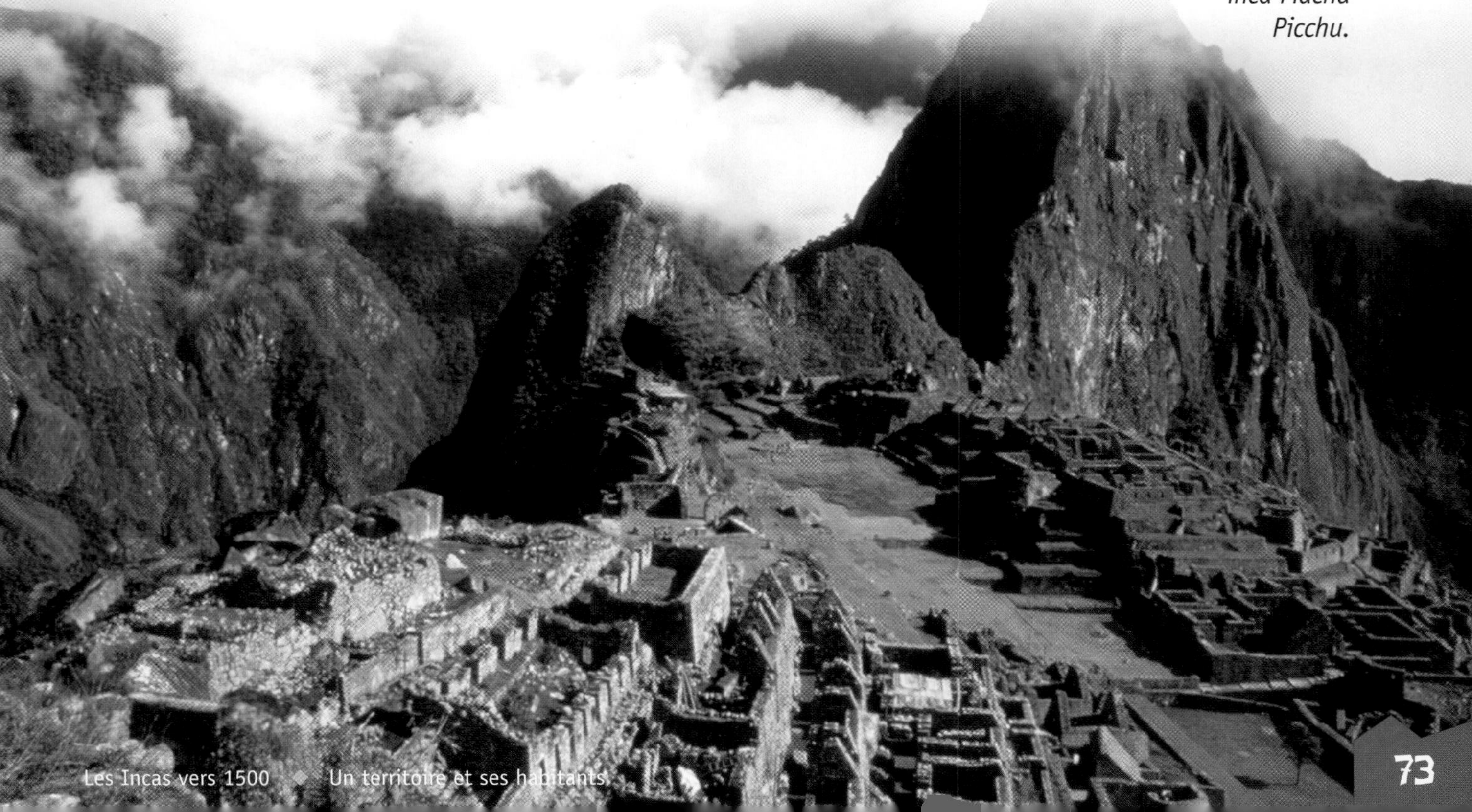

Les restes de l'ancienne ville inca Machu Picchu.

CASSER DE LA PIERRE À LA MAIN

Les murailles, les bâtiments et les palais incas sont faits de différents blocs de granit, une roche dure, assemblés sans **mortier**. Pour extraire le granit du sol, les ouvriers le percent à l'aide d'outils de pierre ou de métal. Ils glissent des morceaux de bois mouillé dans les trous. Sous l'effet de l'eau, le bois se gonfle et fait fendre le granit qui se détache alors plus facilement du sol, sous forme de gros blocs.

mortier
Sorte de ciment servant à maintenir des pierres ou des briques ensemble.

Les Incas ne connaissent pas la roue, mais ils ont trouvé un autre moyen pour transporter les lourds blocs de granit jusqu'au chantier de construction. Ils utilisent des cordages et placent des troncs d'arbre sous ces blocs.

Avec des outils en pierre et du sable humide, les Incas façonnent et polissent chaque bloc pour en obtenir de différentes grosseurs. Pour ériger un mur, ils doivent y placer des blocs de granit de plus en plus haut. Pour les monter, ils forment une pente en terre à la base du mur. C'est le début d'une nouvelle construction inca !

As-tu remarqué l'assemblage des blocs ? Même s'ils sont de différentes grosseurs, ils tiennent solidement en place pour former un mur épais ! Toute une technique de construction ! Certains blocs peuvent mesurer jusqu'à 4 mètres de haut !

Les villageois incas bâtissent leurs maisons sur un sol pauvre, car ils ont besoin des terres fertiles pour pratiquer l'agriculture. La maison inca a d'épais murs en pierre et est recouverte d'un toit de chaume.

Dans cette maison d'une seule pièce, il n'y a pas de meuble, et ses occupants dorment à même le sol. À l'intérieur, un foyer en pierre sert au chauffage et il y a un petit four en argile pour la cuisson des aliments. Les villageois de la côte de l'océan Pacifique construisent plutôt des maisons de briques, appelées aussi adobes.

chaume
Paille.

argile
Roche terreuse et imperméable qui est facile à façonner.

adobe
Brique faite d'argile, d'eau et de paille, puis séchée au soleil.

Une maison en pierre semblable à celles des Incas.

L'intérieur d'une maison inca.

Travail et vie quotidienne

Le territoire des Incas est surtout montagneux. Pour nourrir leur importante population, les Incas cultivent la terre et élèvent des animaux. Mais comment peuvent-ils avoir des champs cultivables dans les montagnes ou la plaine désertique ? Eh bien, les Incas ont trouvé des moyens efficaces pour y arriver. Tu verras que leurs champs ont de bien curieuses formes et qu'ils font voyager l'eau sur de longues distances.

D'ingénieuses façons de cultiver la terre

Les Incas ont découvert différentes techniques pour cultiver la terre. Dans les hauteurs de la cordillère des Andes, le village inca est souvent situé sur le versant d'une montagne ou d'une vallée. Autour du village, les Incas construisent des murets en pierre pour retenir le sol. Ils obtiennent ainsi de grandes terrasses et augmentent l'étendue des terres cultivables. Ce moyen ingénieux permet aussi de garder le sol humide pour que les plantes poussent mieux.

Regarde, les champs en terrasses ressemblaient à de gigantesques escaliers. Chaque marche est un champ !

La culture en terrasses.

Des restes de terrasses incas, aujourd'hui.

Le génie inca ne s'arrête pas là ! Les Incas savent également comment acheminer de l'eau jusqu'aux régions où la pluie est rare, comme dans la plaine désertique. Ils aménagent des canaux d'irrigation qui conduisent l'eau des lacs et des rivières, situés en montagne, jusqu'à leurs champs. Ils s'en servent aussi pour remplir d'eau de grands réservoirs creusés dans le sol.

irrigation
Arrosage du sol.

Un canal d'irrigation.

Pour les travaux aux champs, ils utilisent des outils très simples faits avec du bois et de la pierre. Quand le sol vient à s'appauvrir, les Incas ont un moyen de le rendre fertile. Ils mélangent du guano, des excréments d'oiseaux marins ramassés près de l'océan Pacifique, à la terre.

Le quinoa est une plante qui produit des graines très nourrissantes.

Des récoltes variées

Les Incas cultivent une grande variété de plantes. Dans la cordillère des Andes, ils font pousser différentes sortes de pommes de terre dans leurs champs situés en haute altitude. Le quinoa, appelé riz des montagnes, est résistant au froid et pousse aussi très bien dans ces hauteurs. Au fur et à mesure que l'on descend, le climat s'adoucit. Les produits des cultures changent. Les Incas y récoltent alors le haricot, la courge et le maïs.

Au creux des vallées ou dans la plaine, on trouve le piment, l'arachide et des plantes **aromatiques**. Les Incas y cultivent aussi le cotonnier, un arbuste qui produit du coton. Cette fibre végétale est utilisée dans la confection de leurs vêtements. Ils cueillent aussi des ananas, des avocats et des goyaves. Ces fruits poussent dans les régions où le climat est plus doux.

aromatique
Qui dégage une odeur agréable.

La culture de la pomme de terre, chez les Incas des Andes.

Imagine, au début du 16e siècle, la tomate poussait dans les champs des Incas sans qu'ils l'aient plantée ! Difficile à croire, mais c'était alors une petite tomate jaune qui poussait à l'état sauvage.

DES REPAS INCAS

Le quinoa et le maïs sont les principaux ingrédients de la cuisine inca. Les femmes obtiennent de la farine en écrasant les grains de ces céréales sur une pierre plate à l'aide d'une pierre arrondie. Elles utilisent cette farine pour préparer de la soupe, du ragoût et, parfois, du pain. Le maïs sert aussi à fabriquer une boisson un peu alcoolisée, appelée « aka ». La pomme de terre est également un plat très apprécié. La viande de cochon d'Inde et de canard complète l'alimentation inca.

Pour la cuisson des aliments, qui sont le plus souvent bouillis, les femmes utilisent des contenants d'argile et un petit four. Pour épicer leurs mets, elles ajoutent du piment, au goût piquant, et des herbes aromatiques.

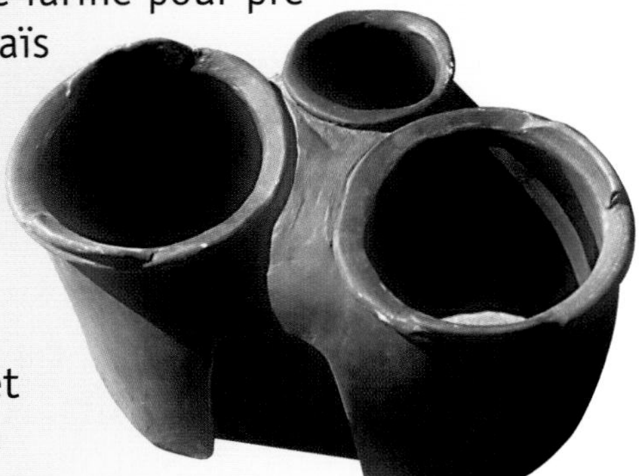

Un petit four inca en argile.

Un lama chargé.

Les Incas récupéraient les excréments du lama, puis les faisaient sécher. Ils s'en servaient pour faire du feu ! Le bois est rare dans les montagnes élevées.

L'élevage dans les hauteurs et les maisons

Sur les hauts plateaux de la cordillère des Andes, les Incas font l'élevage de l'alpaga et du lama. Le pelage de l'alpaga leur fournit une belle laine douce. Avec la laine, ils tissent des vêtements. Le lama leur sert surtout de **bête de somme**. Les Incas mangent rarement sa viande, mais ils fabriquent des sandales avec sa peau. Ils font aussi des sacs et des couvertures avec ses poils laineux et très gras.

Un alpaga.

Les Incas élèvent des cochons d'Inde dans leurs maisons. Ils en apprécient la viande. L'élevage de ces petits rongeurs est facile, car ils se reproduisent rapidement et exigent peu de soins.

Des cochons d'Inde ou cobayes.

bête de somme
Animal servant au transport de marchandises.

Un peu de pêche et de chasse

La pêche n'est pas une activité très importante chez la plupart des Incas, sauf pour ceux qui habitent près de l'océan. Ces Incas survivent grâce aux ressources de la mer. Ils naviguent en radeaux faits de bois et pêchent des coquillages, crustacés et poissons à l'aide de filets. Ils attrapent aussi des phoques et des otaries. Dans les lacs, les Incas pêchent à l'aide de filets munis de manches.

Les Incas chassent surtout la vigogne et le guanaco, deux animaux qui s'apparentent au lama. Chaque année, des villages entiers se réunissent pour participer à la chasse. Dans les montagnes, les nombreux chasseurs poursuivent les bêtes et les encerclent pour les diriger vers un enclos de pierres qu'ils ont construit. Parmi les bêtes ainsi capturées, certaines sont tuées pour consommer leur viande. D'autres sont tondues pour recueillir leurs poils qui fournissent de la laine, puis elles sont remises en liberté.

La pêche dans un lac, à bord d'une embarcation de roseau.

Société et culture

Vers l'an 1500, l'immense territoire inca est très peuplé. Un chef très puissant le dirige. Il a beaucoup de responsabilités, mais il n'est pas seul à gouverner un si vaste empire. Aux quatre coins de cet empire, des dirigeants obéissent à ses ordres. Tu verras, la société inca est très organisée et réglementée. C'est un peu comme une grande équipe où chaque membre a un rôle à jouer, dans son village comme dans l'empire.

empire
Ensemble de régions dirigé par un gouvernement central.

L'*ayllu*, la grande famille inca

Dans la société inca, l'*ayllu*, qui se prononce « aillou », est une sorte de clan. C'est un regroupement de plusieurs familles qui descendent d'un ancêtre commun. Chaque *ayllu* possède des terres, a son chef et son conseil des anciens.

Tous les Incas sont regroupés en *ayllus*. Mais ils ne vivent pas de la même façon selon qu'ils sont des nobles ou des paysans. La plupart des Incas sont des paysans, c'est-à-dire des villageois qui pratiquent l'agriculture. Ils doivent subvenir aux besoins des nobles. Parmi les nobles, il y a les dirigeants et les prêtres. Ils ont des richesses et des pouvoirs que les paysans n'ont pas.

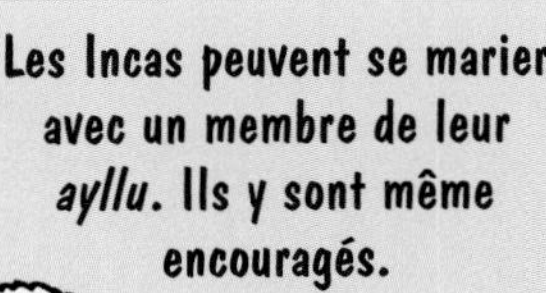

Les Incas peuvent se marier avec un membre de leur *ayllu*. Ils y sont même encouragés.

Les tâches des hommes

La plupart des Incas s'occupent des travaux aux champs et des troupeaux. À partir de l'âge de 25 ans, ils doivent aussi travailler pour la communauté. Par exemple, ils participent à la construction de routes, d'édifices, de palais et de temples. Ils cultivent les terres réservées aux nobles, deviennent parfois soldats ou travaillent dans les mines de l'empire.

Une troupe de soldats incas.

Des poteries incas.

Certains Incas pratiquent d'autres métiers que celui d'agriculteur. Il y a les messagers qui se déplacent au pas de course pour transmettre des nouvelles dans tout le territoire inca. D'autres Incas sont artisans, comme les potiers et les orfèvres, ou architectes.

potier
Personne qui fabrique des objets en terre cuite.

orfèvre
Personne qui fabrique des objets en métaux précieux comme l'or et l'argent.

Les tâches des femmes

La plupart des femmes incas participent à la culture de la terre. Elles s'occupent de leur maison, de la cueillette du bois de chauffage et du transport de l'eau. Elles préparent les repas et tissent la laine pour la confection des vêtements. Elles sont responsables de l'éducation des enfants.

Choisies pour leur beauté, des jeunes filles doivent quitter leur village pour aller à la ville. Dans des écoles spéciales, elles apprennent à cuisiner des plats délicats et à tisser la soyeuse laine de la vigogne. Ces écoles les préparent à devenir des servantes du Soleil dans les temples ou des épouses de chefs.

Une Inca en train de tisser de la laine d'alpaga.

Étonnant ! Les jeunes Incas n'avaient pas de nom avant leur adolescence !

Les enfants et les personnes âgées

Dès l'âge de 6 ans, les fillettes aident leur mère à la maison. Les garçons, eux, gardent les troupeaux et éloignent les oiseaux des champs. Ils leur lancent des pierres à l'aide d'une fronde. Si les enfants incas sont désobéissants, ils sont punis sévèrement.

Ce sont les membres les plus âgés de l'*ayllu* qui transmettent les coutumes aux enfants. À partir de 50 ans, les Incas n'ont plus à travailler pour la noblesse. Ils s'occupent seulement des tâches les plus faciles.

Le partage

Le partage est une valeur très importante dans la société inca. Dans tout le territoire, les surplus des récoltes sont conservés dans des entrepôts ou des silos. Ainsi, quand le malheur frappe une région, par exemple une sécheresse, de la nourriture est distribuée aux Incas en difficulté. Ces surplus servent aussi à satisfaire les besoins des personnes âgées et des soldats de l'armée inca.

Des entrepôts incas. Vers 1500, on en retrouvait partout dans le territoire inca. Les Incas y conservaient des aliments séchés, des armes et des tissus.

LA CONSERVATION DES ALIMENTS

Les Incas ont découvert une méthode toute simple pour conserver les pommes de terre et la viande pendant des mois et même des années. Ils font geler l'aliment à l'air froid et sec de la nuit. Le jour suivant, ils l'exposent au soleil, puis le pressent pour en ôter l'eau. Ils ajoutent du sel à la viande. Une fois séchées, la viande et les pommes de terre se conservent très longtemps.

De nos jours, les paysannes du Pérou emploient la même technique de conservation pour les pommes de terre.

Sous les ordres d'un grand chef

Dans la société inca, un grand chef très puissant décide de tout. C'est le Sapa Inca, la personne la plus importante du territoire inca. Pour les Incas, il est le fils du Soleil et leur grand chef religieux. Appuyé par les membres de son *ayllu*, il gouverne le territoire. C'est son empire. Il vit dans un somptueux palais, richement décoré, dans la ville de Cuzco. Il est à la tête de l'armée inca.

Le pouvoir chez les Incas, c'est une affaire de famille ! Les gouverneurs ont souvent un lien de parenté avec le Sapa Inca. Ce puissant chef a plusieurs femmes. La plus importante est la Coya, son épouse, qui participe parfois aux décisions. À la mort du grand chef, l'un de ses fils le remplace et devient alors le nouveau Sapa Inca.

Des gouverneurs et des chefs s'occupent de faire respecter les ordres du Sapa Inca dans tout l'empire. Sans ces dirigeants, les ordres ne parviendraient pas jusqu'au peuple, composé surtout de paysans.

Les étages du pouvoir chez les Incas

Comme le dessin ci-contre le montre, les ordres du Sapa Inca sont transmis de haut en bas, c'est-à-dire de son palais à Cuzco jusqu'aux régions, provinces, districts et *ayllus* de l'empire. C'est aussi une façon d'imposer des lois.

Dans les villages, les chefs font respecter les lois. Par exemple, si une personne commet une première faute, elle est critiquée devant tous les autres villageois. Le vol et le meurtre sont durement punis. Les coupables de ces crimes peuvent même être pendus ou jetés du haut d'une falaise.

Les chefs d'*ayllus* ont la tâche de distribuer les terres cultivables aux Incas dont ils sont responsables. Ils veillent aussi à leur bien-être en s'assurant qu'ils ne manquent de rien.

Des croyances liées au ciel et à la terre

momifier
Transformer un cadavre en momie pour le conserver.

Les Incas prient des dieux et des déesses dans des temples. Selon leurs croyances, le dieu Viracocha est le grand créateur du monde et Inti, le dieu Soleil, est leur ancêtre commun. Ils célèbrent aussi d'autres divinités reliées aux astres, dont les étoiles et la Lune, ou à la nature, comme la terre et le tonnerre. Les Incas croient que certains endroits et certains objets sont sacrés. Par exemple, une grosse pierre placée à l'entrée du village ou d'un champ protégerait les paysans.

Pour les Incas, le Sapa Inca est l'enfant du Soleil et la Coya est l'enfant de la Lune.

Les Incas ont beaucoup de respect pour leurs ancêtres. Ils offrent de la nourriture et divers objets aux morts afin d'obtenir leur protection. Les Incas **momifient** le corps du Sapa Inca quand il meurt et l'exposent dans un temple de Cuzco. Ils font de même à la mort de la Coya. Leur technique consiste à faire sécher le corps à l'air froid de la montagne pour en faire une momie.

Un exemple d'objet offert aux morts incas.

Les prêtres incas dirigent les temples. Ils y organisent des cérémonies religieuses pour célébrer un dieu ou une déesse. Par exemple, quand un événement important, heureux ou malheureux, se produit, ils lui offrent un cadeau, comme des plantes, des boissons, de la nourriture. Cette offrande peut être un sacrifice. Cela veut dire qu'on tue parfois un animal ou un être humain pour apaiser la colère des divinités ou les remercier de leur bonté.

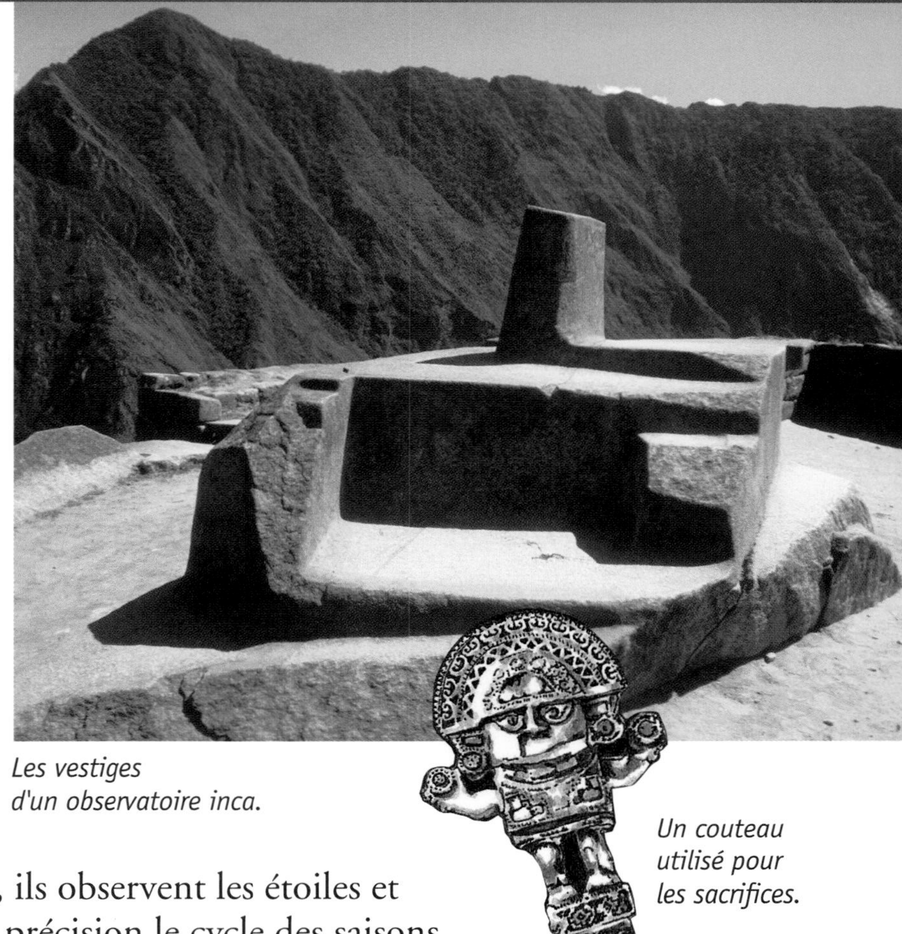

Les vestiges d'un observatoire inca.

Un couteau utilisé pour les sacrifices.

Les prêtres les plus importants sont ceux du Soleil. Aidés par les servantes du Soleil, ils observent les étoiles et les planètes pour connaître avec précision le cycle des saisons. Grâce à leurs observations, ils décident quand les paysans doivent labourer leurs champs et y semer des graines, puis déterminent le moment des récoltes.

DES PRÊTRES MÉDECINS

La médecine inca s'apparente parfois à de la magie. Les prêtres chantent et jettent des sorts. En revanche, ils connaissent de nombreuses plantes **médicinales**. Par exemple, ils utilisent l'écorce du quinquina pour soigner les blessures et calmer la fièvre. Pour engourdir leur patient, ils lui font mâcher des feuilles de coca ou boire de l'aka, une boisson de maïs qui contient un peu d'alcool. Ils utilisent aussi les feuilles de coca comme médicament contre la douleur, la fatigue ou la faim.

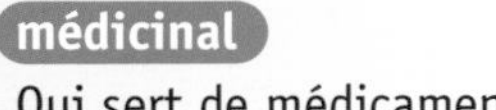

médicinal Qui sert de médicament.

Des feuilles de coca.

Chez les Incas, chaque saison s'accompagne de fêtes et de cérémonies religieuses.

Autour d'Inti, le dieu Soleil

Juillet
Partage des terres cultivables.

Juin
Fête du Soleil. Prière du Sapa Inca pour le retour du Soleil l'été suivant.

Récolte des pommes de terre.

Août
Travaux aux champs par les hommes.

Mai
Récolte du maïs et grandes réjouissances.

Septembre
Fête de la Coya et célébration de la Lune.

Avril
Cérémonies en l'honneur du Sapa Inca.

Octobre
Fête des pluies. Prière à Viracocha.

Mars
Fête du mûrissement de la terre et sacrifice d'un lama noir par le Sapa Inca.

Novembre
Fête des morts.

Irrigation des champs et protection des récoltes.

Février
Cadeaux et sacrifices pour les pluies.

Janvier
Pénitences pour obtenir de bonnes récoltes.

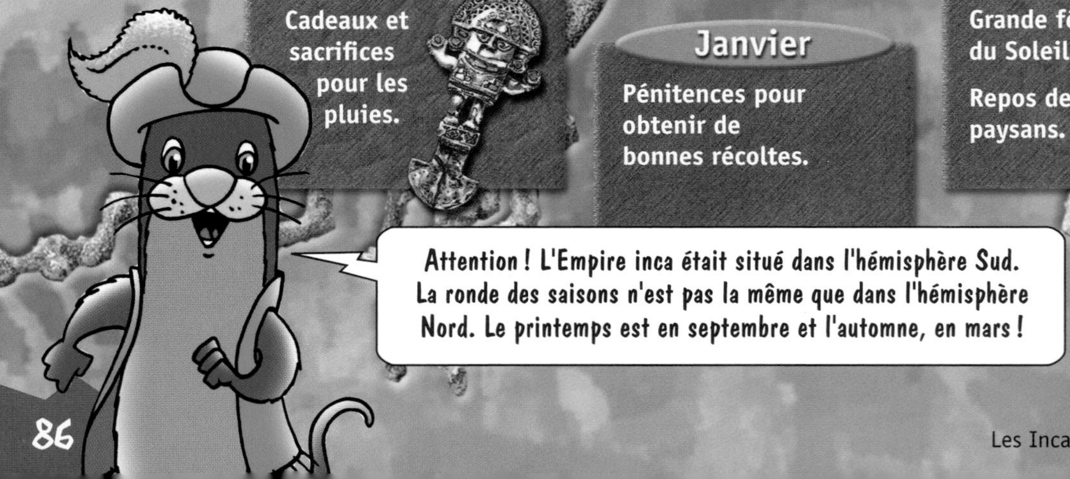

Décembre
Grande fête du Soleil.

Repos des paysans.

Attention ! L'Empire inca était situé dans l'hémisphère Sud. La ronde des saisons n'est pas la même que dans l'hémisphère Nord. Le printemps est en septembre et l'automne, en mars !

Moyens de transport et échanges

Vers 1500, les Incas ont construit un ensemble de routes de plusieurs milliers de kilomètres de long. Imagine, cela fait beaucoup de pierres, car la plupart de ces chemins sont pavés. Tu verras, les Incas ont trouvé un moyen de passer au-dessus des rivières et des espaces vides.

Les routes de l'Empire inca

Deux routes principales traversent l'Empire inca du nord au sud. L'une passe par les hauts plateaux de la cordillère des Andes et l'autre, par la côte du Pacifique.

La plupart des Incas ne sont pas libres de voyager. Ils doivent en avoir la permission.

Une route inca.

DES PONTS ENTRE LES VERSANTS

Le pont suspendu est un autre exemple d'une technique inca. Fait de lianes tressées et de planches de bois, il est tendu au-dessus du vide et attaché à quatre piliers de pierres. Résistant au passage de plusieurs bêtes de somme, il peut mesurer jusqu'à 60 mètres de long. Quand le pont est endommagé, les paysans des environs ont la responsabilité de le réparer.

caravane
Groupe de voyageurs qui se déplacent.

rapide
Partie d'un cours d'eau où le courant est rapide et tourbillonnant.

ravin
Vallée étroite et profonde.

Les routes sont surtout fréquentées par les dirigeants, les soldats et les messagers du gouvernement. De nombreux voyageurs sont aussi des marchands. Ils se déplacent en caravanes avec leurs lamas chargés de marchandises. Pour manger ou se reposer, ils s'arrêtent dans des abris aménagés au bord des routes.

Les ingénieurs incas décident du trajet des routes et en dirigent les travaux de construction. En montagne, ils font construire des escaliers dans les pentes trop raides. Parfois, ils font creuser un tunnel pour que la route passe à travers une partie de la montagne. Quand l'obstacle est un rapide ou un ravin, ils font bâtir un pont suspendu. Pour traverser les rivières, les Incas utilisent des ponts flottants sur des barques en roseau.

Un pont flottant.

Dans ce dossier, tu as exploré une société du 16e siècle très organisée, celle des Incas. Ils vivaient dans un territoire aux paysages variés. Grâce à leurs connaissances et à leurs techniques, ils ont pu construire des routes, des villes, des palais dans les montagnes. Pour y arriver, tu l'as vu, ils devaient aussi compter sur leur nombreuse population.

LA SOCIÉTÉ FRANÇAISE EN NOUVELLE-FRANCE VERS 1645

Un territoire et ses habitants

Au 17e siècle, quelques milliers de Français quittent leur pays pour venir en Amérique. Ils veulent exploiter ses richesses naturelles ou explorer de nouvelles terres. L'Amérique du Nord est vaste et regorge de ressources comme le poisson, le castor, l'eau et la forêt. Mais le climat y est beaucoup plus rude qu'en Europe. Découvre les régions où les Français se sont installés et les efforts qu'ils ont faits pour s'adapter et transformer leur nouveau territoire.

Sur la terre amérindienne

Dès le début du 16e siècle, les Français venaient pêcher la morue sur les côtes de l'Amérique du Nord. C'est à cette période qu'ils ont fait la rencontre des Amérindiens. Les Français ont alors découvert les fourrures amérindiennes et ont fait connaître les objets européens aux Amérindiens. C'est ainsi qu'a débuté la traite des fourrures en Amérique du Nord. Ces échanges ont amené les Français à s'installer en Acadie, puis dans la vallée du fleuve Saint-Laurent.

traite
Commerce et transport de marchandises.

La pêche et le dépeçage de la morue en Gaspésie.

Au milieu du 17e siècle, le territoire occupé par les Français en Amérique du Nord s'appelle la Nouvelle-France. Il regroupe trois régions : Terre-Neuve, l'Acadie et la vallée du Saint-Laurent. Observe bien les tableaux de la page suivante pour découvrir le relief, la forêt et les principaux animaux de ces trois régions.

À l'époque, seule la vallée du Saint-Laurent s'appelait le Canada. Hum ! Les choses ont bien changé !

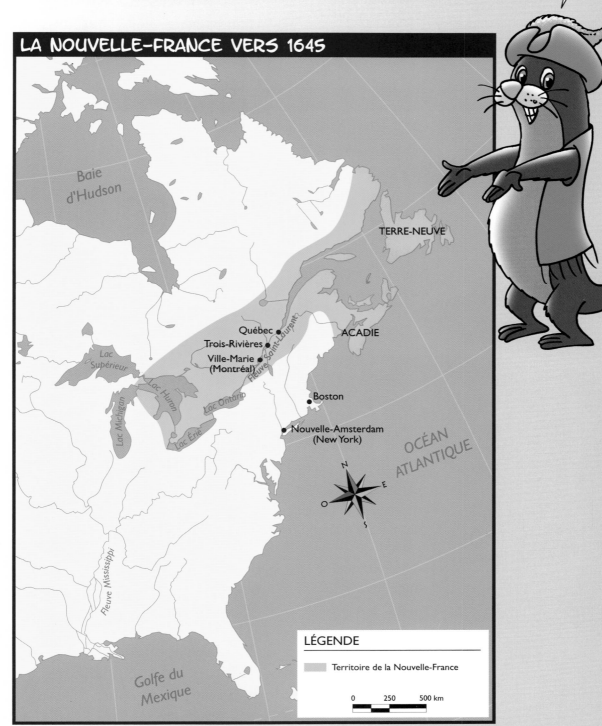

LA NOUVELLE-FRANCE VERS 1645

Baie d'Hudson
TERRE-NEUVE
ACADIE
Québec
Trois-Rivières
Ville-Marie (Montréal)
Fleuve Saint-Laurent
Lac Supérieur
Lac Huron
Lac Michigan
Lac Ontario
Lac Érié
Boston
Nouvelle-Amsterdam (New York)
OCÉAN ATLANTIQUE
N
E
S
O
Fleuve Mississippi
Golfe du Mexique

LÉGENDE

Territoire de la Nouvelle-France

0 250 500 km

Un castor.

Vallée du Saint-Laurent	
Relief	Basses-terres du Saint-Laurent: plaine
Forêt	Forêt mixte des Grands Lacs et du Saint-Laurent: feuillus et conifères
Faune	Mammifères: ours, loup, orignal, cerf, castor, lièvre Oiseaux: oie blanche, bernache, canard, dindon, tourte, gélinotte huppée Poissons: esturgeon, saumon, brochet, doré, achigan, anguille

Un goéland.

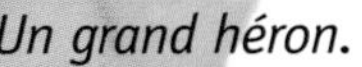

Un grand héron.

Acadie	
Relief	Appalaches: montagnes arrondies
Forêt	Forêt mixte acadienne: feuillus et conifères
Faune	Mammifères: ours, orignal, cerf, phoque, porc-épic, écureuil, lièvre Oiseaux: grand héron, bernache, goéland, mouette, canard Poissons: morue, saumon, corégone, maskinongé, achigan, anguille

Une morue.

Des sapins baumiers.

Un loup.

Terre-Neuve	
Relief	Appalaches: montagnes arrondies
Forêt	Forêt boréale: conifères et quelques feuillus
Faune	Mammifères: baleine, ours, loup, caribou, cerf, castor, lièvre Oiseaux: oie blanche, bernache, cormoran, goéland, mouette, canard Poissons: morue, saumon, truite, anguille

Une épinette blanche.

Sur l'ensemble du territoire de la Nouvelle-France, le climat est rigoureux pour les Français habitués à des températures plus douces. L'été chaud et humide est plutôt court. L'hiver est froid et long, et la neige est abondante.

rigoureux
Pénible, rude, dur à supporter.

Quelques Français en Amérique du Nord

Vers 1645, la population française en Nouvelle-France n'est pas très importante. On compte un peu moins de 900 personnes sur tout le territoire. La plupart des **colons** viennent de l'Île-de-France, du Poitou, de Normandie et de Bretagne, des provinces situées dans le nord et l'ouest de la France.

Au milieu du 17e siècle, la plupart des personnes qui débarquent en Nouvelle-France sont des hommes célibataires. Souvent, ils viennent travailler dans la colonie pour une période de trois ans. Ils sont nourris et logés par leur employeur, qui paie aussi leurs frais de voyage. Ces colons s'appellent des engagés. Étant donné la vie difficile dans la jeune colonie, de nombreux engagés rentrent en France à la fin de leur contrat.

colon
Personne qui s'installe dans un pays dominé par un autre pays plus fort. Les colons développent le pays qu'ils habitent.

PROVENANCE DES COLONS DE NOUVELLE-FRANCE

MANCHE
PAS DE CALAIS
NORMANDIE
ÎLE-DE-FRANCE
Saint-Malo
Seine
Paris
BRETAGNE
Loire
POITOU
FRANCE
OCÉAN ATLANTIQUE
Garonne
Rhône
N
O
E
S
MER MÉDITERRANÉE
0 100 200 km

LA LONGUE TRAVERSÉE

Au 17e siècle, la traversée de l'Atlantique n'est pas de tout repos. Le voyage en bateau dure normalement deux mois. Au mieux, la traversée se fait en 20 jours. Cependant, dans les pires conditions, elle peut durer plus de 100 jours ! Tout dépend des vents et du temps. Les jours sans vent ou, au contraire, les jours de tempête allongent la durée de la traversée.

Le capitaine et les personnages importants voyagent dans de meilleures conditions que les simples passagers. Ces derniers sont entassés sous le pont du navire. C'est un endroit humide, froid et infesté de poux. On y dort tout habillé dans un hamac. Nombreux sont ceux qui souffrent du mal de mer. Sans compter les maladies contagieuses, comme la **dysenterie** ou le **scorbut**, qui s'attrapent facilement dans ces conditions et tuent parfois les voyageurs.

dysenterie
Maladie qui donne des maux de ventre et des diarrhées graves.

scorbut
Maladie qui fait tomber les dents et provoque des saignements.

Chacun passe le temps comme il peut. On joue aux cartes, aux échecs ou aux dés. On chante et on se raconte des histoires. Lorsqu'il fait beau, on se promène sur le pont.

Les repas sont composés de biscuits et de potages à base de céréales, de pois et d'huile. On sert aussi un peu de viande et de poisson salés. Au début du voyage, la nourriture est bonne. Cependant, après quelques semaines, elle se gâte et des vers y apparaissent. L'eau pue tellement qu'il faut se boucher le nez pour en boire ! Le capitaine doit donc faire une bonne provision de vin.

Un navire du 17e siècle vu en coupe.

pont

Les principaux postes de traite

Même si les Français appellent leur territoire « Nouvelle-France », ils sont en fait chez les Amérindiens. Les premiers établissements français sont tous construits là où les Algonquiens ont l'habitude de faire des échanges. Ils servent de postes où les Français font la traite des fourrures avec les Amérindiens.

On construit le premier poste de traite à Tadoussac en 1600. C'est une petite maison de bois entourée d'une palissade et d'un fossé. Le premier hiver frappe durement les habitants de ce poste. Mal préparés, plusieurs meurent de faim. En fait, seulement 5 personnes sur 16 survivent !

palissade
Clôture faite d'une rangée de pieux.

C'est plutôt Port-Royal en Acadie, fondé en 1605, que l'on considère comme le premier poste de traite permanent des Français en Amérique du Nord. Pas question ici de ville ou de village avec de belles rues bien droites ! Il s'agit plutôt de quelques maisons entourées d'une palissade pour se défendre des attaques iroquoises et se protéger des animaux sauvages.

permanent
Qui est créé pour durer.

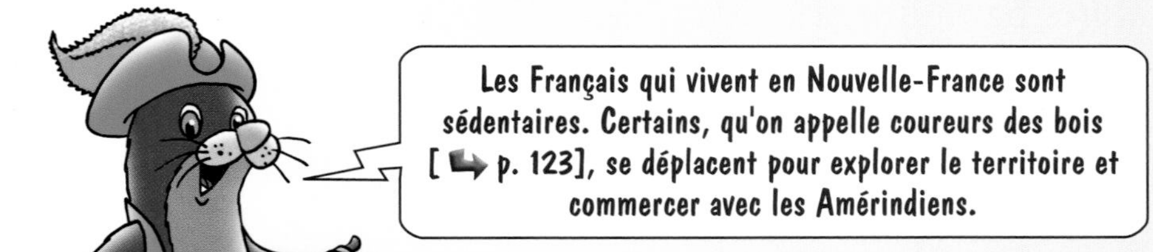

Les Français qui vivent en Nouvelle-France sont sédentaires. Certains, qu'on appelle coureurs des bois [**p. 123****], se déplacent pour explorer le territoire et commercer avec les Amérindiens.**

La traite des fourrures.

L'habitation de Port-Royal (dessin de Champlain).

défricher
Retirer les arbres, les broussailles et les pierres pour rendre la terre cultivable ou propre à la construction.

Avant de construire ces maisons, il faut d'abord **défricher** la forêt à l'aide de haches et de pioches. On utilise les arbres abattus pour la construction des bâtiments. À l'époque, ces petits villages fortifiés sont appelés des habitations.

Les premières habitations se ressemblent beaucoup. Elles sont toutes situées près d'un important cours d'eau. Les colons peuvent alors s'y rendre facilement par bateau, car il n'y a pas encore de routes. Ils disposent aussi d'une importante source d'eau potable. À l'intérieur de la palissade et du fossé, on trouve généralement les bâtiments suivants :

– des logements,
– un magasin pour entreposer les marchandises destinées au commerce et à l'usage des colons,
– une forge pour fabriquer ou réparer les objets en fer,
– une chapelle,
– des plates-formes pour les canons.

La vie dans ces nouveaux postes est difficile. Ils sont attaqués par les Iroquois et les Anglais qui sont installés plus au sud [➥ p. 192]. En hiver, les colons souffrent de maladies causées par une mauvaise alimentation et par le froid. De plus, on ne fait pas venir beaucoup d'engagés. La population s'accroît donc très peu et l'agriculture se développe très lentement.

Québec

En juillet 1608, Samuel de Champlain arrive à Québec avec une trentaine d'hommes pour fonder un poste de traite. Québec est situé sur la rive nord du fleuve Saint-Laurent, au confluent de la rivière Saint-Charles. Observe bien l'illustration suivante pour mieux comprendre l'emplacement de l'habitation de Québec.

confluent
Lieu où deux cours d'eau se rencontrent.

Champlain juge que c'est un excellent endroit pour faire le commerce des fourrures, car il se trouve près des campements algonquiens. C'est aussi un bon point de départ pour lancer des expéditions vers l'Ouest, afin de trouver une route vers l'Asie. Les Français, en venant en Amérique du Nord, cherchaient une route plus directe vers l'Asie pour se procurer l'or et les épices de ce continent.

Regarde l'illustration. Les Amérindiens avaient bien raison d'appeler cet endroit Gépeg, ce qui signifie « là où la rivière se rétrécit ».

Champlain veut également faire venir des Français pour peupler la Nouvelle-France. Vers 1645, la région de Québec est la plus peuplée de la Nouvelle-France.

Le site de Québec en 1608.

rivière Saint-Charles

habitation de Québec

Fleuve Saint-Laurent

L'habitation de Québec (dessin de Champlain).

Comme les Français ne sont pas nombreux en Nouvelle-France, Champlain comprend vite l'importance de bien s'entendre avec les Amérindiens. Il entretient de bonnes relations avec les Hurons, les Algonquins et les Innus afin de développer le territoire de la colonie et le commerce des fourrures. Il retourne aussi régulièrement en France pour demander de l'aide.

SAMUEL DE CHAMPLAIN, FONDATEUR DU CANADA (VERS 1570-1635)

Samuel de Champlain est un dessinateur, un géographe et un explorateur français. Grâce à ses cartes géographiques et à ses écrits de voyages, on connaît mieux aujourd'hui l'Amérique du Nord de l'époque.

On ne connaît pas beaucoup la vie de Champlain avant son premier voyage au Canada en 1603. Les historiens ne sont même pas certains de sa date de naissance. Une chose est sûre, c'est qu'il a donné 30 ans de sa vie à la Nouvelle-France et qu'il a fondé Québec en 1608.

Trois-Rivières

En 1634, Samuel de Champlain envoie Laviolette fonder un poste de traite à Trois-Rivières. L'endroit choisi est situé sur la rive nord du fleuve Saint-Laurent, au confluent de la rivière Saint-Maurice. On l'appelle Trois-Rivières car la rivière s'y divise en trois chenaux avant de se jeter dans le fleuve. Jette un coup d'œil sur l'emplacement de cette habitation.

C'est un excellent choix, car les Amérindiens et les Français font du commerce à cet emplacement depuis plus de 15 ans. Ils échangent des fourrures contre des produits européens. Trois-Rivières devient rapidement le plus important poste de traite de la colonie.

chenal
Passage entre des îles où l'eau est assez profonde pour naviguer.

rivière Saint-Maurice
habitation de Trois-Rivières
Fleuve Saint-Laurent
Regarde, Trois-Rivières est construite sur un coteau de sable, un endroit facile à défendre contre les Iroquois.

Le site de Trois-Rivières en 1634.

Ville-Marie

C'est Maisonneuve, et non Champlain, qui fonde Ville-Marie, ancien nom de Montréal. Champlain a bien pensé y établir un poste de traite en 1611, mais la population de la colonie n'était pas assez importante pour peupler une nouvelle habitation. Il faut attendre 1642 pour qu'un groupe de Français, mené par Paul de Chomedey de Maisonneuve, vienne s'installer sur l'île de Montréal. L'habitation est construite sur une pointe située au confluent du fleuve Saint-Laurent et de la rivière Saint-Pierre.

convertir
Amener quelqu'un à adopter de nouvelles croyances.

Le but principal des dirigeants de Ville-Marie n'est pas de faire le commerce des fourrures. Ils désirent d'abord convertir les Amérindiens à leur religion, la religion catholique. Cependant, les premiers habitants de Ville-Marie éprouvent rapidement de graves difficultés. Vers 1645, Ville-Marie regroupe une cinquantaine de personnes, sans cesse menacées par les attaques iroquoises.

Quelques années plus tard, la situation à Ville-Marie devient insupportable. Les Iroquois attaquent continuellement les colons qui essaient de cultiver leurs champs. Maisonneuve retourne en France pour chercher de l'aide. Il revient en 1653 avec un groupe de 95 personnes. Plus peuplée, Ville-Marie peut maintenant mieux se défendre et se développer. Lorsque Maisonneuve rentre en France en 1665, Ville-Marie est devenue un important lieu de commerce des fourrures.

La construction de l'habitation de Ville-Marie.

Le plan de Ville-Marie vers 1645.

Des Iroquois se préparant à attaquer des colons français.

Paul de Chomedey de Maisonneuve, premier gouverneur de Ville-Marie (1612-1676).

De l'habitation à la maison de bois

Quand ils fondent un nouveau poste de traite, les colons vivent dans cette habitation pendant quelques années. À mesure que le temps passe et que la population augmente, les colons s'installent à l'extérieur de l'habitation. Ils défrichent un coin de terre dans les environs et bâtissent leurs propres maisons. L'habitation leur sert alors de refuge en cas d'attaque.

Durant le défrichement, le nouvel arrivant loge parfois chez un parent déjà installé. Lorsqu'il n'a pas cette chance, il se construit un abri temporaire, une cabane faite de troncs d'arbres, de branches et d'écorce. Il se dépêche ensuite de bâtir une maison plus confortable avant l'hiver.

argile
Roche terreuse et imperméable, facile à modeler.

La maison du colon au milieu du 17e siècle est toute simple. Elle ne comporte qu'une seule pièce. La cheminée de pierre ou d'argile s'élève au centre pour chauffer le logis. Un grenier sous le toit sert au rangement. Les fenêtres sont faites de peau ou de papier huilé, et non en vitre. En effet, la vitre est trop fragile pour être transportée par bateau et elle coûte très cher.

Compte tenu de l'abondance des forêts sur le territoire, il est tout naturel que les maisons soient construites en bois. Les Français utilisent deux techniques de construction : le colombage et le pièce sur pièce.

Le colombage consiste à monter une charpente de bois pour former les murs. Les espaces entre les pièces de bois, ou colombages, sont remplis avec de l'argile, de la paille et des cailloux.

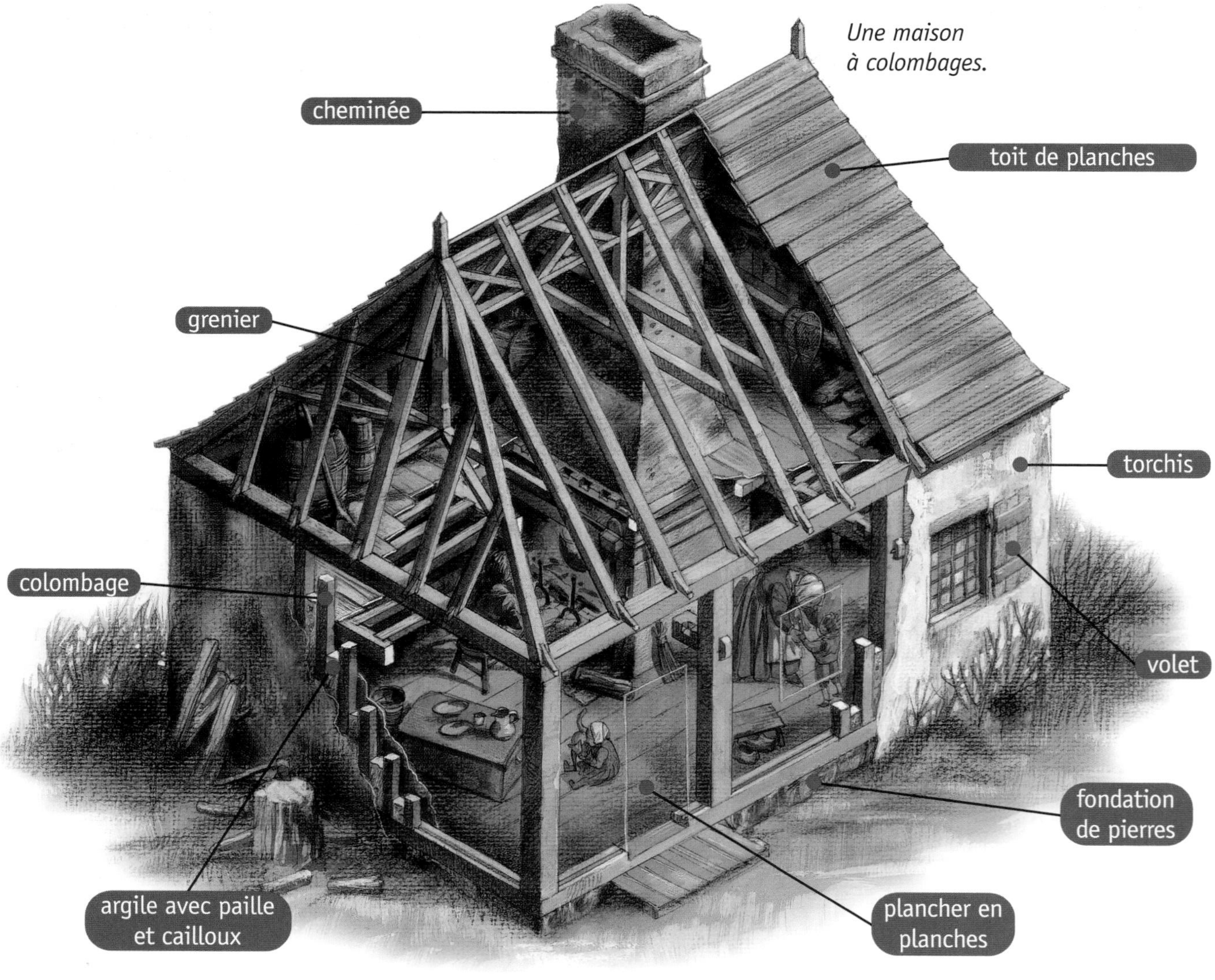

Une maison à colombages.

Le pièce sur pièce consiste à empiler les pièces de bois les unes sur les autres. On diminue ainsi les espaces entre les éléments de bois pour mieux protéger l'intérieur de la maison du vent et du froid. Aux quatre coins, ces éléments s'emboîtent les uns dans les autres ou dans des poteaux. Les espaces entre les pièces de bois sont bouchés avec de l'herbe, de l'argile ou de la mousse.

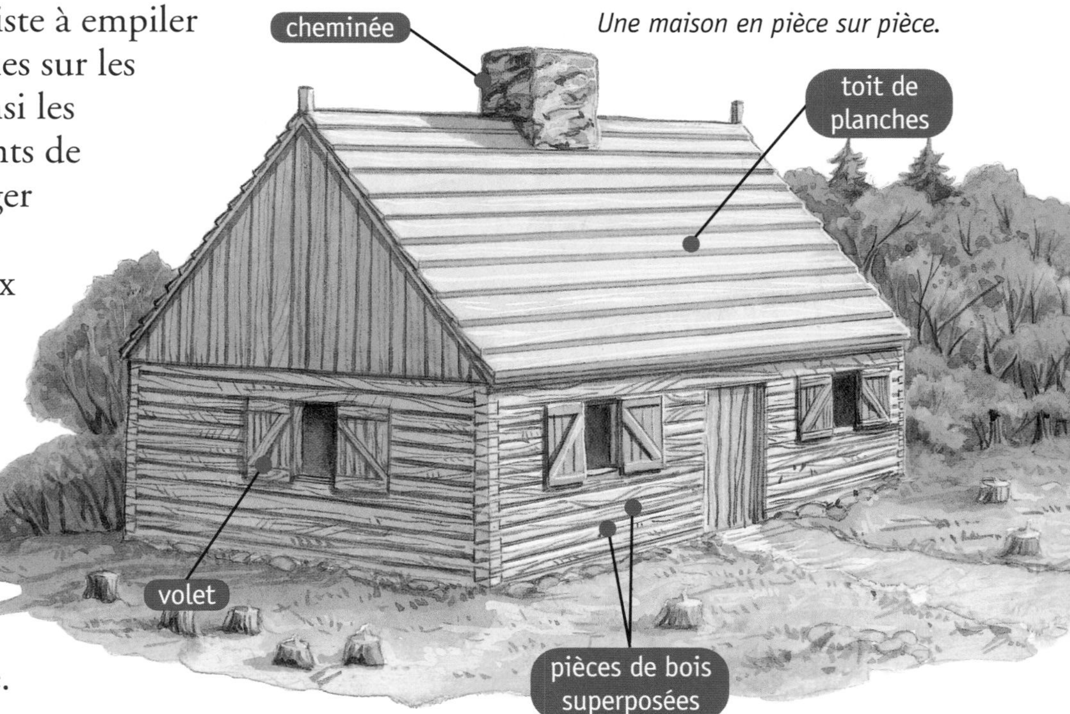

Une maison en pièce sur pièce.

L'extérieur du logis est souvent recouvert de torchis, un mélange d'argile et de paille hachée. Le toit est fait de planches qui se superposent en partie, ou de chaume.

chaume
Paille qui recouvre certains toits.

UN LOGIS SANS LUXE

Au milieu du 17e siècle, le mobilier en Nouvelle-France est simple. Dans toutes les maisons, on trouve au moins un coffre. Il s'agit du coffre de voyage dans lequel on a apporté de France vêtements et outils. Il peut servir d'armoire, de banc ou même de table. On mange alors accroupis devant la cheminée.

Un lit fermé par des panneaux de bois.

On y trouve aussi une huche à pain, une sorte de grande boîte de bois pour préparer et conserver le pain, ainsi qu'un lit, fermé par un rideau ou des panneaux de bois pour conserver la chaleur. Les colons ont également des ustensiles de cuisine en fer ou en cuivre. Souvent, ils fabriquent eux-mêmes des bancs, des chaises, une table. Seules les familles riches possèdent une armoire, un chandelier ou un miroir.

Une huche à pain.

Travail et vie quotidienne

Pour survivre en Nouvelle-France, les Français doivent transformer le territoire. Il faut abattre une partie de la forêt pour cultiver la terre, bâtir des maisons et se chauffer. Mais pour travailler, manger et s'habiller comme en France, les Français doivent faire venir d'Europe des outils, des aliments et des tissus. Dans les pages suivantes, tu verras comment les Français ont organisé leur vie quotidienne en utilisant les ressources du territoire, mais aussi à l'aide des biens et aliments apportés d'Europe.

Tu as vu ça ? Pas de machinerie pour déboiser ni pour nettoyer le sol ! Seulement des muscles, quelques outils et beaucoup de détermination !

Défricher et cultiver

Ce n'est pas facile de cultiver la terre en Nouvelle-France ! Surtout que la plupart des nouveaux arrivants ne sont pas des agriculteurs d'expérience. Après avoir coupé les arbres, on enlève les souches qui peuvent être arrachées sans trop de difficultés. Les plus grosses souches pourriront dans le sol et seront ôtées quelques années plus tard.

labourer
Briser les mottes de terre, retourner le sol en vue de préparer le champ pour semer.

Ensuite, il faut brûler les broussailles. Puis, on nettoie le sol à l'aide d'une pioche et d'une hache pour retirer les pierres et les racines. Enfin, à l'automne, on doit labourer, toujours avec une pioche, pour le printemps suivant.

Le travail de la terre.

Une pioche.

Une hache.

MARIE ROLLET ET LOUIS HÉBERT, PREMIERS AGRICULTEURS DU CANADA

Tout un bonhomme, ce Louis Hébert ! Sais-tu qu'il n'avait même pas de charrue pour faire tout ce travail ?

Louis Hébert n'est pas un colon ordinaire. À Paris, en France, il exerce avec talent le métier d'apothicaire, le pharmacien de l'époque. Il fait deux voyages à Port-Royal, en Acadie, avec l'intention de s'établir en Nouvelle-France. C'est finalement à Québec qu'il s'installe en 1617. Il fait la traversée avec sa femme, Marie Rollet, et ses trois enfants. Il apporte avec lui une provision de graines.

Louis Hébert semant dans son champ.

Hébert s'empresse de défricher sa terre avec ses serviteurs. Il soigne les colons et les aide à mieux s'alimenter. Il possède des champs de céréales, de beaux prés d'herbe pour nourrir ses bêtes, des jardins et un **verger** où il a planté des pommiers venus de France. Lorsqu'il meurt en 1627, sa ferme est assez prospère pour faire vivre toute sa famille.

verger
Terrain planté d'arbres fruitiers.

Dans les premiers temps, on sème du maïs, des haricots et des courges. Ces plantes **indigènes** poussent naturellement dans un sol encore rempli de pierres et de souches.

Chaque année, l'**habitant** défriche une nouvelle portion de terre. Avec le temps, les surfaces à cultiver deviennent de plus en plus grandes. Il élève quelques animaux, **importés** de France, comme des poules, des porcs, une vache. Il met un peu d'argent de côté en vendant du bois de chauffage, des légumes et des œufs.

Avec cet argent, il achète des bœufs qui serviront à arracher les souches laissées dans le sol et à tirer une charrue à deux roues. Grâce à cet instrument, la terre est mieux labourée et peut recevoir les graines de blé, d'avoine et de pois.

indigène
Qui pousse naturellement dans une région, qui n'a pas été apporté d'un autre pays.

habitant
Cultivateur propriétaire de sa terre.

importé
Apporté d'un autre pays.

Le labourage à la charrue.

La culture principale est le blé, une céréale qui sert à faire le pain. Le colon cultive surtout les plantes qui lui étaient familières en France. Dans son potager, on trouve des oignons, des choux, des navets et des carottes.

Au fil des ans, on transforme la cabane de bois, construite à l'époque du défrichement, en étable pour loger les vaches, les bœufs, les porcs et les poules.

Artisans et commerçants

Comme Louis Hébert l'apothicaire, il y a de nombreux gens de métier en Nouvelle-France. Ils représentent une partie importante de la population. Ils facilitent le développement de la colonie. La plupart de ces artisans travaillent dans la construction de bâtiments ou de navires, comme les charpentiers, les maçons, les menuisiers et les forgerons. Ils aident à bâtir les habitations, les hôpitaux ou les églises.

forgeron
Artisan qui travaille le fer au marteau après l'avoir fait chauffer au feu.

D'autres gens encore participent à la vie de la colonie. Les commerçants organisent la traite des fourrures. Ils n'apprécient pas toujours l'arrivée d'habitants qui s'installent pour de bon dans la colonie et qui pourraient leur faire concurrence dans le commerce des fourrures.
On trouve aussi des religieux et des militaires.

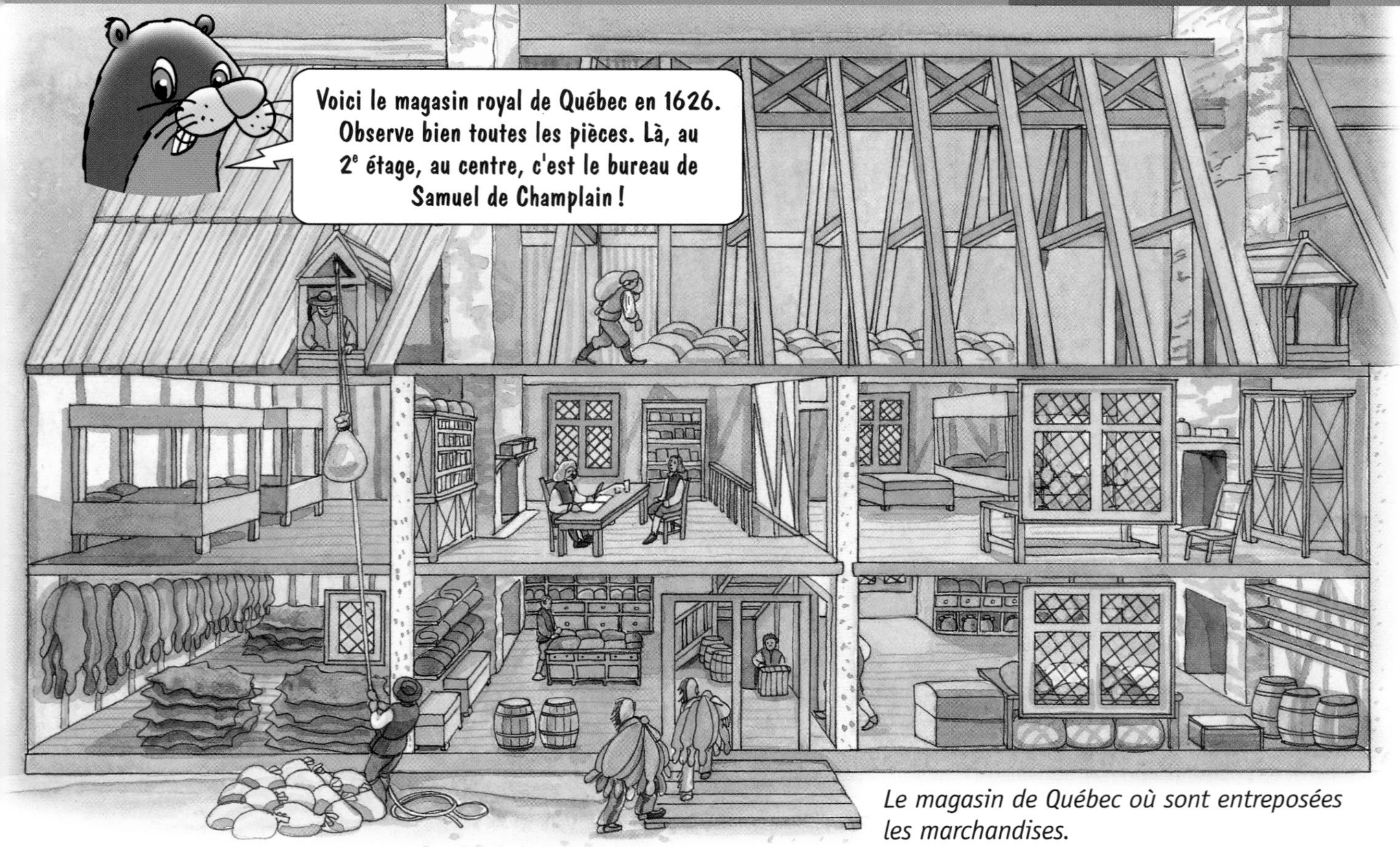

Voici le magasin royal de Québec en 1626. Observe bien toutes les pièces. Là, au 2e étage, au centre, c'est le bureau de Samuel de Champlain !

Le magasin de Québec où sont entreposées les marchandises.

Se nourrir

Pains d'habitant.

Le pain est l'aliment de base en Nouvelle-France, tout comme en France. Voilà pourquoi la culture du blé est si importante pour les habitants. Or, au milieu du 17e siècle, il n'y a pas assez de terres défrichées. Les récoltes ne sont pas suffisantes pour nourrir la population toute l'année. Il faut donc importer de France de la farine, mais aussi le bœuf séché, les pruneaux, l'huile d'olive, le vinaigre, les épices et le vin.

Les colons consomment beaucoup de viande. Comme en Europe, le porc, salé ou fumé, est la viande la plus populaire. On hésite à manger de la vache ou du bœuf, car ces animaux sont très utiles. Le bœuf tire la charrue et la charrette, tandis que la vache fournit le lait et la crème. La volaille, elle, est réservée aux jours de fête.

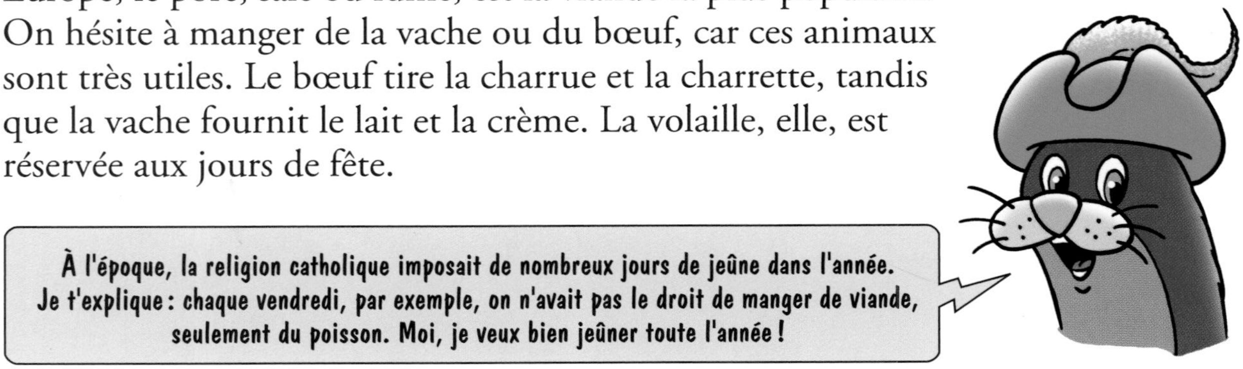

À l'époque, la religion catholique imposait de nombreux jours de jeûne dans l'année. Je t'explique : chaque vendredi, par exemple, on n'avait pas le droit de manger de viande, seulement du poisson. Moi, je veux bien jeûner toute l'année !

LA CUISINE DES PREMIERS COLONS

La cuisine de l'habitante au 17e siècle.

Les colons reproduisent du mieux qu'ils peuvent la cuisine qu'ils avaient en France. La cuisine de l'époque est beaucoup plus simple que la nôtre : pas de réfrigérateur ni de cuisinière électrique, seulement l'**âtre** de la cheminée.

Au fond de l'âtre se trouvent les chenets, deux pièces de métal qui supportent les bûches. La cuisinière accroche sa marmite en fer au-dessus des flammes grâce à une crémaillère, une sorte de crochet qui s'ajuste à différentes hauteurs. Elle peut aussi placer son chaudron, sa poêle ou son moule à pâté tout près du feu sur un petit trépied. Elle fait rôtir sa viande sur une longue broche suspendue aux chenets.

La cuisine, c'est aussi l'endroit où l'on se réunit après la journée de travail pour manger, se réchauffer ou sécher ses vêtements près de la cheminée. C'est encore devant l'âtre que s'endorment les enfants, sur des paillasses, petits matelas remplis de paille ou de pelures de maïs.

âtre
Partie de la cheminée où l'on fait le feu.

Une spatule et une cuillère à sauce.

Une marmite de fer, à trois pieds, que l'on dépose directement sur le feu de l'âtre.

La chasse, la pêche et la cueillette de fruits sauvages complètent heureusement le menu des colons. Les Français découvrent la chair de la bernache, de l'oie blanche, du dindon sauvage et de la tourte. Ils goûtent aussi à l'orignal, au cerf, au castor et au lièvre. Ils se régalent des nombreux poissons, comme l'anguille ou le saumon, présents dans les lacs, les rivières, le fleuve et l'océan.

La pêche et la cueillette de bleuets en Nouvelle-France.

Se vêtir

La plupart des Français qui arrivent en Nouvelle-France ont pour se vêtir les quelques vêtements qui tiennent dans leur coffre de voyage. Ils portent le costume simple des gens du peuple, fait de drap solide et durable.

drap
Tissu de laine.

chanvre
Plante avec laquelle on fabrique du tissu.

L'homme, comme la femme d'ailleurs, porte une longue chemise de toile de chanvre qui lui sert de sous-vêtement. Son costume se compose habituellement d'une chemise courte, d'une veste sans manches et d'un pantalon qui s'arrête au-dessous du genou. Il porte de longs bas de drap et chausse des souliers à talon. Pour travailler aux champs, il enfile des sabots de bois. Par temps frais, il se couvre d'un large chapeau de feutre, d'une veste longue et d'une grande cape sans capuchon.

Regarde la petite fille. Les enfants de cette époque sont vêtus comme les adultes. On taille souvent leur costume dans de vieux vêtements.

Des sabots.

Du chanvre.

Les vêtements des colons au 17e siècle.

Des habitants en chemise.

La femme porte une blouse dont les manches sont resserrées aux coudes par un cordon, un jupon et une jupe qui descendent jusqu'aux mollets. Pour les travaux des champs et les tâches domestiques, elle revêt un long tablier. Elle se coiffe d'un bonnet et passe un mouchoir à col autour de son cou. Elle chausse des sabots ou des mocassins. Par temps froid, elle se couvre d'un manteau court muni d'un capuchon.

Cet habillement n'est pas toujours bien adapté au climat de la Nouvelle-France. Durant les étés chauds et humides, il arrive que les habitants travaillent aux champs en simple chemise. En hiver, le vent glacé pénètre la cape et les larges bords du chapeau. De plus, ce type de chapeau n'est pas du tout pratique pour marcher en forêt : il se prend très souvent aux branches des arbres.

Pour mieux affronter le rude hiver, les colons adoptent le **tapabord**, le bonnet de laine et l'épais **capot** des marins français. Ils empruntent aux Amérindiens les mitaines en peau de castor, les jambières et les mocassins qui permettent de porter des raquettes.

tapabord
Chapeau de drap, muni d'une visière et d'un rabat pour couvrir la nuque et les oreilles.

capot
Grand manteau de laine sans boutons, muni d'un capuchon et ajusté à la taille à l'aide d'une ceinture.

Les vêtements des gens fortunés, tu t'en doutes, sont plus raffinés que ceux des habitants. Ils sont faits de laine fine et de soie. Ils sont délicatement brodés ou ornés de dentelle et de boutons d'argent.

Des vêtements d'hiver.

Société et culture

À cette époque, si l'on compte seulement les personnes en âge de se marier, il y a six hommes pour une femme !

Tu te rends compte ? Comme il y a peu de femmes en Nouvelle-France, il arrive que des jeunes filles se marient dès l'âge de 12 ou 13 ans.

Vers 1645, la Nouvelle-France est encore toute jeune. Les Français n'y sont pas très nombreux, mais ils tentent de reproduire une petite société semblable à celle de la France sur leur nouveau territoire.

Une toute petite société française

Vers le milieu du 17e siècle, la société de la Nouvelle-France est divisée comme la société française. En France, il y a trois catégories d'individus : le clergé, la noblesse et tous les autres. Imagine une échelle à trois échelons. Sur l'échelon du haut, le clergé regroupe les religieux et les religieuses. Ils occupent la place la plus importante. Le deuxième échelon est occupé par la noblesse. Les nobles ont plusieurs privilèges transmis par leur famille ou obtenus grâce à l'appui du roi. Ils possèdent souvent des terres et ils ont le droit de porter l'épée. En dessous, il y a tous les autres : du riche marchand au pauvre serviteur. Ceux-ci doivent tous travailler pour gagner leur vie.

Tu ne dois pas oublier que tout autour de cette petite société française vivent les Amérindiens. Ils fréquentent les postes de traite et leurs enfants vont parfois à l'école des religieux français.

La Nouvelle-France est une société composée principalement d'hommes. Plusieurs sont célibataires, d'autres ont laissé leur femme et leurs enfants en France pour venir travailler en Amérique. Peu nombreuses, certaines Françaises ont suivi leur mari. D'autres sont des religieuses qui vivent avec les quelques membres de leur communauté.

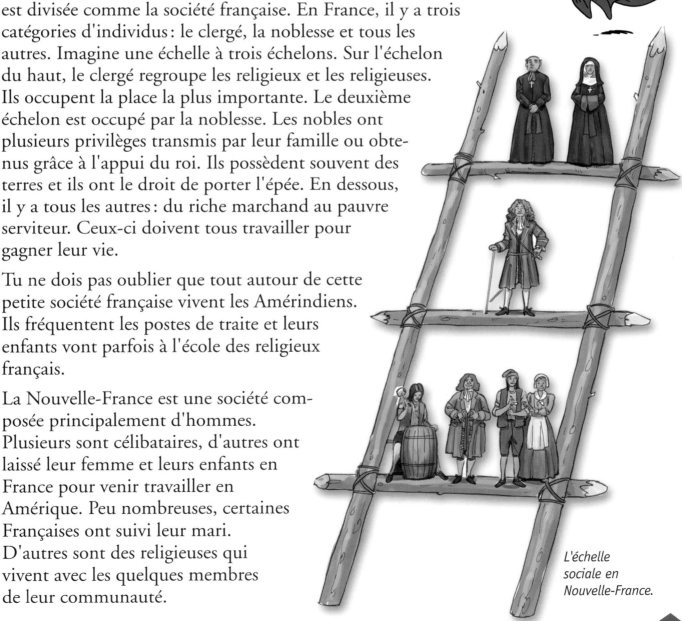

L'échelle sociale en Nouvelle-France.

Le collège des Jésuites de Québec au 19e siècle.

Quelques enfants en Nouvelle-France

Vers 1645, il y a peu de familles et donc peu d'enfants dans la colonie. Ces enfants sont élevés assez librement, mais ils doivent aider leurs parents aux travaux de la maison et des champs.

Tu comprends qu'ils n'ont pas beaucoup de temps pour aller à l'école. En plus, ce n'est pas toujours possible, car il n'y a que deux écoles primaires. Elles sont toutes deux à Québec. Il y en a une pour les filles et une pour les garçons. Ce n'est qu'en 1658 qu'une autre petite école ouvre ses portes à Ville-Marie, dans une ancienne étable.

Qu'apprennent les enfants à l'école? Comme l'instruction est la responsabilité du clergé, l'enseignement religieux occupe une place très importante. On apprend aussi aux enfants à lire, à écrire et à compter. Les filles s'initient aux travaux ménagers. Les garçons peuvent ensuite apprendre un métier. Si leur famille en a les moyens, ils peuvent continuer leurs études au collège des Jésuites de Québec, ou en France.

Des cartes et un jeu de dames.

L'hiver pour se divertir

L'arrivée de l'hiver amène un peu plus de temps libre pour se divertir. En effet, le déboisement se poursuit mais les travaux des champs sont terminés. Comme le fleuve et les rivières sont gelés, on se déplace moins.

Les colons se réunissent dans la salle commune de l'habitation ou dans les maisons auprès du feu pour veiller. Parfois, des Amérindiens se joignent à eux. On mange, on boit, on se raconte des histoires. On joue aux cartes, aux dames ou aux dés. C'est l'occasion de chanter et, certains soirs, de danser au son du violon et de la guitare.

Une guitare et un violon du 17e siècle.

Les compagnies

Le roi de France, Louis XIII, est très occupé par les guerres en Europe et il ne veut pas faire de dépenses pour ses lointaines colonies d'Amérique du Nord. Il confie donc le développement de la Nouvelle-France à des compagnies.

Le cardinal de Richelieu.

L'une d'entre elles, la compagnie des Cent-Associés, est créée en 1627 par un ministre du roi, le cardinal de Richelieu. Comme son nom l'indique, cette compagnie est formée d'une centaine de personnes. Le roi leur garantit le contrôle du commerce des fourrures et la propriété des terres de la colonie. En retour, la compagnie doit assurer le peuplement du nouveau territoire. Elle est aussi responsable du développement économique de la colonie.

cardinal
Prêtre, nommé par le pape, occupant une fonction importante dans l'Église de son pays.

Cependant, comme les autres compagnies avant elle, la compagnie des Cent-Associés ne respecte pas ses engagements. Elle ne fait pas venir assez de colons. Ses affaires ne sont pas très bonnes. Les Iroquois volent les chargements de fourrures et attaquent les postes de Trois-Rivières et de Ville-Marie. Au sud, les Anglais s'intéressent eux aussi à la traite des fourrures et menacent la colonie.

Louis XIII.

Aussi, en 1645, la compagnie des Cent-Associés abandonne son monopole de la fourrure à la Communauté des Habitants, un groupe de commerçants de la Nouvelle-France. Ceux-ci doivent à leur tour attirer des colons et veiller au développement de la colonie.

monopole
Contrôle de tout le commerce par une seule compagnie.

Les dirigeants

Les explorateurs ont pris possession du territoire de la Nouvelle-France au nom du roi. C'est donc le roi de France qui est le grand patron de la colonie, même s'il ne s'en occupe pas personnellement.

Les dirigeants de la Nouvelle-France vers 1645.

La compagnie qui contrôle le commerce des fourrures choisit un gouverneur pour représenter le roi. Ce gouverneur général doit à la fois diriger la colonie, assurer la défense du territoire et régler les conflits. Les établissements importants, comme Trois-Rivières ou Ville-Marie, ont en plus un gouverneur local.

À partir de 1647, le Conseil de Québec est formé. Ce groupe réunit le gouverneur de la Nouvelle-France, un membre important du clergé et le gouverneur de Ville-Marie. Ces hommes dirigent la traite des fourrures et administrent les finances de la colonie.

Croire et pratiquer sa religion

La grande majorité des colons de la Nouvelle-France est catholique. Les catholiques croient en un seul Dieu, créateur du Monde. Ils croient que son fils Jésus est venu sur la Terre pour apporter le message de l'Évangile.

Les catholiques de l'époque vont à la messe tous les dimanches. La cérémonie est célébrée par un religieux qu'on appelle un prêtre. La messe se déroule dans les chapelles de bois construites à l'intérieur des postes de traite ou dans des bâtiments appartenant aux communautés religieuses.

Évangile
Livre qui raconte la vie de Jésus et son enseignement.

En plus d'aller à la messe, les colons français célèbrent une trentaine de fêtes religieuses par année, dont la plus importante est la fête de Pâques.

Les communautés religieuses

Les communautés religieuses sont très actives dans le développement de la colonie. Ces hommes et ces femmes veulent, bien sûr, transmettre la religion catholique aux Amérindiens, mais ils sont aussi responsables des soins aux malades et de l'éducation des enfants.

communauté religieuse
Groupe de femmes ou d'hommes qui ont choisi de vivre ensemble et de suivre les mêmes règles de vie religieuse.

Pour construire leurs hôpitaux, leurs couvents et leurs écoles, les religieux ont besoin d'argent et d'ouvriers. Ils vont régulièrement en France chercher l'appui de personnes riches et croyantes.

couvent
Maison dans laquelle vivent des religieuses ou des religieux.

Les premiers missionnaires appartiennent à des communautés d'hommes. Ce sont les Jésuites et les Récollets. Ils vivent auprès des Amérindiens et apprennent leurs langues. Certains religieux, comme le jésuite Jean de Brébeuf, s'aventurent jusqu'aux Grands Lacs pour vivre chez les Hurons.

missionnaire
Homme ou femme qui transmet à d'autres sa religion.

Le jésuite Jean de Brébeuf.

Les jésuites veillent aussi à l'éducation des garçons dans leur collège de Québec, ouvert en 1635.

De leur côté, les religieuses s'occupent principalement de santé et d'éducation. Elles se dévouent autant auprès des colons que des Amérindiens.

La mission des Jésuites de Sainte-Marie-au-Pays-des-Hurons (reconstitution).

Le couvent des Ursulines à Québec.

À Québec, les Ursulines tiennent une école pour les jeunes filles. À Ville-Marie, en 1658, Marguerite Bourgeoys, fondatrice de la Congrégation de Notre-Dame, ouvre une petite école pour les filles dans une ancienne étable.

L'école-étable de Marguerite Bourgeoys.

Dès 1639, les Hospitalières de la Miséricorde de Jésus dirigent le premier hôpital de la colonie, l'Hôtel-Dieu de Québec.

MARGUERITE BOURGEOYS, UNE BONNE ÉDUCATRICE

De tous les missionnaires qui enseignent, c'est Marguerite Bourgeoys qui connaît le plus de succès. En effet, les jeunes Amérindiennes sont élevées avec beaucoup de liberté et les matières enseignées à l'école, comme la religion, la lecture, l'écriture et les manières françaises, ne leur semblent pas très utiles. Il n'est pas rare qu'elles s'enfuient dans la forêt. Marguerite Bourgeoys s'adapte aux habitudes de ses élèves amérindiennes. Elle les laisse libres d'aller et venir, et leur enseigne des tâches pratiques comme la couture.

Marguerite Bourgeoys.

L'Hôtel-Dieu de Montréal vers 1645.

Huit lits à l'Hôtel-Dieu de Jeanne Mance ! Aujourd'hui, il y en a 300.

Le premier hôpital de Ville-Marie n'est pas l'œuvre de religieuses. Il est fondé par Jeanne Mance, une infirmière qui accompagne Paul de Chomedey de Maisonneuve en 1642. D'abord installée à l'intérieur de l'habitation, elle soigne autant les blessés français qu'amérindiens. L'Hôtel-Dieu est construit un peu plus au nord en 1645. Il peut accueillir six hommes et deux femmes. Les attaques iroquoises donnent beaucoup de travail à Jeanne Mance et à sa servante, car les blessés ne manquent pas.

Un art surtout religieux

La plupart des œuvres d'art en Nouvelle-France au 17e siècle ont été apportées de France. Il s'agit principalement d'images, de peintures et de sculptures religieuses pour orner les églises. Les Amérindiens sont fascinés par ces images. Les missionnaires s'en servent pour leur expliquer la religion catholique.

Des Amérindiens regardant des images religieuses.

Les Amérindiens sont également captivés par la musique. Les jésuites n'hésitent pas à ramener de France des instruments comme le luth ou le clavecin pour apprendre des chants religieux aux colons et aux Amérindiens.

Un luth. *Un clavecin.*

UN THÉÂTRE SUR L'EAU

La première pièce de théâtre présentée en Nouvelle-France est jouée à Port-Royal, en Acadie, en 1606. Elle est même écrite à Port-Royal par le Français Marc Lescarbot. Ce spectacle est organisé pour fêter le retour de Poutrincourt, le gouverneur de Port-Royal.

La pièce a pour titre *Théâtre de Neptune*. Dans une barque, le dieu de la mer, Neptune, vient souhaiter la bienvenue au voyageur, entouré de divinités marines et d'Amérindiens. Les acteurs vantent les mérites des chefs de la colonie en français et en langue micmaque. Ils chantent aussi la gloire du roi au son des trompettes et du canon.

Moyens de transport et échanges

Les Français s'installent en Nouvelle-France pour faire la traite des fourrures. Ça, ce n'est plus un mystère pour toi. Ce commerce oblige les Français à retourner souvent en Europe et à se déplacer à l'intérieur de la colonie. Dans les pages qui suivent, tu pourras constater que le commerce des fourrures au 17e siècle fait l'affaire des colons et des Amérindiens, mais tu verras aussi qu'il leur a drôlement compliqué la vie.

Sur les chemins amérindiens

Le fleuve Saint-Laurent, ses **affluents** ainsi que les côtes de l'Atlantique sont les principales voies de communication de la Nouvelle-France. Comme tu l'as déjà constaté, les postes de traite sont tous situés au bord de l'eau. Ces lieux sont faciles d'accès par bateau et par canot, tant pour les Français que pour les Amérindiens qui viennent y faire du commerce.

affluent
Cours d'eau qui se jette dans un autre.

L'arrivée de bateaux français en Nouvelle-France.

Une charrette tirée par un bœuf.

À cette époque, il n'y a pas encore de routes dans la colonie, seulement quelques sentiers pour relier les fermes des habitants à l'habitation. Pour explorer le territoire, les colons empruntent donc les « chemins » des Amérindiens, les cours d'eau.

Tu sais bien que les grands voiliers utilisés pour la traversée de l'océan ne peuvent pas naviguer sur des rivières entrecoupées de rapides et de chutes. Les Français adoptent donc le canot d'écorce, plus léger et plus maniable dans les eaux peu profondes et agitées.

Pour transporter de lourdes charges sur terre, durant la belle saison, les colons se servent de charrettes en bois tirées par un bœuf. Ils transportent ainsi leur bois de chauffage ou de construction, leurs récoltes ou les pierres des champs.

Lorsque les rivières sont gelées et que le sol est couvert de neige, les Français enfilent des raquettes pour se déplacer.

UN TOBOGGAN NOUVEAU GENRE

Inspirés par le toboggan des Amérindiens, les habitants remplacent la charrette par une traîne en bois qui glisse à merveille sur la neige. En fait, en hiver, la traîne est beaucoup plus efficace que la charrette.

La chasse au castor

Tu te demandes pourquoi les Français s'intéressent tant à la traite des fourrures? Eh bien, il faut savoir que le chapeau en feutre de poils de castor fait fureur en Europe à l'époque. Or, à cause d'une chasse trop importante, on ne trouve presque plus de castors en Europe.

Un chapeau de castor.

Le castor d'Amérique s'obtient à bon prix. En échange, les Français offrent aux Amérindiens des marchandises européennes, comme des vêtements, des outils, des ustensiles de cuisine, des armes ou de la pacotille. En Europe, les marchands font un profit très intéressant lorsqu'ils revendent les fourrures. C'est pour cela qu'ils s'intéressent tant aux castors de la Nouvelle-France.

pacotille
Petits objets destinés au commerce avec les Amérindiens, comme des perles de verre, des miroirs et des grelots de métal.

Pour les Amérindiens, le troc est aussi avantageux. Chaque printemps, ils viennent dans les postes de traite de la vallée du Saint-Laurent échanger leurs peaux. Cet événement s'appelle la foire des fourrures. Les Amérindiens y découvrent de nouveaux objets et apprennent vite à choisir les plus utiles et les plus efficaces pour eux.

Par exemple, ils recherchent des couvertures et des vêtements de laine. Ils aiment aussi se procurer des marmites en métal, beaucoup plus résistantes au feu que les récipients en poterie.

La foire des fourrures de Québec.

Des alliances, source de querelles

Avec les années, la chasse au castor est de plus en plus importante. D'un côté, les Français veulent plus de fourrures et, de l'autre, les Amérindiens veulent plus de marchandises européennes. Résultat : sur le territoire de certains groupes amérindiens, comme les Iroquois, il n'y a presque plus de castors.

À l'époque, les Iroquois commercent avec les Anglais installés au sud de la Nouvelle-France [➜ p. 192]. Pour pouvoir vendre des fourrures aux Anglais, les Iroquois se tournent donc vers les territoires de chasse de leurs voisins et ennemis, les Algonquins, les Hurons et les Innus.

Tu te souviens que Samuel de Champlain a établi dès le début de la colonie de bonnes relations de commerce avec les Hurons, les Algonquins et les Innus. Or, en faisant cette alliance, les Français deviennent les ennemis des Iroquois. Pour obtenir encore plus de fourrures, les Iroquois n'hésitent pas à voler et à éliminer ceux qui font du commerce avec les Français.

Le massacre des Hurons par les Iroquois.

Tu imagines bien que ces conflits compliquent beaucoup la traite des fourrures. Les lots de fourrures volées n'arrivent pas aux postes de traite. Les colons français de Ville-Marie et de Trois-Rivières tremblent devant la menace iroquoise. Enfin, les Amérindiens alliés n'osent plus venir échanger leurs fourrures dans la vallée du Saint-Laurent par peur de se faire attaquer.

Des militaires du régiment de Carignan-Salières.

La petite colonie française essaie de se défendre comme elle peut. On tente de faire la paix à quelques reprises, mais ça ne dure jamais très longtemps. Finalement, en 1665, à la demande des colons, le roi de France envoie dans la vallée du Saint-Laurent 1200 soldats du régiment de Carignan-Salières.

Ces soldats construisent des forts le long de la rivière Richelieu pour empêcher les Iroquois d'atteindre le fleuve. En plus, ils lancent deux attaques en territoire iroquois. La paix est rétablie en 1667.

Malgré tout, la plupart des Amérindiens alliés redoutent encore les attaques iroquoises et ne viennent plus dans la vallée du Saint-Laurent. Pour relancer le commerce des fourrures, il faut donc aller faire des échanges chez les Amérindiens. Ce sont les coureurs des bois qui s'en chargent.

LES COUREURS DES BOIS

Les coureurs des bois sont de jeunes Français qui cherchent l'aventure et la fortune. On les appelle ainsi parce qu'ils parcourent de longues distances dans la forêt pour aller chercher les peaux de castor chez les Amérindiens de la région des Grands Lacs. Ils s'embarquent à plusieurs dans des canots pleins de provisions et de marchandises européennes et remontent le fleuve vers l'ouest.

Ces Français sont beaucoup influencés par le mode de vie des Amérindiens. Ils apprennent à connaître la forêt, à manier le canot et à parler leurs langues. Comme les Amérindiens, ils portent des mocassins, des jambières et des vestes en peau.

Des coureurs des bois.

L'héritage français

Le 17e siècle, c'est bien loin. Mais les Français débarqués en Nouvelle-France à cette époque nous ont transmis une grande partie de leur culture. Et cette culture, tu peux encore l'entendre, la voir et la vivre chaque jour. La langue française, la religion catholique, la fête de Noël et la ville de Québec font toutes partie de cet héritage du 17e siècle. Dans les pages qui suivent, tu découvriras un peu mieux ces traces que la vieille France a laissées chez nous.

La langue française

Au milieu du 17e siècle, moins de la moitié des colons parlent ce qu'on appelle le français commun. C'est le français populaire parlé à Paris et dans les environs. Les autres parlent une langue qui varie selon les régions de France d'où ils viennent.

Ainsi, le français parlé en Nouvelle-France s'enrichit de mots provenant des régions de France. Tu connais sans doute le mot « bouette », par exemple. À l'époque, c'est un mot utilisé en Normandie, dans le nord de la France, pour désigner la nourriture des cochons. La langue des colons emprunte aussi des mots aux langues amérindiennes pour décrire les nouvelles réalités : *mocassin*, *caribou*, *toboggan*, etc.

Au 17e siècle, les membres du clergé, les nobles et les dirigeants de la Nouvelle-France parlaient la « langue du roi ». Ils disaient « moè » et « toè ». Eh oui ! Tu aurais pu entendre le roi de France s'exclamer : « Le roè, c'est moè ! ». Les gens du peuple, eux, disaient « moi » et « toi ».

Le roè, c'est moè !

Une église et un presbytère.

Des clochers et des croix

Au Québec, il suffit de se promener un peu pour apercevoir une église, un presbytère ou même une croix de chemin. Peut-être y a-t-il aussi une croix tout en haut de ton école ou de l'hôpital de ta région ? Toutes ces constructions te montrent la place importante qu'occupait autrefois l'Église catholique dans la vie de tous les jours, l'éducation et les soins de santé des Québécois.

presbytère
Maison située près d'une église où loge le curé, le prêtre responsable d'une paroisse.

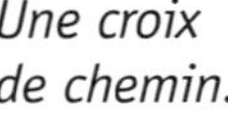
Une croix de chemin.

DES CROIX AU NOM DU ROI ET DE DIEU

Le navigateur Jacques Cartier est le premier à planter une croix sur le territoire de la Nouvelle-France. De 1534 à 1536, il en plante cinq en tout, dont une à Gaspé. Par ces croix, Cartier indique qu'il prend possession du territoire au nom du roi de France. Bien entendu, les croix de bois de Cartier n'existent plus. Mais, à Gaspé, par exemple, la croix originale a été remplacée par une croix de granit.

En 1643, Maisonneuve plante lui-même une croix sur le mont Royal pour remercier Dieu d'avoir sauvé l'habitation de Ville-Marie d'une inondation. Aujourd'hui, une croix se dresse toujours sur le mont Royal. Tout en métal et illuminée la nuit, elle a été construite en 1924 pour rappeler celle de Maisonneuve.

Les croix des explorateurs et des fondateurs sont à l'origine des nombreuses croix de chemin qui seront plantées le long des routes du Canada du 18e au 20e siècle.

La croix de Gaspé.

Des traditions de France

Vers 1645, tu l'as vu, les colons ne sont pas nombreux, mais cela ne les empêche pas d'avoir le cœur à la fête. Dès le début de la colonie, ils célèbrent des fêtes comme Noël et la Saint-Jean. Dans le Québec d'aujourd'hui, on célèbre encore ces deux fêtes, quoique d'une manière un peu différente.

Savais-tu qu'au 17e siècle, et jusqu'au 20e siècle, on offrait les cadeaux au jour de l'An?

À l'époque, Noël est d'abord une fête religieuse : pas question de cadeaux ou de père Noël ! On sonne minuit avec des coups de canon ou de fusil, puis on se réunit pour la messe dans la chapelle la plus proche. Les colons et les Amérindiens peuvent y admirer une crèche représentant l'Enfant Jésus et sa famille. La fête se termine par une veillée où l'on mange, on boit et on danse.

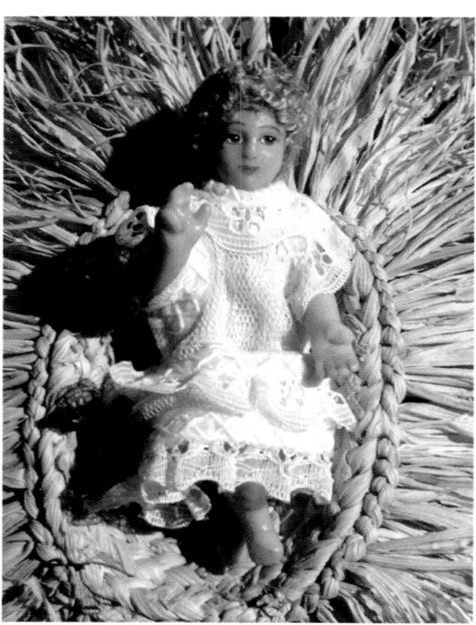

Un jésus de cire semblable aux jésus des crèches de la Nouvelle-France.

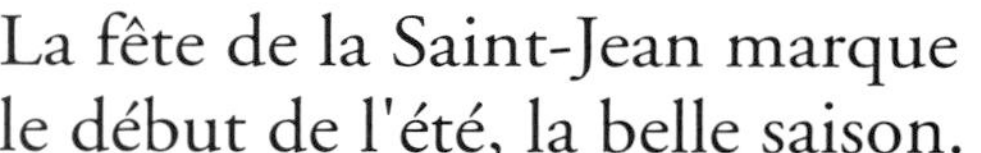

La fête de la Saint-Jean marque le début de l'été, la belle saison. Le soir du 23 juin, on prépare un grand bûcher. Le tas de bois est béni par un prêtre, puis on l'enflamme. On passe la veillée à danser et à chanter autour du feu.

Un bûcher de la Saint-Jean en Nouvelle-France.

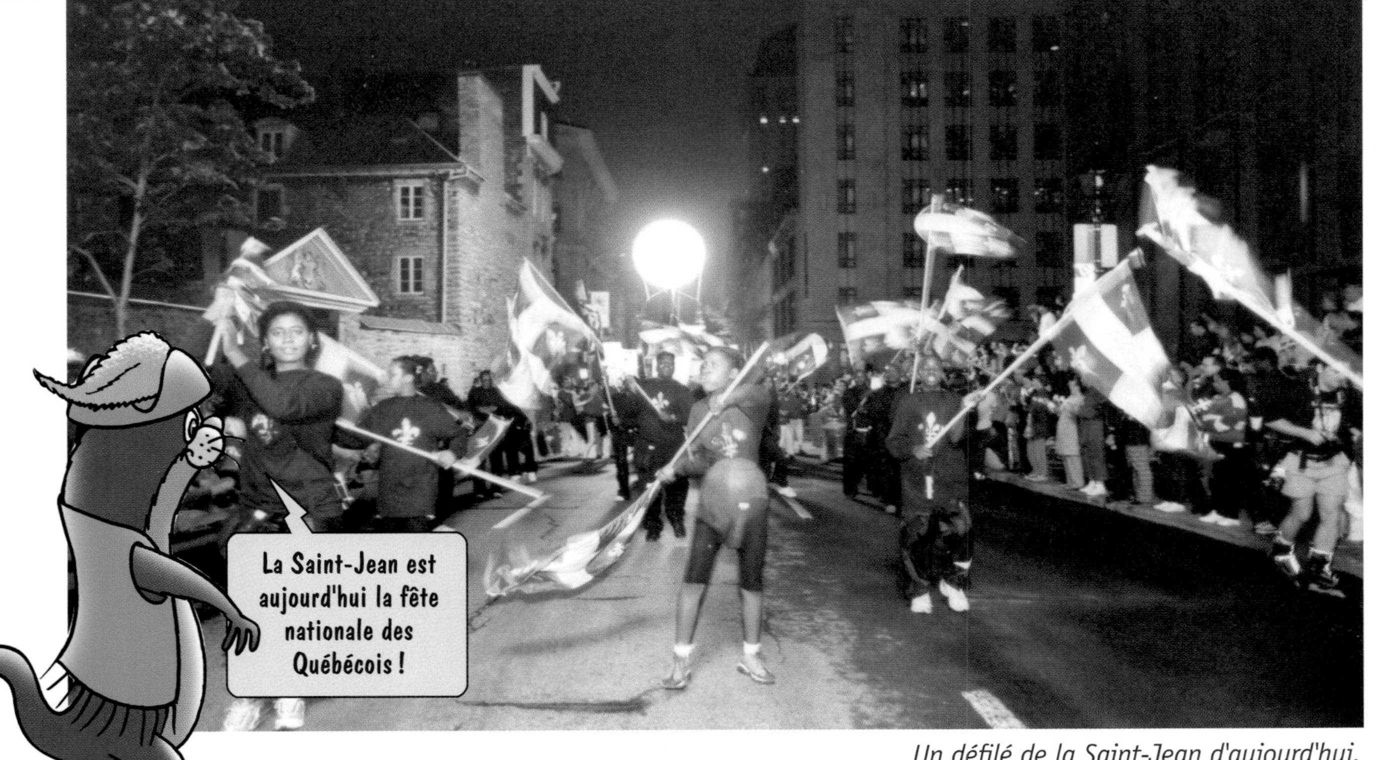

La Saint-Jean est aujourd'hui la fête nationale des Québécois !

Un défilé de la Saint-Jean d'aujourd'hui.

Des lieux encore vivants

Les lieux de la Nouvelle-France que tu viens de découvrir existent toujours dans différentes régions de l'est du Canada. Des endroits et des cours d'eau portent encore les noms que leur ont donnés les premiers colons français. Le fleuve Saint-Laurent, le mont Royal et la ville de Trois-Rivières n'ont pas changé de nom depuis l'époque de la Nouvelle-France.

L'île Sainte-Hélène à Montréal a été nommée ainsi d'après le prénom de l'épouse de Samuel de Champlain.

On a aussi nommé certains endroits en l'honneur des fondateurs de la colonie. Voici quelques exemples :

- le parc Jeanne-Mance à Montréal,
- le boulevard de Maisonneuve à Montréal,
- le pont Laviolette à Trois-Rivières,
- le lac Champlain au sud du Québec,
- le parc Marguerite-Bourgeoys à Sherbrooke.

Mieux encore, tu peux marcher sur les traces des premiers Français en Amérique. En Nouvelle-Écosse, l'habitation de Port-Royal a été reconstruite à partir d'un dessin de Champlain. À Tadoussac, tu peux visiter une réplique du premier poste de traite construit en 1600.

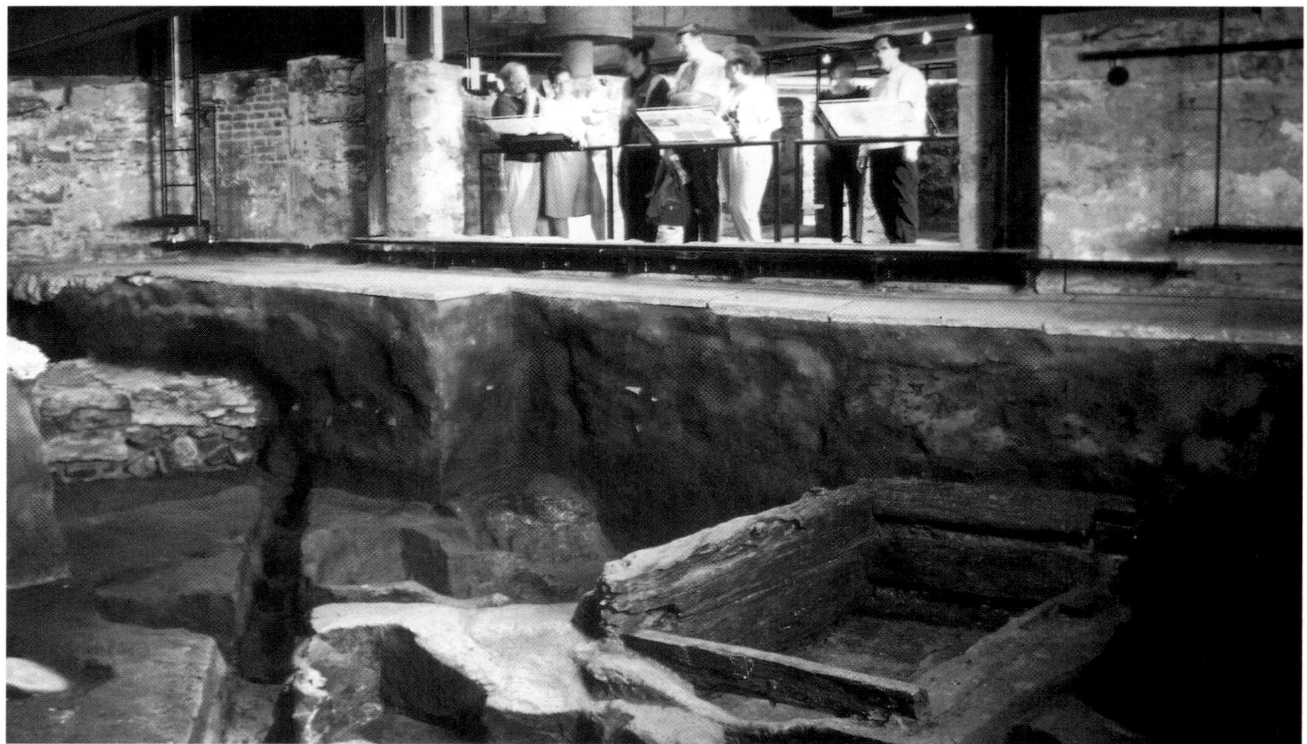

Le premier cimetière catholique de Montréal.

Dans les sous-sols de Pointe-à-Callière, le Musée d'archéologie et d'histoire de Montréal, tu découvriras le premier cimetière de Ville-Marie où ont été enterrés des Français et des Amérindiens au milieu du 17e siècle!

En fait, de Terre-Neuve jusqu'en Ontario, de nombreux musées et lieux historiques attendent ta visite pour te raconter l'histoire de la Nouvelle-France au 17e siècle.

Ce survol de la Nouvelle-France au 17e siècle t'a permis de constater que les Français, en venant en Amérique du Nord, ont changé leur mode de vie. Ils se sont adaptés à leur nouvel environnement. Par exemple, ils ont modifié leur façon de se vêtir à cause du climat plus froid.

Toutefois, ils ont continué de vivre à la française. Et si aujourd'hui tu parles français, c'est qu'ils ont aussi conservé de nombreux éléments de la culture française.

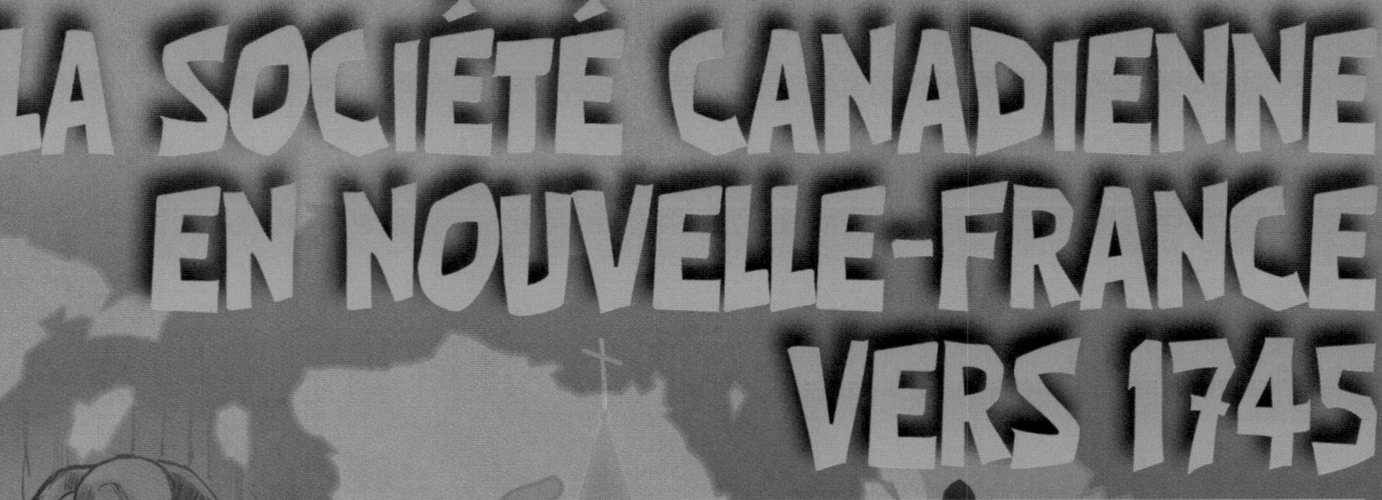

LA SOCIÉTÉ CANADIENNE EN NOUVELLE-FRANCE VERS 1745

Un territoire et ses habitants

Oh ! là, là ! le territoire s'est drôlement agrandi. Même si la France a perdu la baie d'Hudson, Terre-Neuve et une partie de l'Acadie au profit des Anglais en 1713, la Nouvelle-France demeure immense !

Tu te souviens qu'au 17e siècle les Français se sont installés à Terre-Neuve, en Acadie et dans la vallée du Saint-Laurent. Par la suite, le commerce des fourrures et la recherche d'une route vers l'Asie les ont amenés à explorer le nouveau territoire dans toutes les directions.

Un territoire de plus en plus vaste

Vers 1745, le territoire de la Nouvelle-France couvre une grande partie de l'Amérique du Nord. Regarde attentivement la carte.

LA NOUVELLE-FRANCE VERS 1745

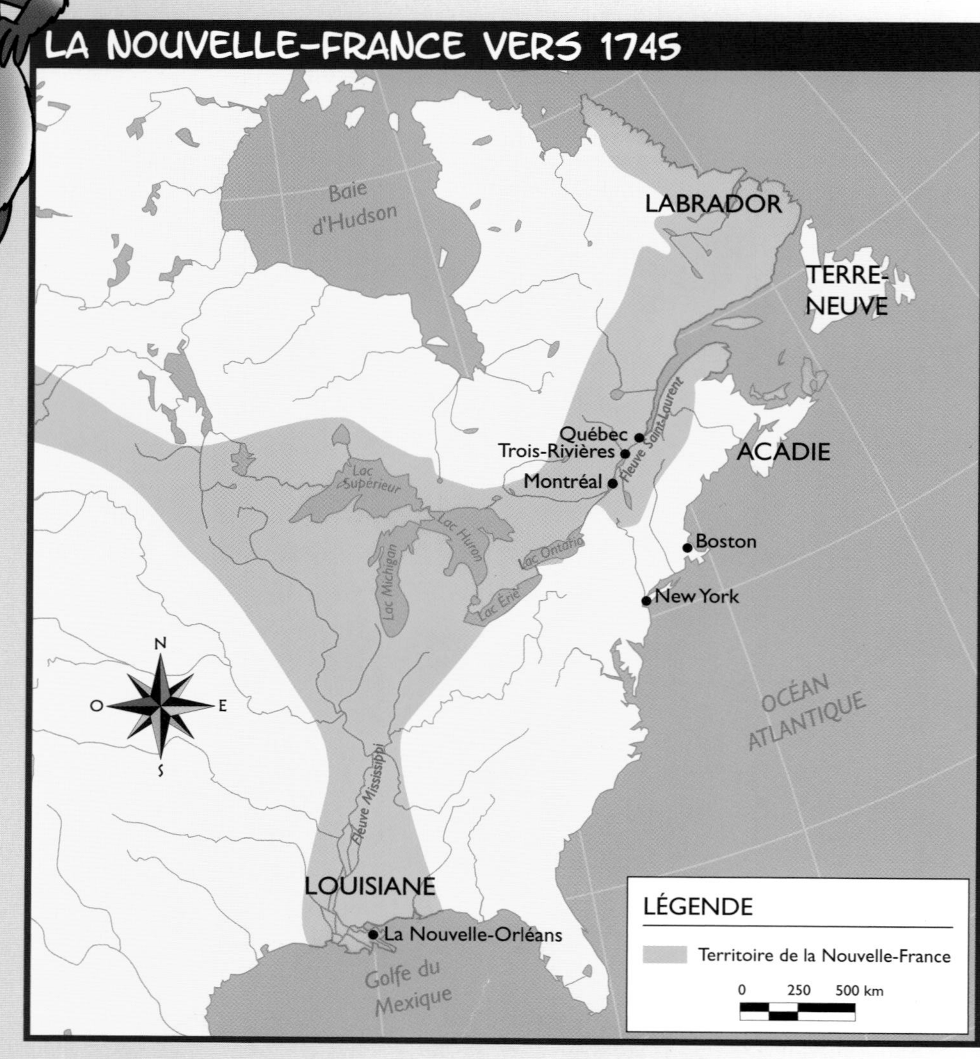

La Nouvelle-France ne s'est pas étendue du Labrador à la Louisiane en un seul coup. Au fil des ans, des militaires, des missionnaires, des coureurs des bois et des explorateurs parcourent le territoire :

- vers le nord : à la baie d'Hudson et au Labrador;
- vers l'ouest : dans la région des Grands Lacs, appelée alors les Pays-d'en-haut, jusqu'au pied des montagnes Rocheuses;
- vers le sud : le long de la vallée de l'Ohio et du Mississippi jusqu'au golfe du Mexique.

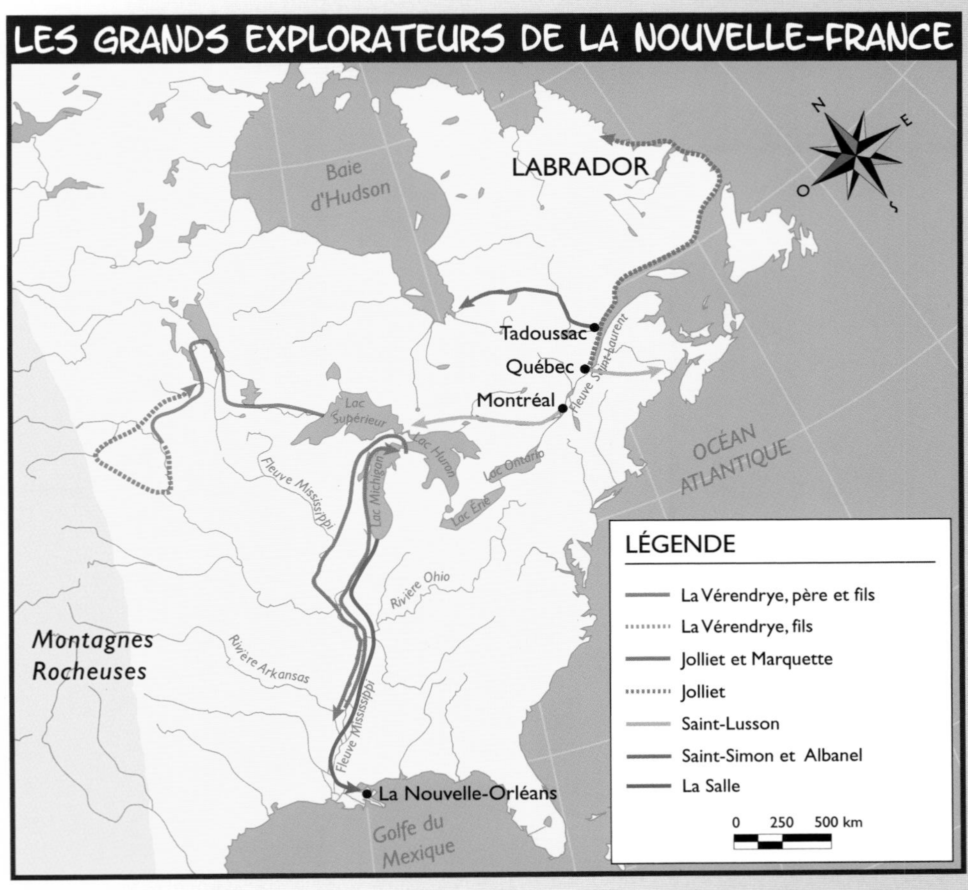

Une grande partie du nouveau territoire se trouve dans les grandes plaines du centre de l'Amérique du Nord. C'est une vaste région traversée par le fleuve Mississippi et ses **affluents**. Les explorateurs y rencontrent des groupes amérindiens jusque-là inconnus. Ils y découvrent toutes sortes de richesses utiles à l'installation de nouveaux colons. Les rives du Mississippi sont très favorables à l'agriculture.

affluent
Cours d'eau qui se jette dans un autre.

embouchure
Endroit où un cours d'eau se jette dans la mer ou dans un lac.

Le climat de ces grandes plaines du Centre est beaucoup plus chaud et humide que dans la vallée du Saint-Laurent. Regarde les deux climatogrammes suivants et compare leurs données. Québec, bien entendu, est situé dans la vallée du Saint-Laurent. La Nouvelle-Orléans est située beaucoup plus au sud, tout près de l'**embouchure** du Mississippi.

Climatogramme de Québec

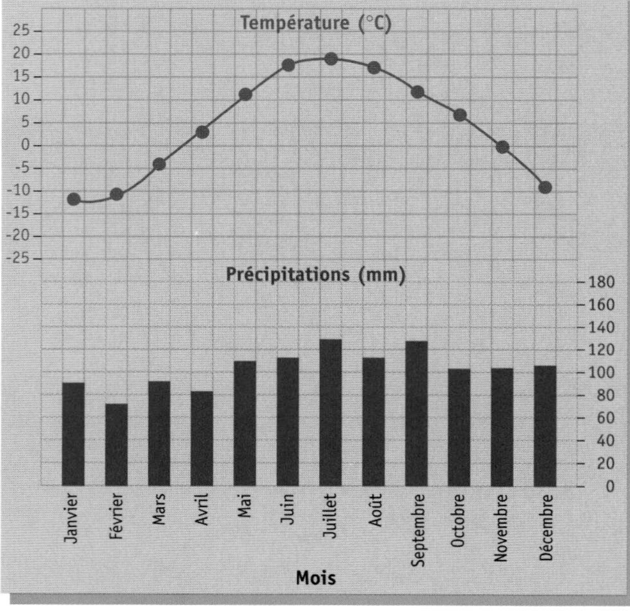

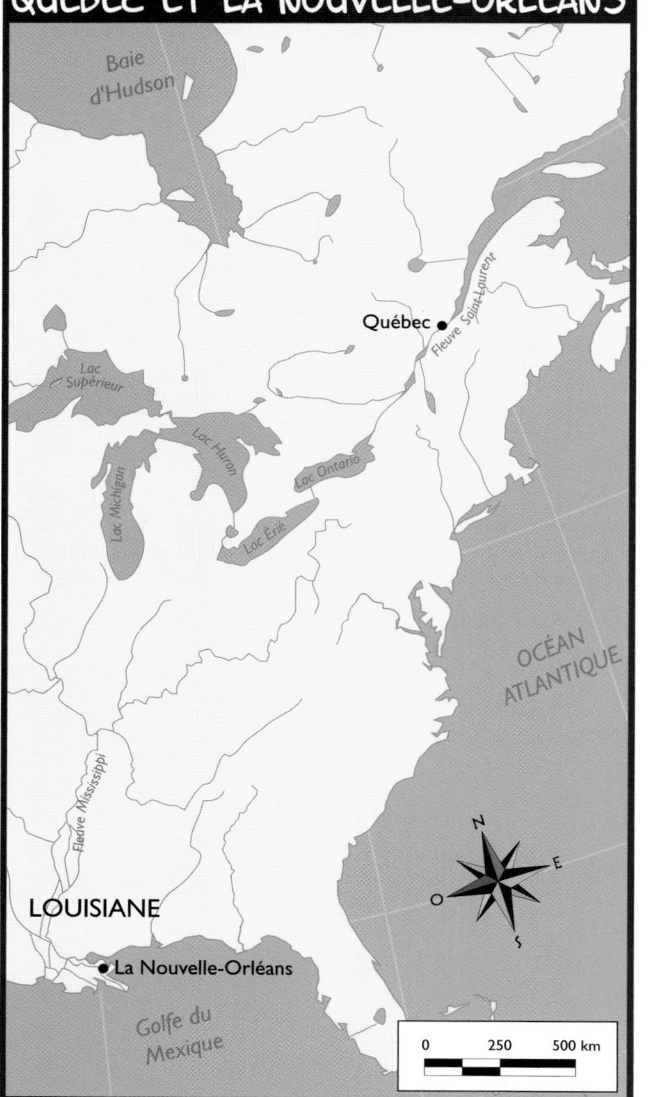

Climatogramme de La Nouvelle-Orléans

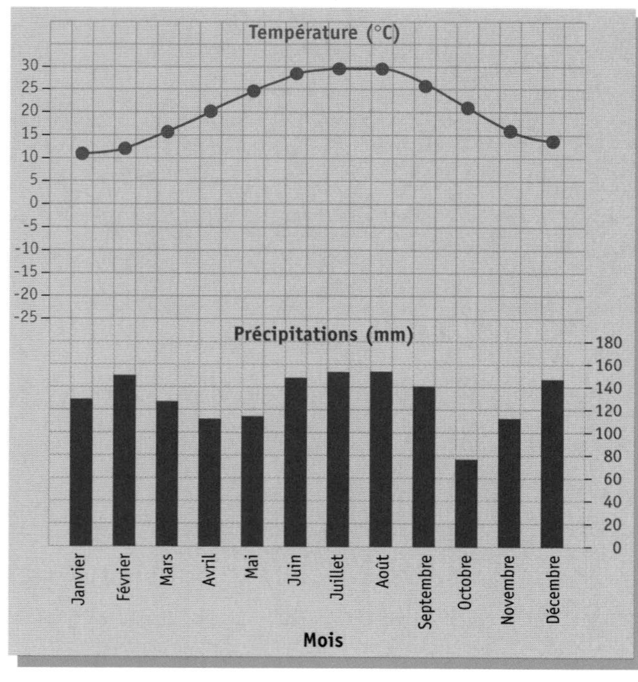

L'EXPLORATION DU MISSISSIPPI

Depuis le milieu du 17e siècle, les Amérindiens de la région des Grands Lacs rapportent aux missionnaires français l'existence d'une belle rivière, large et profonde, semblable au fleuve Saint-Laurent. Ce grand cours d'eau coule-t-il vers le sud ou vers l'ouest? S'agit-il du passage vers l'Asie que les Français recherchent tant depuis Jacques Cartier? Les dirigeants de la colonie veulent en avoir le cœur net. En 1672, on confie l'exploration du fleuve Mississippi à un jeune marchand de fourrures né en Nouvelle-France, Louis Jolliet.

Le missionnaire Jacques Marquette se joint à l'expédition de Jolliet au printemps 1673. Ils remontent le Mississippi jusqu'au **confluent** de la rivière Arkansas. Ils vont suffisamment loin vers le sud pour comprendre qu'il ne s'agit pas d'une route vers l'ouest. Ce n'est donc pas un passage vers l'Asie. Leur déception est grande. Cependant, ce voyage permet d'en apprendre beaucoup sur la géographie de l'Amérique du Nord et d'étendre le territoire de la Nouvelle-France.

confluent
Lieu où deux cours d'eau se rencontrent.

Louis Jolliet et le père Jacques Marquette.

Les efforts de peuplement

Vers 1645, rappelle-toi, la Nouvelle-France ne compte même pas 1000 personnes. Les compagnies de commerce, responsables du développement de la colonie, ne faisaient alors pas beaucoup d'efforts pour amener des colons en Amérique du Nord.

LE PREMIER RECENSEMENT EN AMÉRIQUE DU NORD

Durant l'hiver 1665-1666, Jean Talon organise le premier **recensement** dans la vallée du Saint-Laurent. Il veut savoir combien de personnes d'origine européenne habitent la région.

Talon recueille aussi de l'information sur les petites industries, les fermes, les ressources naturelles du territoire comme la forêt, le nombre d'églises et une foule d'autres renseignements.

Jean Talon chez l'habitant.

Dans la vallée du Saint-Laurent, on compte 3215 habitants, installés principalement dans trois centres : Québec, Montréal et Trois-Rivières. Parmi cette population, il y a 3 instituteurs, 3 serruriers, 5 chirurgiens, 5 boulangers, 8 tonneliers, 9 meuniers, 18 marchands et 27 menuisiers. La région de Québec est la plus peuplée avec plus de 2100 personnes.

recensement
Opération de comptage des habitants d'un pays.

Dans les années 1660, les choses changent un peu. Pour étendre la puissance de son royaume, le roi de France, Louis XIV, souhaite la croissance de sa colonie. Jean Talon, l'administrateur de la Nouvelle-France à l'époque, applique donc plusieurs mesures pour augmenter la population.

Immigrer en Nouvelle-France

immigrant
Personne qui s'installe dans un pays étranger au sien.

Talon encourage d'abord la venue d'**immigrants** dans la colonie. Les nouveaux arrivants sont principalement des femmes, des engagés et des soldats.

Les filles du roi

Des filles du roi.

Les jeunes femmes qui immigrent dans la colonie de 1663 à 1673 sont appelées les filles du roi. On les surnomme ainsi car le roi de France paie leurs frais de voyage et d'installation. L'arrivée de ces femmes vise à rétablir l'équilibre entre le nombre d'hommes et de femmes en Nouvelle-France. Orphelines pour la plupart, elles sont environ 800 à débarquer en Nouvelle-France pour se marier. Peu de temps après leur arrivée, elles trouvent un époux parmi les colons et les soldats de la colonie.

Les engagés

Les engagés sont des hommes embauchés pour trois ans afin de servir chez un habitant. En échange de leurs frais de voyage et d'un petit salaire, ils participent au défrichement et à la culture des champs. À la fin de leur contrat, on leur offre une terre, des provisions et quelques outils pour les encourager à s'établir.

Les soldats

Les soldats appartiennent aux troupes françaises venues défendre la colonie. On y retrouve le régiment de Carignan-Salières, débarqué en Nouvelle-France en 1665 pour mettre fin aux conflits avec les Iroquois. Après la paix de 1667, on leur offre aussi des terres. Quelques centaines d'entre eux décident alors de s'installer.

Un soldat du régiment Carignan-Salières.

Malheureusement, après le départ de Talon pour la France en 1672, l'immigration ralentit beaucoup. Plusieurs engagés rentrent en France. En fait, tout au long du 18e siècle, la population de la Nouvelle-France augmente principalement grâce aux naissances.

Des mariages et des naissances

Talon prend plusieurs moyens pour encourager les mariages et les naissances. Certaines mesures sont très sévères. Les pères de jeunes femmes et de jeunes hommes qui ne sont pas mariés doivent en donner les raisons aux autorités. Les hommes célibataires doivent épouser les nouvelles immigrantes sous peine de perdre leur droit de pêche, de chasse ou de faire la traite des fourrures. D'autres mesures sont plus positives. On offre un montant d'argent aux garçons qui se marient avant d'avoir 20 ans ainsi qu'aux familles de plus de 10 enfants.

Les efforts entrepris pour encourager l'immigration et les naissances donnent des résultats rapides : entre 1666 et 1673, la population de la vallée du Saint-Laurent, qu'on appelle alors le Canada, passe de 3215 à 6705 habitants.

Observe bien la courbe suivante. Elle te montre la croissance de la population du Canada sur une période de 100 ans.

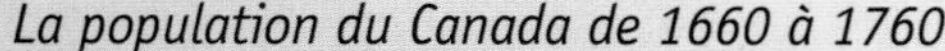

La population du Canada de 1660 à 1760

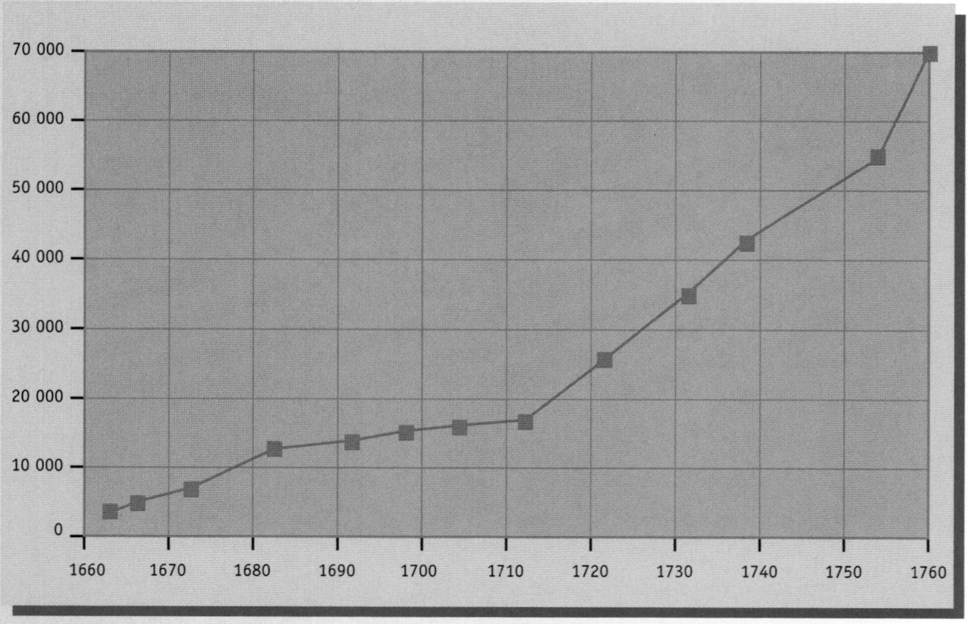

Le régime seigneurial

Au 17e comme au 18e siècle, les dirigeants de la Nouvelle-France partagent le territoire de la même façon qu'on le fait en France. Cette façon de diviser les terres s'appelle le régime seigneurial. Chaque grande terre est une seigneurie. Elle est offerte par les dirigeants de la colonie à des personnes fortunées, à des militaires et à des communautés religieuses.

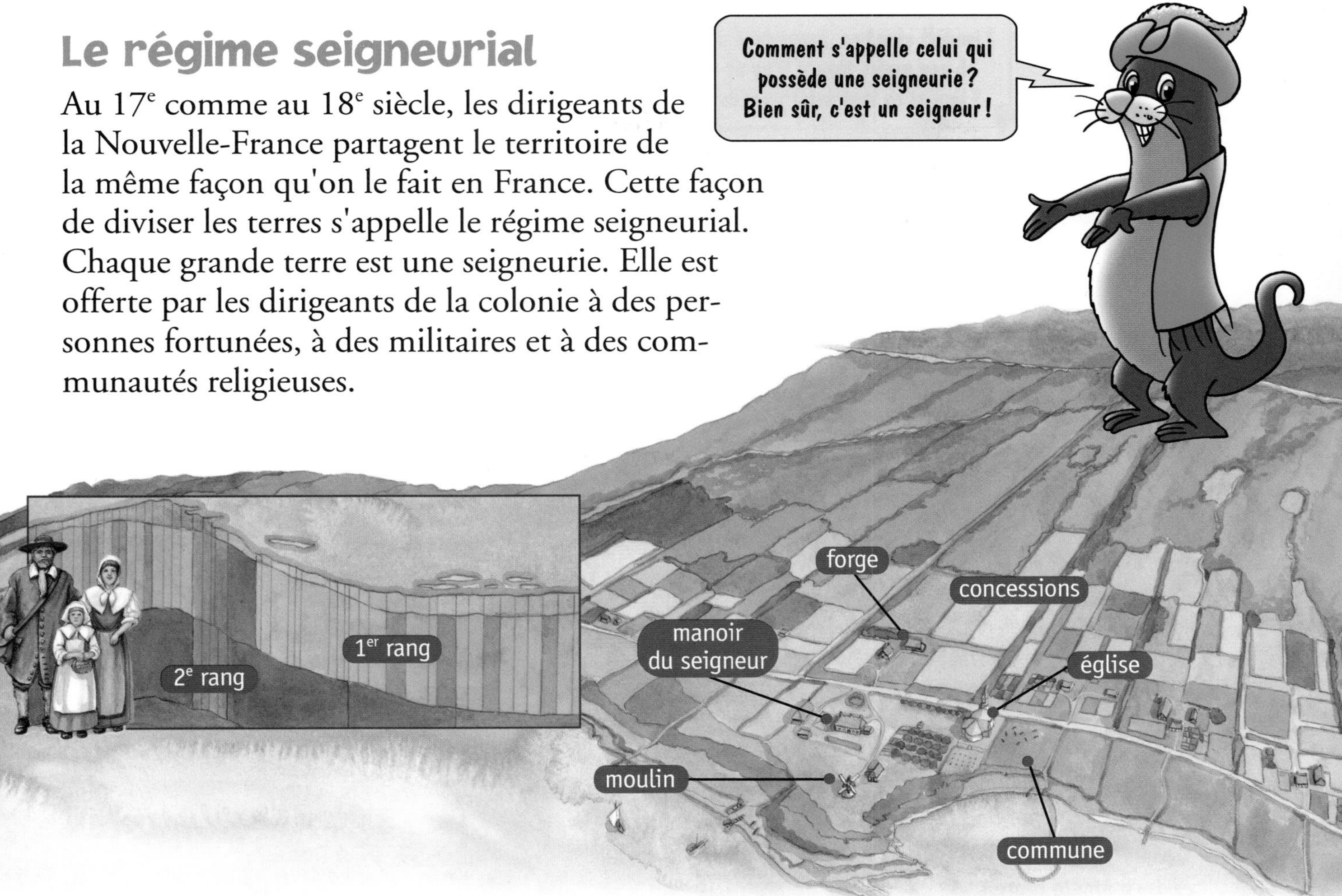

Une seigneurie au 18e siècle.

La seigneurie est un long terrain étroit qui débouche sur un cours d'eau. Cette disposition n'a rien de surprenant puisque les fleuves et les rivières sont les principales voies de communication de l'époque. Les colons ont aussi besoin d'eau pour boire et pour arroser leurs champs.

La partie centrale de la seigneurie est le domaine du seigneur. On y trouve sa maison, appelée manoir, un moulin ainsi qu'une église. Le seigneur vend parfois des petits bouts de son domaine pour qu'un cordonnier, un **forgeron** ou un **marchand général** vienne s'y installer.

De chaque côté de son domaine, le seigneur distribue des terrains aux colons qui veulent s'établir. Ces terrains de forme rectangulaire s'appellent des concessions, ou censives. Enfin, en bordure du cours d'eau, le seigneur accorde aussi une commune, un terrain où les habitants font brouter leurs animaux.

forgeron
Artisan qui travaille le fer au marteau après l'avoir fait chauffer au feu.

marchand général
Commerçant chez qui on achète diverses marchandises.

Les censitaires paient la rente à leur seigneur.

Le seigneur distribue d'abord les concessions situées près de l'eau. C'est ce qu'on appelle le premier rang. Lorsqu'il n'y a plus de place au bord de l'eau, il offre un deuxième rang de concessions derrière le premier, puis un troisième et ainsi de suite.

Le seigneur et les colons qui habitent sa seigneurie ont des droits et des devoirs. Le colon installé dans une seigneurie s'appelle un censitaire. Ce mot vient de « cens », qui désigne un loyer peu élevé que le colon doit payer au seigneur.

Devoirs et droits du seigneur et du censitaire

	Devoirs	Droits
Seigneur	Habiter la seigneurie Distribuer des concessions Recruter des censitaires Construire et entretenir un moulin Contribuer à la construction d'une église	Percevoir la rente et le cens S'asseoir au premier banc à l'église
Censitaire	Défricher Construire sa maison Cultiver sa terre Payer le cens Payer une rente annuelle en argent ou en produits de la ferme Remettre une partie de la farine moulue Offrir trois ou quatre journées de corvée au seigneur	Recevoir gratuitement une concession Utiliser le moulin de la seigneurie

corvée
Travail fait gratuitement.

Ces terres étroites permettaient aux fermiers d'être tout près les uns des autres. Le voisin n'était jamais très loin lorsqu'on avait besoin d'aide.

Au milieu du 17e siècle, les seigneuries de la vallée du Saint-Laurent sont concentrées dans les régions de Québec, de Montréal et de Trois-Rivières. À partir des années 1670, les seigneuries se multiplient entre ces trois villes et apparaissent de chaque côté des principales rivières, comme les rivières des Outaouais, Richelieu et Chaudière. Observe bien la carte à la page suivante qui te montre l'étendue de la zone seigneuriale au milieu du 18e siècle.

LA ZONE SEIGNEURIALE DANS LA VALLÉE DU SAINT-LAURENT VERS 1750

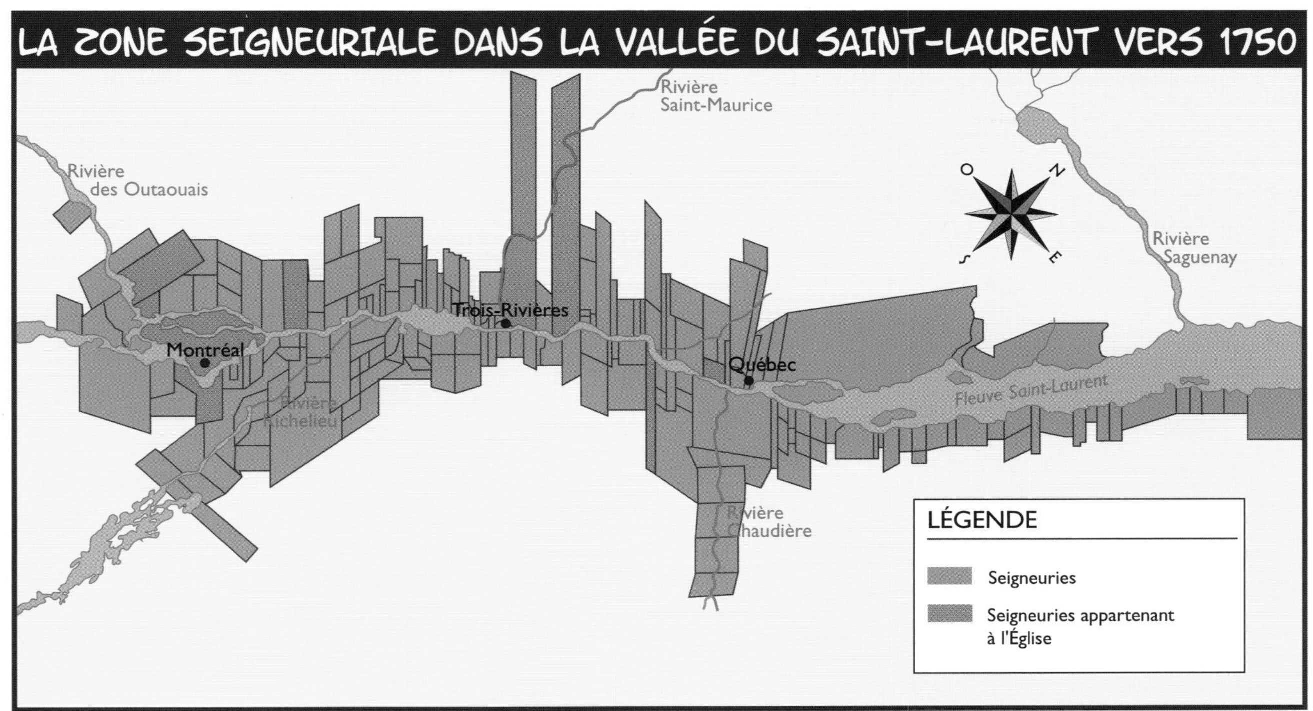

MOULIN À VENT, MOULIN À EAU

Un moulin à vent.

Un moulin à eau.

Tu sais que le pain est l'aliment de base en Nouvelle-France. Le moulin à farine est donc un bâtiment très important dans une seigneurie. La loi permet même aux habitants de construire leur propre moulin si le seigneur néglige de le faire.

Dans un moulin à farine, les grains de céréales sont écrasés entre deux énormes pierres rondes et plates, les meules. En Nouvelle-France, on trouve deux sortes de moulins. Le moulin à vent utilise la force du vent pour entraîner ses grandes ailes. Le moulin à eau est muni d'une roue actionnée par l'eau d'un ruisseau ou d'une rivière. Les ailes ou la roue font à leur tour tourner les meules pour moudre les grains en farine.

Il y avait aussi des moulins à eau pour couper le bois. On les appelle des moulins à scie.

En Nouvelle-France, le nombre de moulins à farine augmente à mesure que la population grandit. Ainsi, lors du premier recensement, en 1666, on ne compte que neuf moulins à farine. En 1750, il y en a 150.

Lorsqu'il y a beaucoup d'enfants dans la maison, certains couchent dans la salle commune sur une paillasse, une sorte de petit matelas rempli de pelures de maïs ou de paille.
Savais-tu qu'à Montréal, en 1721, un incendie a détruit l'Hôtel-Dieu et plus de 170 bâtiments?

La maison canadienne

Au 18e siècle, à la campagne, on bâtit encore des maisons en pièce sur pièce avec le bois des terres nouvellement défrichées. Dans les seigneuries plus anciennes, chez les habitants mieux établis, on trouve des maisons plus grandes, faites de pierre.

Une maison en pièce sur pièce.

L'intérieur de la maison est divisé en deux. Il y a une salle et une chambre. La salle sert principalement de cuisine et de lieu de réunion. La porte d'entrée donne toujours sur cette salle commune. Comme l'hiver est très froid, on ne perce pas de fenêtres du côté nord, d'où viennent les vents d'hiver.

Dans les villes, comme la population est plus importante, on construit des maisons en rangée à un, deux ou trois étages. Que se passe-t-il si ces maisons sont faites de bois et qu'il y a un incendie? Toute la rangée de maisons brûle. Pas étonnant que les autorités interdisent alors les constructions en bois. Les maisons de pierre remplacent peu à peu les maisons de bois. Cela permet d'éviter les incendies désastreux.

Observe bien l'image ci-contre et tu verras une autre mesure pour arrêter le feu: le mur coupe-feu en pierre qui déborde un peu du toit.

Des maisons de pierre avec un mur coupe-feu.

LE MOBILIER DE LA MAISON CANADIENNE

Avec le temps, les colons s'installent mieux. Ils agrandissent leurs maisons. Il faut plus de meubles pour garnir les nouvelles pièces. Les chaises, la table, le lit, l'armoire et le berceau se retrouvent désormais dans presque tous les foyers. Le mobilier canadien est souvent très pratique. Par exemple, on fabrique des meubles qui ont deux fonctions, comme la table-fauteuil.

Les Canadiens s'éclairent à l'aide de chandelles ou de petites lampes que l'on remplit d'huile ou de gras animal. De plus en plus, le poêle à bois apparaît dans les maisons. Les gens plus fortunés possèdent aussi des fauteuils, des bureaux et des buffets, de grands meubles pour ranger la vaisselle, des linges et parfois des livres.

Cette lampe est appelée « lampe à bec de corbeau » à cause de sa forme qui rappelle le bec de ce gros oiseau noir.

Un berceau.

Une table-fauteuil.

Une lampe à bec de corbeau.

Travail et vie quotidienne

Depuis le 17e siècle, la population de la Nouvelle-France a suffisamment augmenté pour que les premières habitations se transforment en villes. Le long du fleuve, les grands espaces entre Québec, Trois-Rivières et Montréal se sont aussi peuplés et sont devenus une vaste campagne cultivée. La vie s'organise différemment à la ville et à la campagne. Découvre ces différences dans les pages qui suivent.

Savais-tu que des blocs de sucre d'érable ont été envoyés en France dès 1691?

La vie à la campagne

L'agriculture est la principale activité en Nouvelle-France. En fait, au 18e siècle, les trois quarts des colons vivent sur une ferme à la campagne. Leur vie se déroule au rythme des saisons.

La première activité qui marque le début du printemps est la récolte de l'eau d'érable. Comme ils l'ont appris des Amérindiens, les colons récoltent l'eau d'érable dans des seaux. L'eau est ensuite bouillie à l'extérieur dans de grosses marmites de fer. Elle sert principalement à fabriquer du sucre.

La cuisson de l'eau d'érable.

Du tabac.

Un potager.

Au printemps, l'habitant construit ou répare ses clôtures et ses bâtiments. Puis il fait sortir ses animaux de l'étable. On trouve des bœufs, des vaches, des moutons, des porcs et des poules. C'est aussi la saison des labours et des semailles. L'habitant retourne la terre de son champ à l'aide d'une charrue tirée par une paire de bœufs. Il y sème de l'avoine, de l'orge, du seigle et surtout du blé.

L'habitante prépare son potager, un jardin où elle cultive des choux, des oignons, des navets, des betteraves, des carottes, des citrouilles et un peu de tabac.

L'été est la saison la plus occupée. Dès le mois de juin, aidé de sa famille, l'habitant fait la récolte du foin, qui sert de nourriture aux animaux. Il fait ensuite la **moisson**. Les habitants n'ont pas de machines pour faire leurs récoltes. Ils travaillent avec des faucilles et des faux, des instruments faits d'une lame en fer et d'un manche en bois. Ils entreposent le foin et les céréales dans leur grange.

moisson
Récolte des céréales.

L'été, c'est aussi le temps de récolter les petits fruits comme la fraise, la framboise, la mûre et le bleuet.

La moisson.

À l'automne, l'habitant laboure sa terre à nouveau. Il rentre ses animaux à l'étable. C'est aussi le temps de tuer les bêtes, surtout des porcs, qui serviront à se nourrir. L'habitant attend la fin de l'automne pour abattre ses animaux, car le froid conservera bien la viande.

En hiver, les colons continuent d'abattre les arbres sur leurs terres. Ils construisent ou réparent des meubles et des outils. On fabrique aussi des jouets de bois pour les enfants, comme des quilles et des animaux miniatures. Les femmes filent et tissent la laine. Elles confectionnent des vêtements, des poupées, des couvertures et des chapeaux de paille, faits de tiges de blé tressées.

Il n'y a pas que des agriculteurs à la campagne. Rappelle-toi que des artisans s'installent dans les seigneuries les plus peuplées. Par exemple, le meunier veille au fonctionnement du moulin. On y trouve aussi l'atelier du cordonnier et la forge du forgeron.

La vie à la ville

Au 18e siècle, les principaux postes de traite sont devenus de petites villes animées. La ville de l'époque continue d'être un lieu de commerce et d'échange. Chez les artisans et les marchands de la ville, les habitants peuvent se procurer les biens qu'ils ne peuvent pas produire eux-mêmes. Sur la place du marché, le boucher suspend ses beaux quartiers de viande. On y trouve aussi des marchands qui vendent des balais, du cidre, du tissu et bien d'autres choses.

Les habitants peuvent aussi vendre des produits de leur ferme et de leur pêche. Les jours de marché, ils offrent aux citadins des poules, des œufs, des légumes et du poisson. Il n'y a pas que des habitants qui viennent proposer leurs produits : les Amérindiens offrent leurs mocassins et leurs paniers tressés.

citadin
Personne qui habite la ville.

Le jour du marché.

Les remparts de Montréal.

C'est à la ville qu'on trouve la plupart des commerçants, des artisans et des administrateurs de la colonie. Il y a des écoles, des églises, des couvents, des édifices du gouvernement, des casernes pour loger les soldats, des auberges, des boutiques et des entrepôts. Comme de nombreuses villes d'Europe, Québec et Montréal sont maintenant entourées d'une muraille de pierre, appelée remparts.

Pour satisfaire les besoins de la population qui augmente, les dirigeants comme Jean Talon et Gilles Hocquart encouragent le développement de l'économie et la création de nouvelles industries. Chaque ville de la vallée du Saint-Laurent a ses spécialités.

Le chantier naval de Québec.

Québec, qui est alors la capitale du Canada, est le port le plus important de la colonie. L'arrivée des bateaux dès la fin du printemps est attendue avec impatience. Ces navires transportent des visiteurs, de nouveaux colons et des soldats. Ils apportent aussi les nouvelles de France, les ordres du roi, l'argent pour payer les dépenses du gouvernement ainsi que des marchandises d'Europe et des Antilles.

Dans la première moitié du 18e siècle, Québec devient un centre de construction navale. L'abondance de la forêt facilite la production de navires de commerce et de guerre. Cette grande industrie entraîne la création de petites industries artisanales pour la coupe du bois, la fabrication des voiles, des cordages, des clous et des ancres.

naval
Qui concerne les navires et la navigation.

La ville de Trois-Rivières est reconnue pour ses forges. Pas de petites forges où l'on travaille simplement le fer au feu et au marteau, mais de grandes forges équipées de fourneaux capables de faire fondre le minerai de fer. Ce minerai a été découvert dans la région au 17e siècle. Cette industrie produit du matériel militaire comme des canons et des boulets, des pièces de navire comme des ancres ainsi que des socs de charrue, des poêles et des marmites. De plus, les canots d'écorce fabriqués à Trois-Rivières ont une excellente réputation.

soc
Lame triangulaire qui tranche la terre.

Les forges du Saint-Maurice à Trois-Rivières.

brasserie
Endroit où l'on fabrique de la bière.

tannerie
Endroit où l'on prépare les peaux d'animaux pour en faire du cuir.

Montréal ne possède pas de grandes industries. On y trouve toutefois de nombreuses petites industries artisanales, dont une brasserie et des tanneries, qui emploient quelques personnes. La ville est d'abord un point de départ pour les expéditions de commerce des fourrures et d'exploration du territoire. C'est ici que les voyageurs s'équipent avant de s'aventurer à l'intérieur du continent.

Jette un coup d'œil sur le tableau suivant pour découvrir quelques-uns des métiers pratiqués en Nouvelle-France au 18e siècle.

Quelques métiers du 18e siècle

Métier	Définition
armurier	fabrique et vend des armes
aubergiste	tient une auberge où l'on peut manger et dormir
boucher	tue les animaux et vend leur chair crue
boulanger	fabrique et vend du pain
chapelier	fabrique et vend des chapeaux
cordonnier	fabrique et vend des chaussures
couturière	confectionne des vêtements
couvreur	fait ou répare le toit des maisons
forgeron	travaille le fer au marteau et au feu
menuisier	travaille le bois pour en faire des meubles, des portes, des fenêtres, etc.
puisatier	creuse des puits
rémouleur	aiguise les instruments tranchants, comme les couteaux
sellier	fabrique et vend des selles, des courroies et des harnais
serrurier	fabrique, répare et pose des serrures (avec leurs clés)
tailleur de pierre	taille la pierre pour la construction
tanneur	prépare les peaux d'animaux pour en faire du cuir
tonnelier	fabrique et vend des tonneaux et des seaux

MÉTIER : TONNELIER

Que fait le tonnelier? Il fabrique ou répare des tonneaux et des seaux en bois. C'est un métier qui s'apprend en travaillant trois ans avec un maître tonnelier. L'apprenti tonnelier peut par la suite continuer à travailler chez son maître ou ouvrir sa propre boutique. À l'époque, la plupart des métiers s'apprennent de cette façon.

Le tonneau est un objet très important au temps de la Nouvelle-France. Il sert surtout au transport de marchandises liquides comme l'eau, l'huile, le vinaigre ou le vin. Les **salaisons**, les grains et les clous sont également transportés dans des tonneaux.

salaison
Viande ou poisson conservé dans le sel.

UNE FEMME EN AFFAIRES AU 18E SIÈCLE

À l'âge de 20 ans, Marie-Anne Barbel épouse un marchand nommé Jean-Louis Fornel. À 38 ans, elle a déjà donné naissance à 14 enfants. Lorsque son mari meurt en 1745, elle décide de poursuivre ses affaires. Elle devient une marchande très respectée de Québec. Elle achète plusieurs propriétés dans la région et tient son magasin sur la place Royale.

Mais ce n'est pas tout. Avec deux associés de son mari, Marie-Anne Barbel exploite un poste de pêche aux loups-marins sur les côtes du Labrador. Elle obtient aussi un permis pour faire la traite des fourrures. Elle ne s'arrête pas là. Elle s'intéresse même à la petite industrie artisanale et achète un atelier de poterie où l'on fabrique des objets en terre cuite.

Au 18e siècle, les femmes de la ville participaient aussi à l'entreprise familiale. Elles travaillaient auprès de leur mari ou surveillaient les jeunes employés dans l'atelier.

Loup-marin, c'est le nom qu'on donnait au phoque autrefois. On le chassait pour son gras qui servait à l'éclairage et pour sa peau.

Une table bien garnie

Au 18e siècle, les habitudes alimentaires des Canadiens ne sont pas très différentes de celles des colons du 17e siècle [p. 107 et 108]. Le pain demeure l'aliment de base. Les terres cultivées et les moulins de la colonie suffisent maintenant à produire la farine nécessaire à la population. En ville, on achète le pain tout fait chez le boulanger. À la campagne, on le fait cuire dans un four à pain.

On consomme toujours beaucoup de porc. C'est une viande très appréciée car, une fois salée ou fumée, elle se conserve bien et se transporte facilement. C'est bien commode lorsqu'il faut manger à l'extérieur, aux champs ou en forêt. Les Canadiens mangent aussi de la volaille ainsi qu'un peu de bœuf et de mouton. Les produits du potager, de la chasse, de la pêche et de la cueillette permettent de préparer des repas très variés. À cause des travaux de défrichement dans la vallée du Saint-Laurent, le gros gibier comme le cerf et l'orignal est de plus en plus rare.

Depuis la fin du 17e siècle, en hiver, on utilise le grenier de la maison pour congeler la viande et le lait. Tout au long de l'année, les habitants ont aussi leur « réfrigérateur » : ils placent les fruits et les légumes dans la cave de leur maison, bien au frais.

Un four à pain.

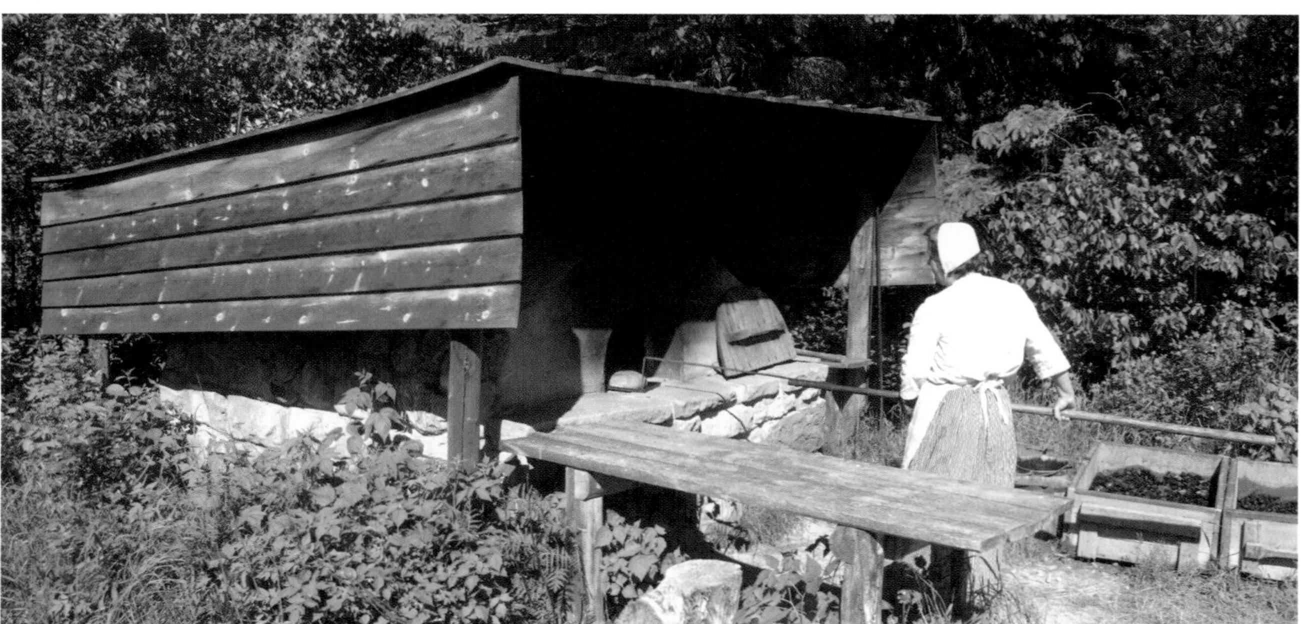

LA TABLE DES GENS AISÉS

Les gens du peuple mangent ce que les fermes de la Nouvelle-France produisent. Les personnes plus fortunées aussi, mais elles aiment s'offrir des aliments plus rares ou plus raffinés. Ces produits coûteux viennent souvent d'Europe ou des colonies françaises situées dans les Antilles. En voici quelques exemples.

Du café.

Des artichauts.

Quelques aliments importés en Nouvelle-France au 18e siècle

D'Europe	Des Antilles
amandes	sucre
raisins secs	rhum
chocolat	mélasse
confitures	café
champignon	
artichauts	
fromages	
vin	

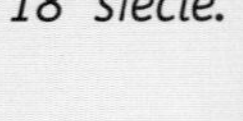

Une cafetière du 18e siècle.

Leur menu comprend plusieurs services. Les plats sont servis dans de la vaisselle de **faïence** ou de l'argenterie. On commence généralement le repas par un potage, suivi d'une entrée de viande ou de poisson en sauce. Vient ensuite une belle viande rôtie accompagnée de salade, de légumes et de pâtés. Le repas se termine avec des fruits, du fromage, de la compote, des biscuits ou parfois même des pâtisseries ! On aime boire du vin de France, d'Espagne et du Portugal, sans oublier une boisson toute nouvelle : le café.

faïence
Terre cuite recouverte de vernis ou d'émail.

Des fromages.

Des raisins secs.

Des champignons.

Des amandes.

La mode canadienne

Comment s'habillent les Canadiens au 18e siècle ? Après plus de 100 ans en Amérique du Nord, le costume français a-t-il beaucoup changé ? Rappelle-toi les vêtements du 17e siècle [p. 109 et 110]. Eh bien, le costume canadien n'est pas tellement différent !

Les vêtements des colons canadiens.

Au 18e siècle, le capot bleu, le tapabord et le bonnet de laine des marins français sont devenus communs. Pour plus d'élégance, le capot est ajusté à la taille et on le serre à l'aide d'une longue ceinture. Les Canadiens font maintenant leurs propres mocassins. En fait, ce sont principalement des habitants et les voyageurs qui passent de longues périodes de temps dehors qui portent ces vêtements.

Depuis la fin du 17e siècle, les colons ont tout ce qu'il faut pour fabriquer leurs vêtements en Nouvelle-France. Les dirigeants de la colonie ont fait venir de France des moutons et des métiers à tisser pour confectionner les tissus de laine. On encourage la culture du chanvre et du lin, deux plantes qui servent à faire du fil. Mais au 18e siècle, les gens fortunés continuent de s'habiller avec des tissus fins et des chaussures importés d'Europe.

Des vêtements d'hiver.

LES SOULIERS DE « BEU »

Les mocassins des Amérindiens sont très pratiques pour se déplacer en raquettes. Mais ils ont un grand défaut : la peau des mocassins boit l'eau. C'est parce que les peaux utilisées par les Amérindiens sont simplement grattées pour être débarrassées de la chair et des poils.

De leur côté, les colons tannent leurs peaux après les avoir grattées. Le tannage consiste à faire tremper les peaux dans un mélange d'eau et de poudre d'écorce d'arbre. Cette opération empêche la peau de pourrir, la rend plus robuste et plus imperméable. La peau est ainsi transformée en cuir. Toutefois, le tannage dégage une odeur si mauvaise que les tanneries doivent s'installer à l'extérieur des murs de la ville !

Des souliers de bœuf.

Les Canadiens fabriquent leurs mocassins avec du cuir de vache. Ils appellent donc ces chaussures des souliers de bœuf (prononce « beu »).

Société et culture

Au milieu du 18e siècle, la société canadienne n'est plus une société d'hommes. Il y a maintenant autant de femmes que d'hommes dans la colonie.

Une société patriarcale

La famille est la base de la société canadienne. On trouve généralement une famille par maison. Les enfants mariés ne restent pas sous le même toit que leurs parents. Ils s'installent dans leur propre maison et fondent une nouvelle famille.

La société canadienne est une société patriarcale. Cela veut dire que le père est le chef de la famille. Selon la loi de l'époque, la femme n'a pas beaucoup de droits. Avant le mariage, la Canadienne est soumise à son père. Lorsqu'elle se marie, elle doit se soumettre à son mari.

Une femme au travail.

Cela n'empêche pas la femme de jouer un rôle important dans le développement de la colonie. À la ville comme à la campagne, c'est elle qui élève les enfants, prépare les repas, entretient l'intérieur de la maison et, souvent, confectionne les vêtements et les couvertures. En milieu rural, elle nourrit les animaux, aide aux travaux des champs et s'occupe du potager.

rural
Qui se rapporte à la campagne.

urbain
Qui se rapporte à la ville.

Elle fabrique aussi toutes sortes d'objets, comme les chandelles ou le savon. En milieu urbain, certaines femmes assistent leur époux dans leur commerce ou leur atelier. D'autres femmes deviennent servantes ou religieuses.

N'oublie pas les Amérindiens. On appelle « Amérindiens domiciliés » ceux qui se sont installés dans la vallée du Saint-Laurent, dans des villages près des villes de Québec, Trois-Rivières et Montréal.

DES ESCLAVES TOUT AU NORD DE L'AMÉRIQUE

Au 17e et surtout au 18e siècle, il y a des esclaves en Nouvelle-France ! Ces esclaves sont des Amérindiens ou des Noirs originaires d'Afrique, privés de leur liberté. Ils n'ont pas plus de droits qu'une chaise ou qu'une paire de sabots ! Ils appartiennent à un maître, qui peut être un commerçant, un religieux, un militaire ou un noble. Ils peuvent être achetés ou vendus.

Les esclaves travaillent généralement comme serviteurs. Ils sont logés, nourris et habillés par leurs maîtres, mais n'obtiennent aucun salaire en retour de leur travail.

Les enfants et les personnes âgées

Chaque famille compte en moyenne neuf enfants. Les naissances sont assez rapprochées : un nouvel enfant naît à peu près tous les deux ans. Mais plusieurs meurent à la naissance ou très jeunes à cause de maladies contagieuses.

Au 18e siècle, il y a beaucoup plus de femmes dans la colonie qu'au 17e siècle. Les filles se marient plus tard, même après 20 ans.

Dès l'âge de 6 ans, les enfants participent au travail dans la maison, à la ferme ou dans l'atelier. Quand les petits Canadiens trouvent-ils le temps d'aller à l'école ? En fait, ils n'y vont pas très longtemps, surtout les filles. Vers l'âge de 11 ans, la plupart des enfants passent une seule année à l'école : tout juste le temps d'apprendre à bien se conduire, à lire, à écrire et à compter.

Les parents âgés finissent souvent leurs jours chez un de leurs enfants. Les vieillards seuls et démunis sont accueillis dans les maisons de religieux ou placés à l'hôpital général. À cette époque, l'hôpital n'accueille pas seulement les malades, mais aussi les personnes handicapées, les pauvres, les orphelins et les personnes âgées.

Une salle de l'Hôpital Général de Québec.

Rencontres et loisirs

Les Canadiens de cette époque profitent des temps libres de l'hiver pour se rencontrer et se divertir. La maison familiale est le lieu idéal pour une veillée bien au chaud, auprès du feu. Au cours de ces réunions, on mange, on chante, on danse et on se raconte des histoires. Les colons, grands et petits, aiment beaucoup aller glisser sur la neige.

Un jeu de trictrac.

Bien sûr, on se rencontre et on s'amuse aussi durant les autres saisons. À la ville comme à la campagne, à la sortie de la messe du dimanche, le perron de l'église devient un important lieu de rencontre.

cabaret
Commerce où l'on sert des boissons alcooliques.

Les auberges et les cabarets accueillent ceux qui veulent jouer aux cartes, aux dés ou au billard tout en prenant un petit verre d'alcool.

trictrac
Jeu de dés, semblable au backgammon.

Chez les gens plus fortunés, les parties d'échecs et de trictrac sont aussi très populaires.

Les rues se transforment parfois en allée de quilles. Les enfants y jouent aussi aux billes et à la course.

Des enfants jouant aux quilles.

Une partie de cartes.

Les dirigeants

Le gouverneur général de la Nouvelle-France doit maintenant partager ses pouvoirs avec un intendant.

milice
Organisation militaire formée de groupes de colons de 16 à 60 ans pour défendre la colonie.

Le gouverneur demeure le représentant du roi en Nouvelle-France. Il est installé dans la ville de Québec. Il est responsable de la défense de la colonie. C'est lui qui commande l'armée et la milice. Il s'occupe aussi des relations avec les populations amérindiennes.

L'intendant, qui vit lui aussi à Québec, est le grand administrateur de la Nouvelle-France. Il surveille les dépenses et les revenus de la colonie. Il établit les règlements pour le commerce. Tout comme le gouverneur, il peut accorder des seigneuries et des permis pour la traite des fourrures. Il juge les conflits entre les seigneurs et leurs censitaires. C'est aussi lui qui veille aux travaux publics, comme la construction de routes et de ponts.

Le gouverneur et l'intendant font tous les deux partie du Conseil supérieur. Ce comité regroupe aussi l'évêque et des conseillers. Le Conseil supérieur fait appliquer les lois établies par le roi pour la colonie. Le Conseil supérieur est aussi une cour de justice.

évêque
Homme religieux important, chargé de toutes les affaires religieuses de la colonie.

Les dirigeants de la Nouvelle-France en 1745.

Jean Talon a été le premier intendant de la Nouvelle-France.

Jean Talon.

Le palais de l'intendant à Québec.

Autour de la paroisse

Au 18e siècle, la grande majorité des colons est catholique. La religion occupe une place importante dans la vie en Nouvelle-France. De la naissance à la mort, les fêtes comme Pâques et les cérémonies religieuses comme le mariage marquent la vie des Canadiens. En fait, la religion est présente dans la vie de chaque jour, car la plupart des catholiques prient matin et soir et remercient Dieu au moment des repas.

Au milieu du 17e siècle, il y avait peu d'églises en Nouvelle-France. On trouvait surtout de petites chapelles entretenues par un missionnaire de passage.

Un tableau, datant de 1703, représentant une mère et ses enfants, réunis pour la prière.

Petit à petit, dans les seigneuries les plus peuplées, les censitaires se regroupent pour payer la construction de l'église. Le seigneur fait aussi une contribution.

Au fil des ans, le territoire de la vallée du Saint-Laurent se divise en paroisses. Chaque paroisse est dirigée par un prêtre, appelé curé. Vers 1745, il y a une centaine de paroisses tout au long du fleuve.

La « Chapelle des Indiens », construite en 1747 à Tadoussac. C'est la plus ancienne église en bois encore existante au Canada.

MONSEIGNEUR FRANÇOIS DE LAVAL, PREMIER ÉVÊQUE DE LA NOUVELLE-FRANCE

En 1659, la France envoie François de Laval organiser la vie religieuse dans la colonie. Ce prêtre d'expérience se met rapidement au travail. En 1663, il fonde le Grand Séminaire de Québec pour former de nouveaux prêtres.

François de Laval est nommé évêque de Québec en 1674. Il devient alors le chef de l'Église catholique en Nouvelle-France. Mais il ne s'occupe pas seulement des prêtres. Il s'oppose au commerce de l'eau-de-vie, un alcool très fort, avec les Amérindiens.

Il s'intéresse également à l'éducation. Il fonde le Petit Séminaire de Québec, une école pour les garçons. On lui doit également la première école d'arts et métiers où l'on enseigne la menuiserie, la sculpture, la peinture et la **dorure**.

dorure
Art qui consiste à recouvrir des objets d'une mince couche d'or.

Monseigneur François de Laval.

maçon
Artisan qui pose la pierre ou la brique.

charpentier
Artisan qui assemble la charpente, les pièces de bois qui supportent la construction.

ferronnier
Artisan qui fabrique et vend des objets d'art en fer.

orfèvre
Artisan qui fabrique et vend des objets en métaux précieux.

L'art dans les églises

Au 18e siècle, la construction de nouvelles églises dans la vallée du Saint-Laurent donne du travail à de nombreux artisans.

Pour l'architecte, le tailleur de pierre, le maçon, le charpentier, le menuisier et le ferronnier, c'est l'occasion de montrer son talent. Pour décorer les églises, on fait encore appel à des artisans de France, mais de plus en plus d'objets d'art sont faits par des sculpteurs, des orfèvres et des peintres de la colonie.

Une croix de clocher en fer forgé.

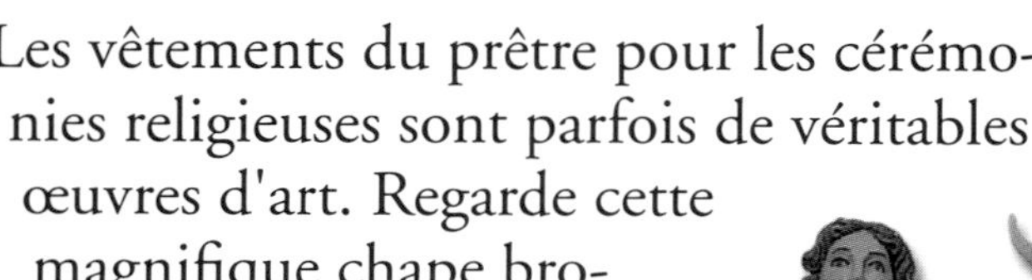

Les vêtements du prêtre pour les cérémonies religieuses sont parfois de véritables œuvres d'art. Regarde cette magnifique chape brodée, une sorte de cape portée par le prêtre. Les églises, ouvertes à tous, permettent aux colons de regarder et d'apprécier de nombreux objets d'art.

Une sculpture du 18e siècle.

Une chape brodée.

Moyens de transport et échanges

Au 18e siècle, le fleuve Saint-Laurent demeure la plus grande voie de communication. Depuis la fin du 17e siècle, les colons peuvent aussi se déplacer sur de petits bouts de chemins partant des villes de Québec, de Trois-Rivières et de Montréal. Il y a bien des chemins sur les seigneuries, mais ils ne mènent pas très loin.

Une calèche.

Un cheval et une carriole pour le transport en hiver.

Enfin la route !

Ce n'est qu'en 1737 qu'une route relie Montréal à Québec. L'intendant Gilles Hocquart, un homme pratique et efficace, est à l'origine de ce projet. De 1731 à 1748, Hocquart fait de grands efforts pour le développement des communications, du commerce et de l'industrie dans la colonie.

Ce « chemin du roi », la première grande route du Canada, est construit par les habitants des seigneuries qui longent la rive nord du fleuve Saint-Laurent. C'est une large route en terre battue, parfois traversée par des ruisseaux et des rivières.

Pour passer les cours d'eau, les voyageurs franchissent des ponts ou prennent un bac, une sorte de bateau à fond plat. Par beau temps, à cheval, on franchit les 280 kilomètres de route en quatre jours. Imagine, c'est tout un progrès pour le commerce et les communications ! Mais, attention, la pluie peut rendre la route très boueuse et difficile à la circulation.

Sur le fleuve, on se déplace encore en canot ou en voilier. Les colons utilisent aussi des bateaux plats à rame ou à voile pour se déplacer d'un village à un autre et transporter leurs marchandises.

Au 17e siècle, les rares chevaux étaient réservés aux gens fortunés. Au 18e siècle, le cheval devient un moyen de transport très populaire.

Les marchands de fourrures

Le commerce des fourrures connaît beaucoup de problèmes depuis le 17e siècle. Les guerres iroquoises forcent les colons à s'aventurer vers le nord et l'ouest pour aller chercher eux-mêmes les fourrures chez les Amérindiens. Puis, au début du 18e siècle, la Nouvelle-France perd le territoire de la baie d'Hudson au profit des Anglais. Il faut maintenant aller plus loin encore à l'ouest, et au sud dans la vallée du Mississippi, pour trouver des fourrures.

Dommage pour la Nouvelle-France ! La région de la baie d'Hudson était peuplée de castors.

LES PRINCIPAUX POSTES DE TRAITE DE LA NOUVELLE-FRANCE

Le commerce des fourrures est devenu l'affaire de gros marchands qui habitent Montréal. Pour obtenir des peaux, ces commerçants fournissent aux voyageurs d'immenses canots remplis de provisions et de marchandises de traite [↩ p. 185].

Ces voyages en canot se font sous la pluie ou un soleil brûlant, parmi les moustiques. Il y a même un risque de rencontrer un ennemi amérindien ou anglais.

Regarde la carte. Imagine les longs trajets de ces voyageurs sur les lacs et les rivières bordés d'immenses forêts.

Un commerce en plein développement

Il n'y a pas que le commerce des fourrures en Nouvelle-France. Dès la deuxième moitié du 17e siècle, l'intendant Jean Talon veut que les colons produisent tout ce dont ils ont besoin : céréales, viande, tissus, chaussures, bateaux, etc. Talon espère aussi que la colonie produira des surplus pour l'exportation.

exportation
Action de vendre des marchandises à d'autres pays.

Talon a de grandes idées pour l'économie de la colonie. Il organise le commerce entre la Nouvelle-France, la France et les Antilles françaises. Comme les échanges se font entre trois endroits, on dit que c'est un commerce triangulaire.

Examine attentivement l'illustration pour voir comment cela fonctionne. Chaque région reçoit les produits dont elle a besoin et expédie ceux qu'elle a en surplus. Par exemple, la France exporte du vin, du sel, des tissus, des meubles, des outils et des armes. Les Antilles expédient du sucre, de la mélasse, du café, du rhum et du tabac. La Nouvelle-France vend de la farine de blé, du poisson, des pois, du bois et, bien entendu, des fourrures.

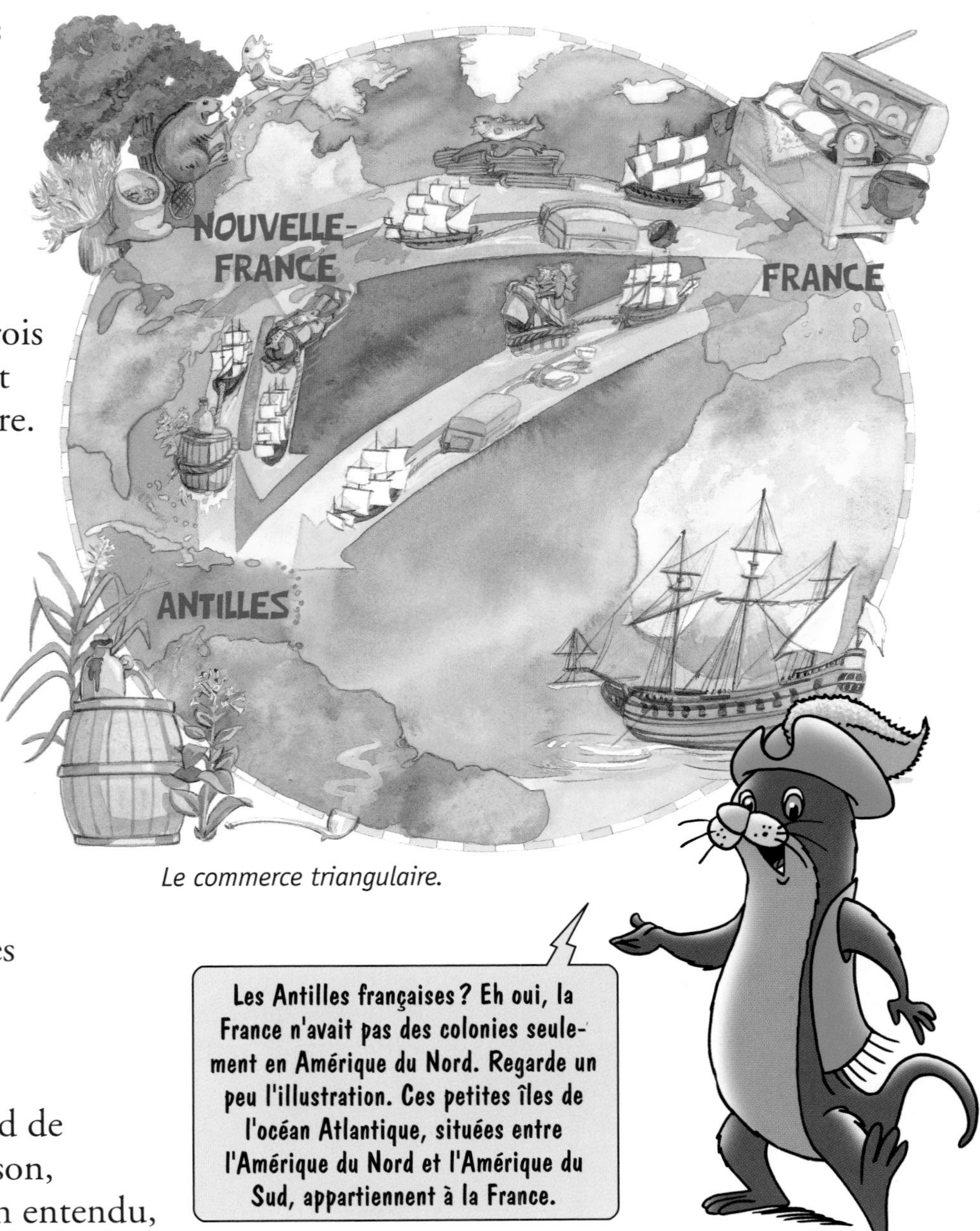

NOUVELLE-FRANCE
FRANCE
ANTILLES
Les Antilles françaises ? Eh oui, la France n'avait pas des colonies seulement en Amérique du Nord. Regarde un peu l'illustration. Ces petites îles de l'océan Atlantique, situées entre l'Amérique du Nord et l'Amérique du Sud, appartiennent à la France.

Le commerce triangulaire.

Encore les Iroquois

Rappelle-toi qu'en 1667 les Iroquois et les Français avaient fait la paix [↵ p. 123]. Mais cela n'a pas duré vraiment longtemps. Des conflits, parfois très violents, reprennent à la fin du 17e siècle. Pourquoi ? Tu dois savoir que les Anglais font aussi la traite des fourrures avec les Amérindiens. Et ils ne sont pas très contents de voir les Français étendre leur territoire vers l'ouest et le sud. Alors les Anglais fournissent des armes aux Iroquois et les encouragent à harceler la Nouvelle-France.

harceler
Lancer sans arrêt de petites attaques contre l'ennemi.

LE MASSACRE DE LACHINE

Au cours de l'été 1689, 1500 guerriers iroquois attaquent le petit village de Lachine à l'ouest de Montréal. Une vingtaine d'habitants sans défense meurent et plusieurs sont faits prisonniers. Des 77 maisons de Lachine, 56 sont complètement rasées par les flammes.

Un soldat de la marine française débarqué en Nouvelle-France pour défendre la colonie.

Le massacre de Lachine par les Iroquois.

Par la suite, les Iroquois lancent d'autres attaques contre les villages français. La France décide alors d'envoyer dans la colonie de nouvelles troupes de soldats pour vaincre les Iroquois.

Ce n'est qu'en 1701 que les Iroquois, affaiblis par ces luttes et les maladies, signent le traité de la Grande Paix de Montréal.

Se défendre contre les Anglais

Il n'y a pas que les Iroquois qui causent des problèmes aux colons, il y a aussi les Anglais. Ceux-ci sont installés plus au sud, le long de la côte de l'océan Atlantique. Depuis le début du 17e siècle, la France et l'Angleterre se font la lutte en Amérique du Nord pour le territoire et ses ressources, comme la fourrure et les terres cultivables.

FRONTENAC CONTRE LES IROQUOIS ET LES ANGLAIS

Frontenac répond aux Anglais venus lui demander de capituler.

Louis de Buade, comte de Frontenac, est gouverneur de la Nouvelle-France de 1672 à 1682 et de 1689 jusqu'à sa mort en 1698. C'est un homme au caractère difficile qui s'intéresse plus au commerce des fourrures qu'à la bonne administration de la colonie. Il participe à la construction de nombreux forts dans la région des Grands Lacs. Il dirige avec succès les forces militaires de la colonie contre les Iroquois et les Anglais.

Toutefois, entre 1713 et 1744, la France et l'Angleterre connaissent une longue période de paix, autant en Amérique du Nord qu'en Europe. Durant cette période, la Nouvelle-France prend soin de **fortifier** les villes importantes pour pouvoir mieux se défendre. C'est à cette époque que la forteresse de Louisbourg, sur l'île du Cap-Breton, est construite par les Français pour défendre l'embouchure du fleuve Saint-Laurent.

fortifier
Équiper d'ouvrages de défense comme une muraille, des canons, etc.

Savais-tu que l'île du Cap-Breton, en Nouvelle-Écosse, s'appelait l'île Royale en 1745?

Louisbourg, ville militaire et commerciale.

L'héritage de la Nouvelle-France

Bien sûr, tu ne peux pas retourner dans le temps et vivre au 18e siècle. Mais prête attention à ce qui t'entoure dans la vie de tous les jours et au cours de tes voyages. Tu reconnaîtras des lieux, des objets et des manières de vivre qui te rappelleront la société canadienne de cette époque. Voici quelques indices qui te mettront sur la bonne voie.

Des paysages de la Nouvelle-France

Le régime seigneurial a marqué le paysage de la vallée du Saint-Laurent. Si tu survolais aujourd'hui cette vallée en avion, tu pourrais encore voir les divisions du territoire faites au 17e et au 18e siècle. Regarde bien la photo ci-contre. Observe la forme rectangulaire, longue et étroite des terres, comme celle des concessions des habitants de l'époque.

Des terres agricoles de la vallée du Saint-Laurent.

Une seigneurie au 18e siècle.

Des noms français, même aux États-Unis

Comme tu le sais, les explorateurs du 17e et du 18e siècle ont parcouru le territoire, de l'île du Cap-Breton jusqu'au pied des montagnes Rocheuses, et du Labrador jusqu'en Louisiane. En regardant une carte de l'Amérique du Nord ou au cours de tes voyages, tu trouveras des noms de lieux ou des monuments qui te rappelleront la Nouvelle-France. Voici quelques exemples :

- l'immense réserve faunique de La Vérendrye au Québec : nommée en l'honneur de l'explorateur et commerçant Pierre de La Vérendrye;
- le célèbre hôtel du château Frontenac à Québec : nommé en l'honneur de Louis de Buade, comte de Frontenac, gouverneur de la Nouvelle-France;
- la ville de Marquette sur la rive sud du lac Supérieur dans l'État du Minnesota, aux États-Unis : nommée en l'honneur de Jacques Marquette, missionnaire et découvreur du Mississippi;
- la ville de La Nouvelle-Orléans en Louisiane, aux États-Unis : nommée en l'honneur du duc d'Orléans, le frère du roi Louis XIV;
- l'État de la Louisiane aux États-Unis : nommé en l'honneur du roi Louis XIV.

Le château Frontenac, à Québec.

La réserve faunique de La Vérendrye.

La ville de La Nouvelle-Orléans.

Un héritage encore bien vivant

La plupart de nos animaux de la ferme, comme le cheval, le bœuf, le porc ou le mouton, sont les descendants d'animaux qui ont été importés de France au temps de la colonie. Un héritage encore bien vivant, on peut le dire!

Aujourd'hui, on peut monter des chevaux issus des premiers chevaux amenés en Nouvelle-France à la fin du 17e siècle. On les appelle des chevaux canadiens, ou des petits chevaux de fer, car ils sont plus petits que les chevaux européens et beaucoup plus forts.

Des artistes, des écrivains et des savants

Tu peux encore admirer le travail de certains artistes du18e siècle dans les églises ou les musées. Regarde les sculptures de la chapelle des Ursulines à Québec ou encore le portrait de Marguerite Bourgeoys peint en 1700.

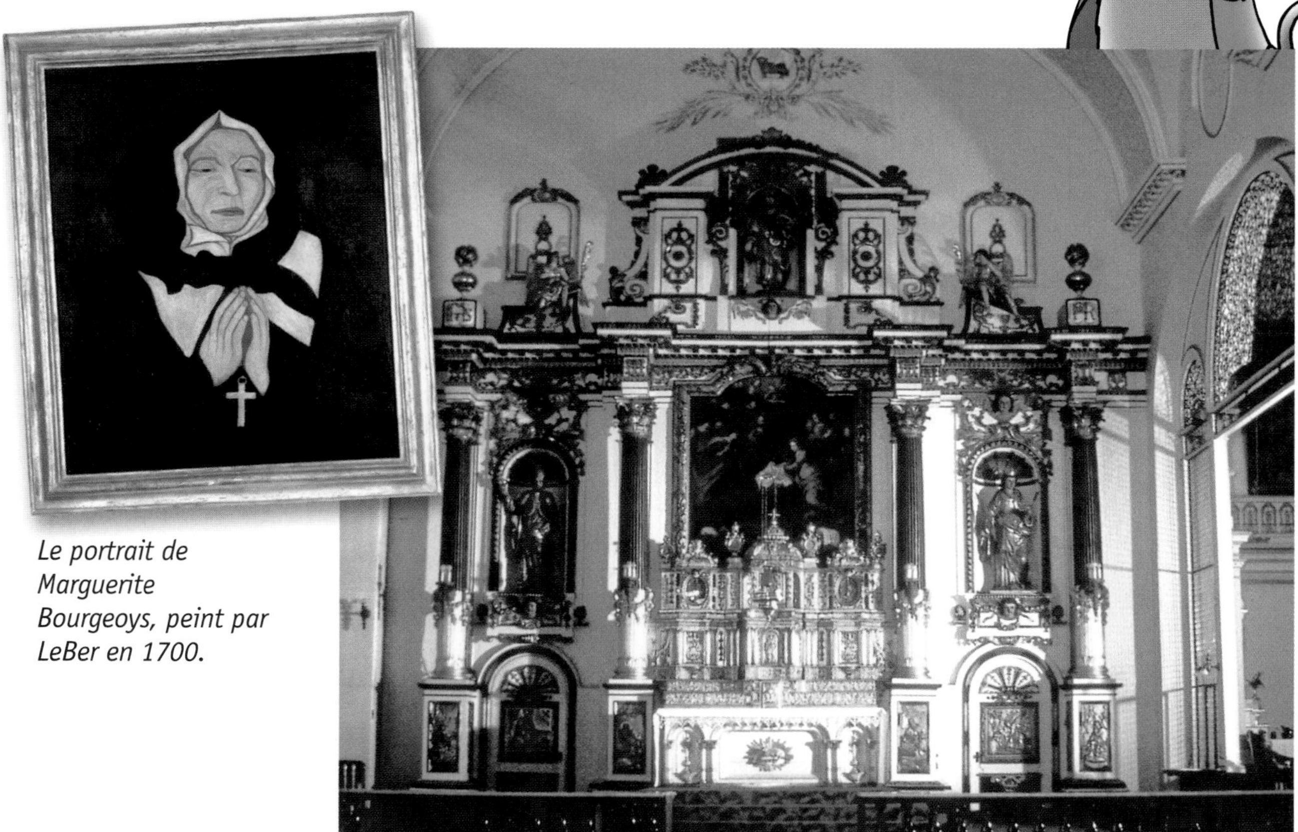

Le portrait de Marguerite Bourgeoys, peint par LeBer en 1700.

L'intérieur de la chapelle des Ursulines à Québec.

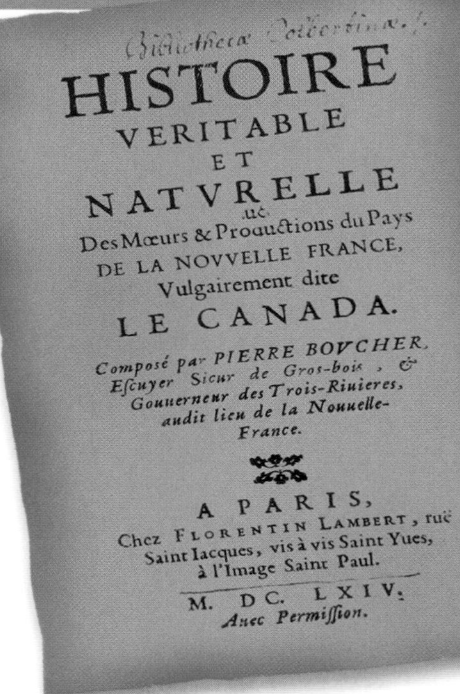

HISTOIRE
VERITABLE
ET
NATVRELLE
Des Mœurs & Productions du Pays
DE LA NOVVELLE FRANCE,
Vulgairement dite
LE CANADA.

Composé par PIERRE BOVCHER,
Escuyer Sieur de Gros-bois, & Gouuerneur des Trois-Riuieres, audit lieu de la Nouuelle-France.

A PARIS,
Chez FLORENTIN LAMBERT, ruë
Saint Iacques, vis à vis Saint Yues,
à l'Image Saint Paul.
M. DC. LXIV.
Auec Permission.

Le livre Histoire véritable et naturelle*, de Pierre Boucher, a été publié en 1664.*

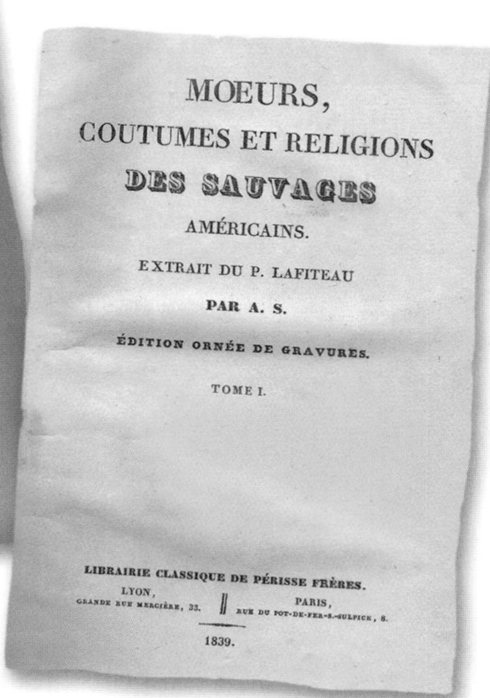

MOEURS,
COUTUMES ET RELIGIONS
DES SAUVAGES
AMÉRICAINS.
EXTRAIT DU P. LAFITEAU
PAR A. S.
ÉDITION ORNÉE DE GRAVURES.
TOME I.

LIBRAIRIE CLASSIQUE DE PÉRISSE FRÈRES.
LYON, GRANDE RUE MERCIÈRE, 33. ‖ PARIS, RUE DU POT-DE-FER-S.-SULPICE, 8.
1839.

Joseph-François Lafitau a écrit un des premiers livres sur les Amérindiens. Cet ouvrage a été publié pour la première fois en 1723.

À cette époque, il n'y a pas d'imprimerie en Nouvelle-France. Toutefois, quelques livres sur l'histoire de la colonie et les Amérindiens sont publiés en France. Ces livres sont écrits par des religieux, des Européens de passage ou des Canadiens. Ils fournissent beaucoup de renseignements sur la vie et les grands événements à l'époque de la Nouvelle-France.

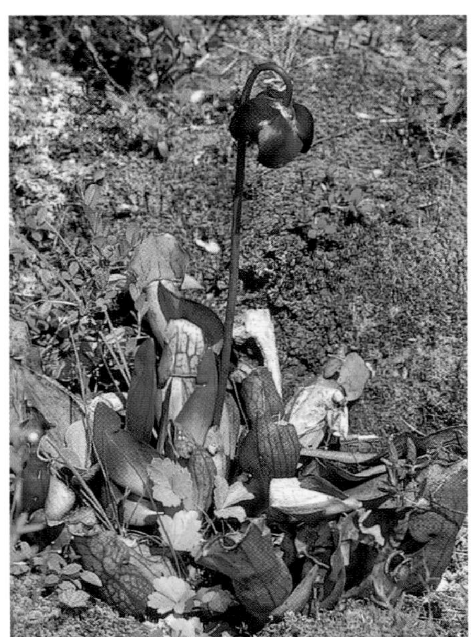

Une sarracénie pourpre.

La Nouvelle-France a aussi ses savants. Le plus connu est Michel Sarrazin, médecin du roi et amoureux des plantes. Débarqué à Québec à la fin du 17e siècle, Sarrazin soigne les soldats et la population à l'Hôtel-Dieu de Québec. Il étudie le castor, le porc-épic et la mouffette. Mais on le connaît mieux comme **botaniste**. Il a étudié plus de 200 plantes. Il a même donné son nom à une plante carnivore de nos régions, la sarracénie pourpre.

botaniste
Personne qui étudie les plantes.

Jouer et chanter comme autrefois

La culture de la Nouvelle-France était aussi faite de jeux et de divertissements. Tu en connais sans doute plusieurs qui se sont rendus jusqu'à nous. Tu as vu que les petits Canadiens jouaient aux billes ou aimaient glisser sur la neige. Ça n'a pas beaucoup changé.

Si aujourd'hui tu entends la chanson *V'là l' bon vent* ou encore *À la claire fontaine*, rappelle-toi qu'il y a 250 ans quelqu'un, quelque part en Nouvelle-France, la chantait en cultivant son champ.

Aujourd'hui encore, on aime glisser sur la neige, jouer aux cartes ou aux quilles.

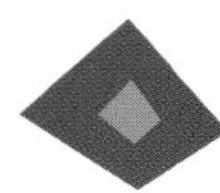

Tu viens de parcourir un siècle d'histoire de la Nouvelle-France. De 1645 à 1745, la Nouvelle-France s'est beaucoup développée. C'est grâce à des femmes et à des hommes courageux et dynamiques, qui méritent toute notre fierté.

LES IROQUOIENS ENTRE 1500 ET 1745

1500 — 1550 — 1600

1534 Des Iroquoiens rencontrent Jacques Cartier.

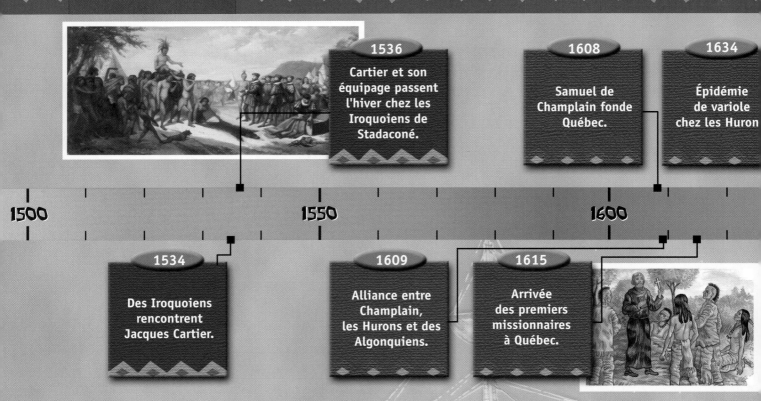

1536 Cartier et son équipage passent l'hiver chez les Iroquoiens de Stadaconé.

1608 Samuel de Champlain fonde Québec.

1609 Alliance entre Champlain, les Hurons et des Algonquiens.

1615 Arrivée des premiers missionnaires à Québec.

1634 Épidémie de variole chez les Huron

vallée
Espace allongé, qu'un cours d'eau a creusé, situé entre deux zones de terrain plus élevées.

Un territoire et ses habitants

Vers l'an 1600, les Iroquoiens habitent l'ouest de la **vallée** du Saint-Laurent et autour des lacs Ontario et Érié. L'arrivée de **colons** européens sur cette vaste terre d'abondance change bien des choses. Tu verras que le territoire des Iroquoiens ne sera jamais plus le même.

LE TERRITOIRE IROQUOIEN AU DÉBUT DU 17e SIÈCLE

colon
Personne qui s'installe dans un pays dominé par un autre plus fort. Les colons développent le pays qu'ils habitent.

1650 — 1700 — 1750

1642 — Fondation de Ville-Marie (Montréal).

1649 — Fin de la Huronie.

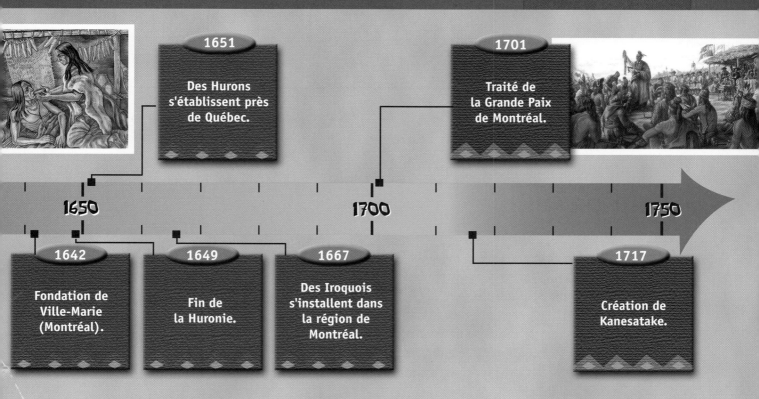

1651 — Des Hurons s'établissent près de Québec.

1667 — Des Iroquois s'installent dans la région de Montréal.

1701 — Traité de la Grande Paix de Montréal.

1717 — Création de Kanesatake.

Du changement à l'horizon

Au cours du 16e siècle, des navigateurs venus d'Europe explorent le nord-est de l'Amérique du Nord. À cette époque, ils cherchent une façon d'atteindre l'Asie, un continent où il y a de précieuses épices et de l'or.

Ces navigateurs européens ne trouvent pas de passage vers l'Asie. En réalité, ils commencent à parcourir les territoires des Amérindiens. Ils y trouvent de vastes forêts, des animaux à fourrure et du poisson.

Ces ressources naturelles intéressent beaucoup la France, l'Angleterre et la Hollande. Petit à petit, des colons européens s'installent dans le nord-est de l'Amérique du Nord et vont bouleverser la vie des Amérindiens.

Jacques Cartier est le premier navigateur français à explorer la vallée du Saint-Laurent. Des Français viendront par la suite s'y établir. Regarde la ligne du temps. Elle indique des événements survenus dans la société iroquoienne entre le 16e siècle et le milieu du 18e siècle.

Des navires français en vue de la terre des Amérindiens.

DONNACONA RENCONTRE JACQUES CARTIER

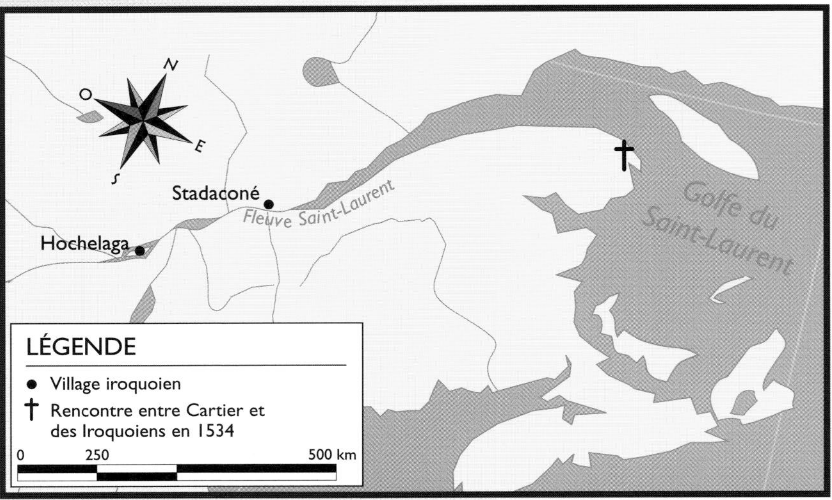

En 1534, le navigateur français Jacques Cartier et son équipage traversent l'océan Atlantique et accostent en Amérique du Nord, sur les rives du golfe du Saint-Laurent.

Près d'un endroit appelé aujourd'hui Gaspé, ils rencontrent un groupe d'Iroquoiens de Stadaconé venus pêcher dans les eaux poissonneuses du golfe. Jacques Cartier plante une croix de bois dans le sol au nom du roi de France. Le chef iroquoien Donnacona n'apprécie pas ce geste, qui signifie une prise de possession de la terre par la France.

Cartier retourne en France en emmenant avec lui les fils de Donnacona. Ces deux Iroquoiens apprennent le français et fournissent de précieux renseignements sur la géographie du territoire amérindien aux Français.

À l'été 1535, Cartier revient en Amérique du Nord avec les fils de Donnacona. Avec leur aide, l'explorateur et son équipage naviguent sur le fleuve Saint-Laurent et se rendent jusqu'au village de Stadaconé. Cartier et ses hommes continuent leur exploration jusqu'à Hochelaga, un autre village iroquoien. Pendant ce deuxième voyage, ils passent l'hiver à Stadaconé. Ils retournent en France au printemps 1536.

Pendant le rude hiver passé à Stadaconé, plusieurs membres de l'équipage de Cartier sont très affaiblis par une grave maladie, le scorbut. C'est une tisane de feuilles de thuya, préparée par les villageois iroquoiens, qui les a sauvés de la mort !

Le chef iroquoien Donnacona accueille Jacques Cartier.

Cohabiter avec les Européens

Au début du 17e siècle, des colons venus de France commencent à s'établir le long du fleuve Saint-Laurent. Au sud-est, ce sont des colons anglais et hollandais qui s'installent sur la côte de l'océan Atlantique. Les Iroquoiens, comme d'autres Amérindiens, ont de plus en plus de contacts avec ces Européens en raison de la traite des fourrures. Les Iroquoiens échangent des peaux d'animaux contre des produits européens.

traite
Commerce et transport de marchandises.

Un territoire moins peuplé

Depuis longtemps, les nations iroquoiennes ne s'entendent pas toujours entre elles ou avec d'autres nations amérindiennes. Par exemple, elles se font la guerre pour la possession des territoires de pêche et de chasse. Beaucoup de guerriers meurent pendant ces conflits.

L'arrivée des Européens n'arrange pas les choses. Sans le vouloir, ils apportent de nouvelles maladies, comme la grippe et la rougeole, qui n'existaient pas en territoires amérindiens. Elles sont souvent mortelles pour les Amérindiens. De plus, au fil des années, le commerce des fourrures se développe. Cela aggrave les conflits entre les diverses nations amérindiennes qui se disputent de nouveaux territoires de chasse.

Estimation de la population iroquoienne en 1500 et en 1745 dans les basses-terres du Saint-Laurent et des Grands Lacs

Regarde le diagramme à pictogrammes.
Comme tu vois, entre 1500 et 1745, le nombre d'Iroquoiens diminue énormément. Les guerres iroquoiennes et les maladies européennes sont des causes de ce déclin.
Année
1745
1500
Nombre d'Iroquoiens
LÉGENDE
: 10 000 Iroquoiens

UNE ÉTRANGE DISPARITION

En 1535, quand Jacques Cartier arrive à Hochelaga, plus de 1000 Iroquoiens l'accueillent. Ce village regroupe une cinquantaine de maisons longues. Quelque 70 années plus tard, au début du 17e siècle, Samuel de Champlain [p. 98], un autre navigateur français, accoste à Hochelaga, mais il n'y a personne. Les Iroquoiens d'Hochelaga ont disparu !

Selon les spécialistes, les maladies apportées par des Européens, des mauvaises récoltes et, surtout, les guerres entre les Iroquoiens et d'autres Amérindiens peuvent expliquer cette disparition.

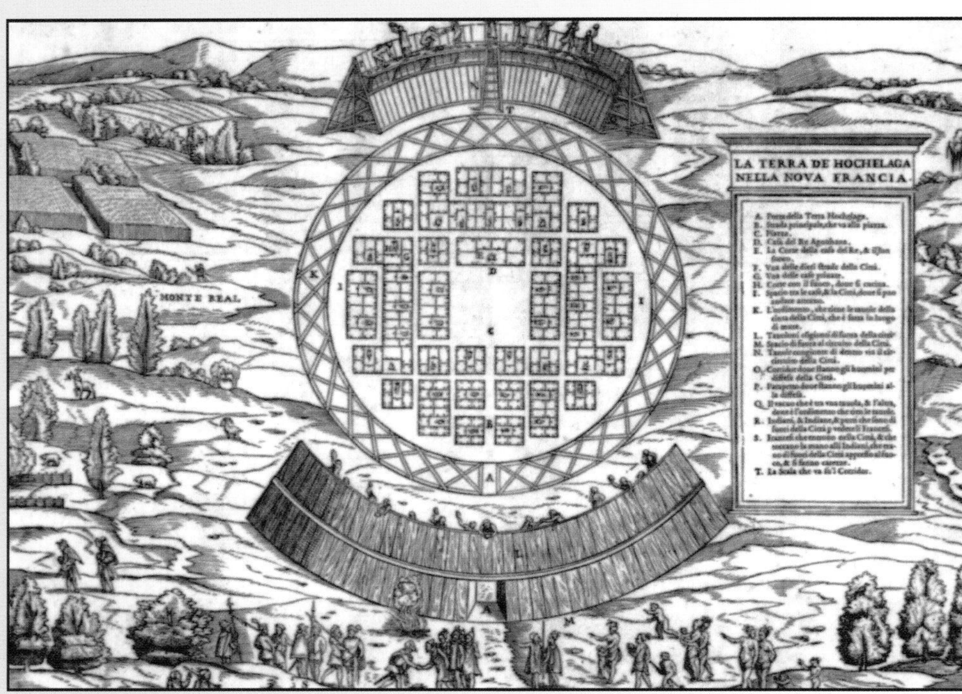

Le village iroquoien d'Hochelaga, situé sur l'actuelle île de Montréal. Au milieu du 16e siècle, un artiste italien l'a imaginé d'après les récits de voyages de Jacques Cartier.

Des voisins iroquoiens et français

Dès 1650, certains Iroquoiens abandonnent leurs villages traditionnels entourés de palissades pour s'établir près des villages français situés dans la vallée du Saint-Laurent. On appelle ces Iroquoiens des « domiciliés ». Des Hurons s'installent près de Québec.

Un peu plus tard, des Pétuns, Ériés, Neutres, Andastes et Iroquois viennent s'établir dans les environs de l'île de Montréal. Au début du 18e siècle, ils habitent les villages de Kahnawake et de Kanesatake. Le village d'Akwesasne sera fondé plus tard.

Le village de Kahnawake, au 18e siècle. Aujourd'hui, Kahnawake est une communauté mohawk située au Québec.

Cependant, les Iroquoiens n'habitent pas tous près des villages de la Nouvelle-France. Vers 1745, beaucoup vivent encore dans des villages entourés de palissades, au sud-est des Grands Lacs. Mais les territoires des Français et des Anglais continuent de gagner du terrain sur celui des Iroquoiens.

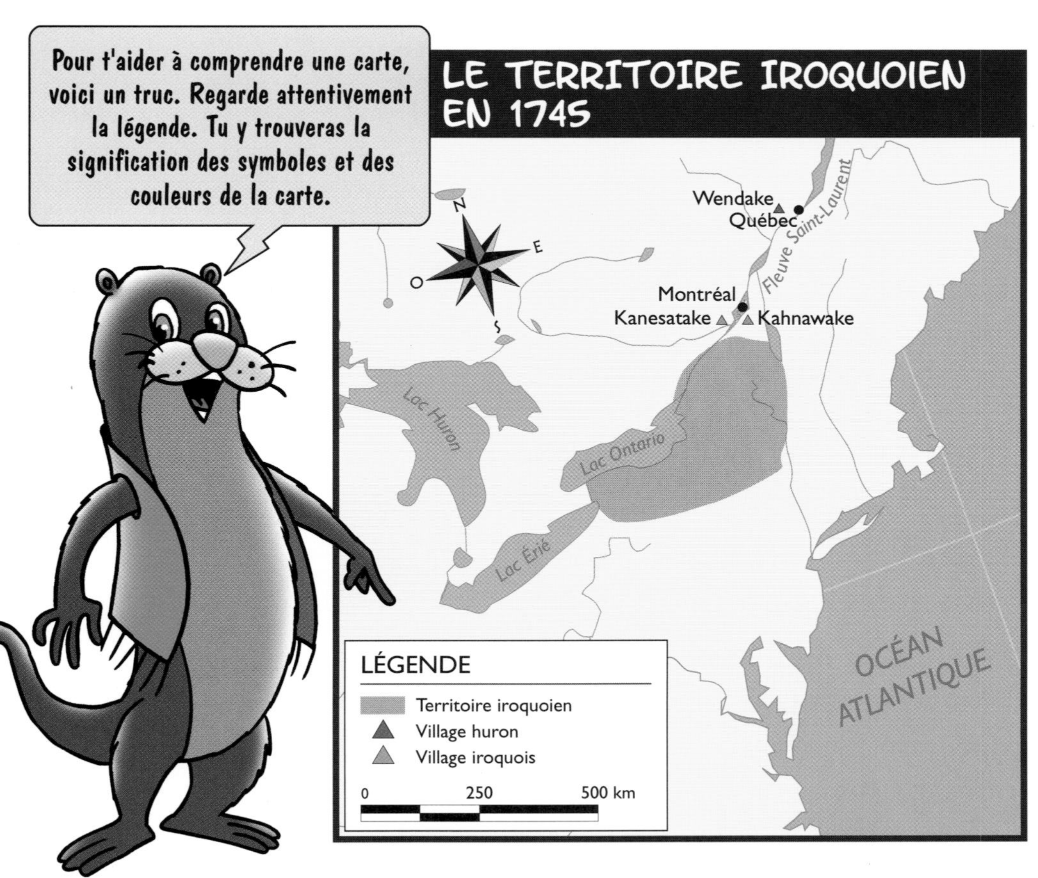

Des Iroquoiens domiciliés au sud de Montréal.

Au 18e siècle, les domiciliés iroquoiens changent parfois de type d'habitation. Par exemple, des Hurons de Wendake, près de Québec, adoptent la maison de bois.

Cette maison est mieux isolée contre le froid et mieux aérée que la traditionnelle maison longue. Plus petite, elle est aussi plus facile à chauffer, mais les Hurons ne peuvent pas y vivre à plusieurs familles comme auparavant dans leurs maisons longues. Les Iroquoiens domiciliés sur l'île de Montréal ou dans ses environs continuent, eux, à habiter des villages de maisons longues.

Travail et vie quotidienne

À partir du 16e siècle, la présence européenne influe aussi sur le mode de vie des Iroquoiens. La traite des fourrures leur permet de se procurer une variété de produits et des animaux domestiques qui n'existaient pas sur leur territoire. Cela transforme leur alimentation, leur habillement et d'autres aspects de leur vie.

Des marchandises européennes : un chaudron de cuivre et un couteau.

Du nouveau au menu

Au contact des Européens, les Iroquoiens adoptent de nouveaux aliments comme le sel, la farine de blé et le lard. Ils se mettent à cultiver des légumes venus d'Europe, par exemple le navet, l'oignon et le chou.

Les Iroquoiennes utilisent des couteaux et des chaudrons en métal de fabrication européenne. Le chaudron de métal leur permet de cuisiner de nouveaux mets, car il résiste mieux à la chaleur que les marmites ou autres récipients en argile.

argile
Roche terreuse et imperméable, facile à façonner.

La chasse et la pêche continuent d'occuper les Iroquoiens. Le gibier et le poisson complètent toujours leur alimentation.

Une pointe de flèche en cuivre. Pour fabriquer des outils ou des armes, les Iroquoiens utilisent de plus en plus le métal venu d'Europe.

Les Iroquoiens qui habitent près des villages de la Nouvelle-France cultivent un peu moins la terre. Plusieurs font maintenant l'élevage d'animaux. Les poules, les porcs et les vaches leur procurent des œufs et de la viande.

Des vêtements d'un nouveau genre

La plupart des Iroquoiens continuent de fabriquer et de porter des vêtements de peaux, mais ils s'habillent de plus en plus avec de la laine. Par exemple, ils transforment des couvertures ou des étoffes de laine pour en faire des vêtements.

Pour les Iroquoiens, la laine des Européens a beaucoup d'avantages. Elle garde le corps au chaud même si elle est mouillée. Elle sèche plus vite et reste plus souple qu'un vêtement fait de peaux de bêtes. Elle est aussi plus facile à teindre.

Un chef iroquoien du 18e siècle.

Les Européens fournissent aux Iroquoiens d'autres produits, par exemple des grelots en métal et des perles de verre. De couleurs variées, les perles de verre remplacent les morceaux de coquillage polis dont les Iroquoiens se servaient comme parures. Ils apprécient beaucoup ces perles qui deviennent des bijoux et des ornements très populaires. Les Iroquoiennes les cousent sur les mocassins, les ceintures, les chemises, les jupes ou les sacs.

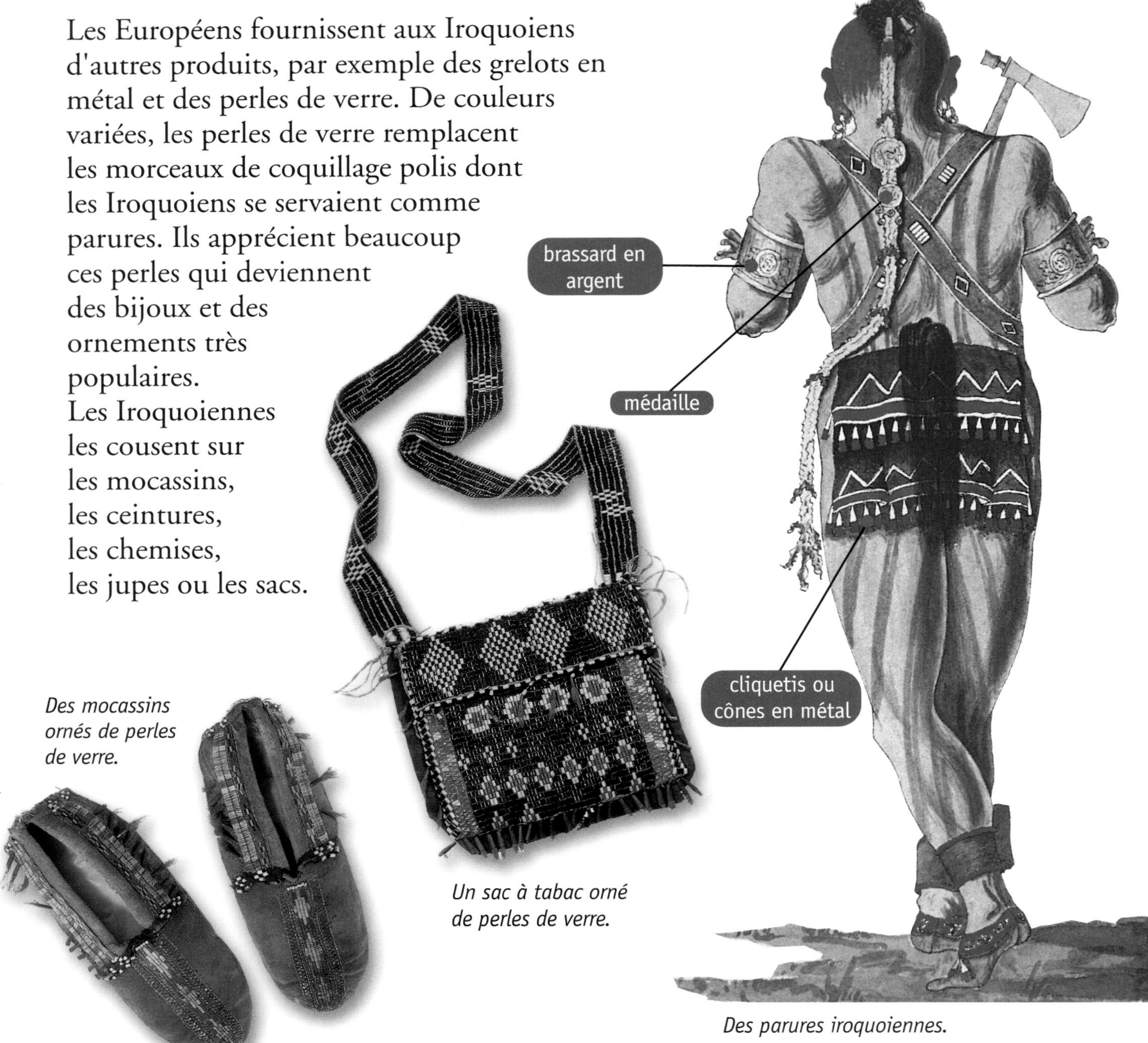

Des mocassins ornés de perles de verre.

Un sac à tabac orné de perles de verre.

Des parures iroquoiennes.

Société et culture

missionnaire
Personne qui enseigne sa religion à d'autres.

chaman
Personne qui entre en communication avec les esprits de la nature.

La présence française entraîne peu à peu des changements dans les croyances des Iroquoiens. Des missionnaires ont la charge d'enseigner la religion catholique à tous les Amérindiens. Dans la société iroquoienne, les chamans perdent peu à peu leur importance. Ils ont du mal à combattre les nouvelles maladies apportées par les Européens.

De nouvelles croyances

Les premiers missionnaires arrivent dans la vallée du Saint-Laurent en 1615. Des groupes de missionnaires, comme les Jésuites et les Récollets, s'établissent près des Iroquoiens ou parmi eux. Ces religieux cherchent ainsi à les convertir à leur religion.

convertir
Amener une personne à adopter de nouvelles croyances.

Ils veulent aussi instruire les enfants iroquoiens pour qu'ils vivent comme des petits Français. Ils leur apprennent donc la langue française, la religion, des chants religieux, les manières de vivre à l'européenne et, parfois, un métier. Habitués à une grande liberté, les jeunes Iroquoiens s'adaptent mal à cet enseignement. Souvent, ils s'enfuient des écoles dirigées par les missionnaires.

Au début, les missionnaires sont bien accueillis en territoire iroquoien. Surtout en Huronie, car la nation huronne cherche à entretenir de bonnes relations commerciales avec ses alliés, les Français. Cependant, de nombreux Iroquoiens se méfient des religieux, car ils veulent conserver leurs propres croyances.

Un missionnaire chez des Hurons.

GARAKONTIÉ, UN SACHEM IROQUOIS

Vers le milieu du 17e siècle, Garakontié est un représentant de la confédération iroquoise. Ce grand chef (ou sachem) veut maintenir la paix entre son peuple et les Français. Il se rend souvent à Montréal et à Québec pour discuter et échanger des prisonniers français contre des captifs iroquois.

Garakontié encourage le travail des Jésuites auprès des Iroquois. En 1669, il adopte la religion catholique en se faisant baptiser à Québec. En retour, les Jésuites lui apprennent à lire et à écrire le français.

Garakontié, grand chef de la nation des Onontagués.

Une crèche de Noël huronne.

Au fil des années, beaucoup d'Iroquoiens vivant près des villages de la Nouvelle-France adoptent la religion des missionnaires. Ces Iroquoiens célèbrent à leur façon des fêtes catholiques comme celle de Noël.

Des maladies venues d'ailleurs

Sans le vouloir, des explorateurs et des marchands européens ont apporté des maladies jusque-là inconnues en Amérique du Nord.

épidémie
Maladie qui touche rapidement un grand nombre de personnes.

Sur les territoires amérindiens, c'est le début des épidémies de variole, de grippe, de rougeole et de coqueluche. Les Amérindiens en meurent souvent. Pourquoi ? C'est que leur corps n'est pas en mesure de lutter contre ces nouvelles maladies.

Les épidémies sont plus fréquentes depuis l'établissement des colons français, dans la vallée du Saint-Laurent, et des colons anglais, plus au sud. Pendant le 17e siècle, elles tuent près de la moitié des Amérindiens. Affaiblis et malades, des Iroquoiens ne peuvent plus cultiver leurs champs, ni chasser ni pêcher. Le manque de nourriture et les guerres achèvent les populations gravement malades.

Quand une épidémie apparaît dans un village iroquoien, le chaman soigne les malades avec des plantes, des chants et des danses. Malheureusement, son savoir traditionnel semble très peu efficace pour guérir les Iroquoiens de ces nouvelles maladies européennes.

Des soins à un malade iroquoien.

LES MISSIONNAIRES POINTÉS DU DOIGT

Au 17e siècle, des missionnaires français, comme les Jésuites et les Récollets, parcourent le territoire iroquoien. Certains s'installent chez les Hurons. À cette époque, il y a une augmentation du nombre de malades et de morts parmi les Amérindiens à cause des maladies européennes. Les colons européens en souffrent beaucoup moins. C'est qu'ils ont des anticorps, une substance naturelle présente dans leur corps et qui agit contre ces maladies.

Incapables de s'expliquer pourquoi les épidémies font tant de morts parmi eux, les Iroquoiens accusent les missionnaires de les rendre malades. Est-ce que les religieux leur auraient jeté un mauvais sort? Le sucre qu'ils utilisent comme médicament serait-il un poison? Les épidémies ne s'arrêtent pas. C'est pour cette raison que certains sachems proposent l'expulsion ou la mise à mort des missionnaires.

L'exécution du jésuite Isaac Jogues, un missionnaire accusé de sorcellerie par les Iroquois.

Moyens de transport et échanges

Les Iroquoiens sont sédentaires, mais ils sont de grands voyageurs. Ils continuent à se déplacer pour chasser et faire du troc entre eux. Ils commercent aussi avec les marchands français, anglais et hollandais. En échange des peaux de bêtes, comme le castor, et de certains biens qu'ils fabriquent, les Iroquoiens obtiennent des produits européens et des animaux domestiques, comme le cheval.

À cheval

Les Français introduisent le cheval dans la vallée du Saint-Laurent en 1665. Vers 1745, des Iroquoiens domiciliés en font l'élevage et le dressage. Cet animal est utilisé pour le transport lors des expéditions de chasse et de commerce. Attelé à une charrette, il sert également à transporter du bois de chauffage et d'autres charges.

Les Iroquoiens continuent de naviguer en canot d'écorce. En hiver, les raquettes et le toboggan leur sont encore très utiles dans leurs déplacements et pour le transport de marchandises.

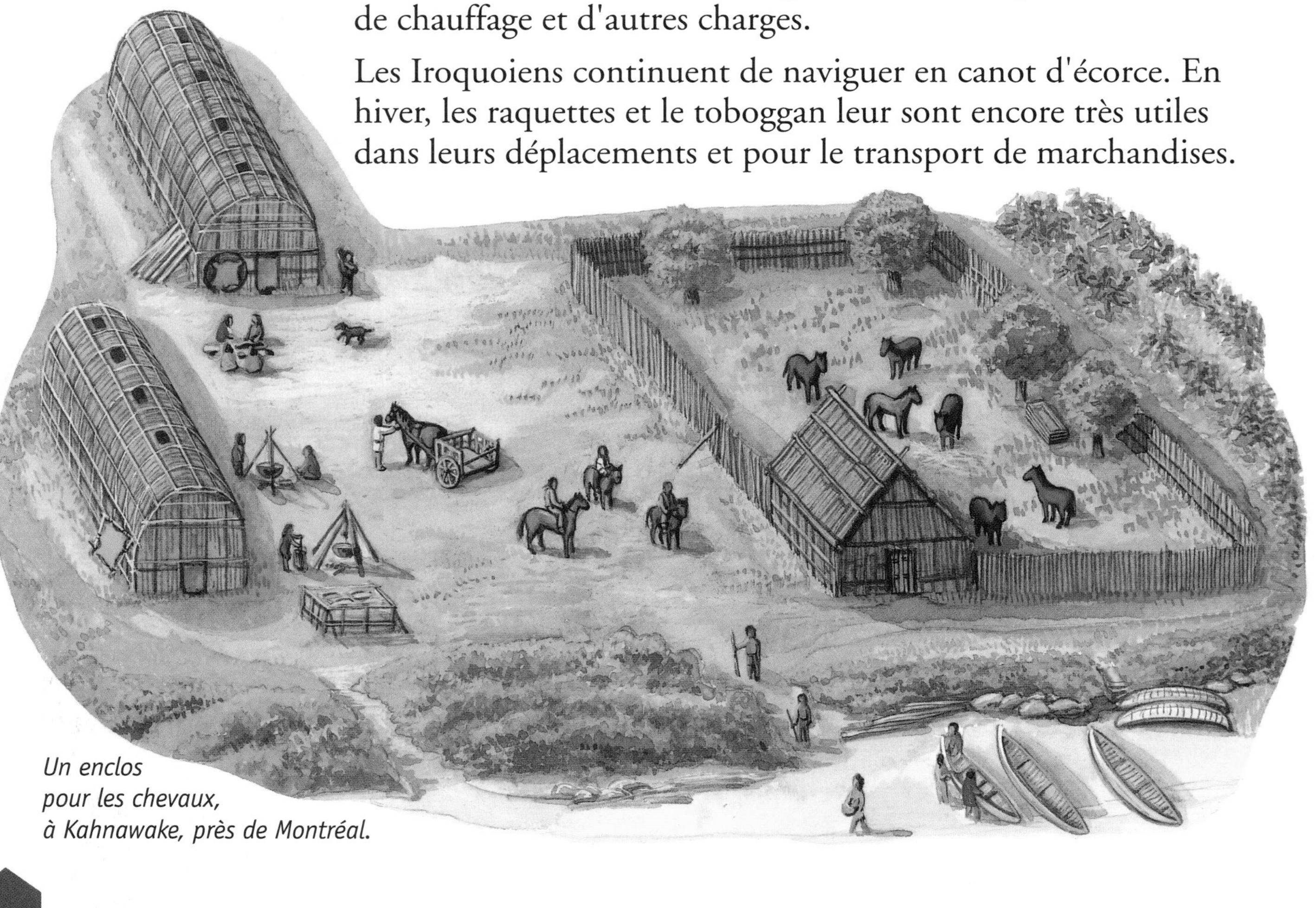

Un enclos pour les chevaux, à Kahnawake, près de Montréal.

Des marchandises de troc

Depuis le 16e siècle, les Iroquoiens font du troc avec les Européens. Au début, les échanges se font souvent dans les postes de traite, puis dans les villes des colonies françaises et anglaises d'Amérique du Nord.

Des produits européens servant au troc

Vêtements	bonnet chemise
Tissus et matériel de couture	bouton fil ruban couverture étoffe de laine
Outils	hache lame en métal
Ustensiles	chaudron de cuivre ou de fer couteau
Armes	balle plomb et poudre fusil pointe de flèche en métal
Pacotille	miroir ornements en métal (grelot, médaille, bague) peigne perles de verre
Boisson et aliments	alcool farine de blé sel
Autres produits	pipe-tomahawk tabac

De la pacotille.

Un couteau.

Des médailles de cuivre.

pacotille
Petits objets destinés au commerce avec les Amérindiens.

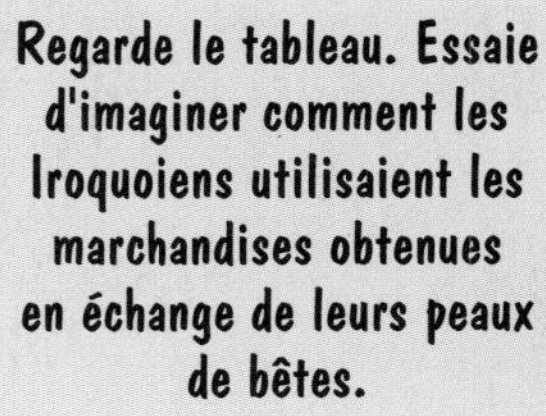

Regarde le tableau. Essaie d'imaginer comment les Iroquoiens utilisaient les marchandises obtenues en échange de leurs peaux de bêtes.

Une scène de troc entre des Amérindiens et des Français.

Les marchands européens recherchent surtout des fourrures. Ils ont aussi besoin de canots, de raquettes et de mocassins de fabrication iroquoienne. Les Iroquoiens obtiennent par le troc des marchandises européennes variées qui leur sont très utiles.

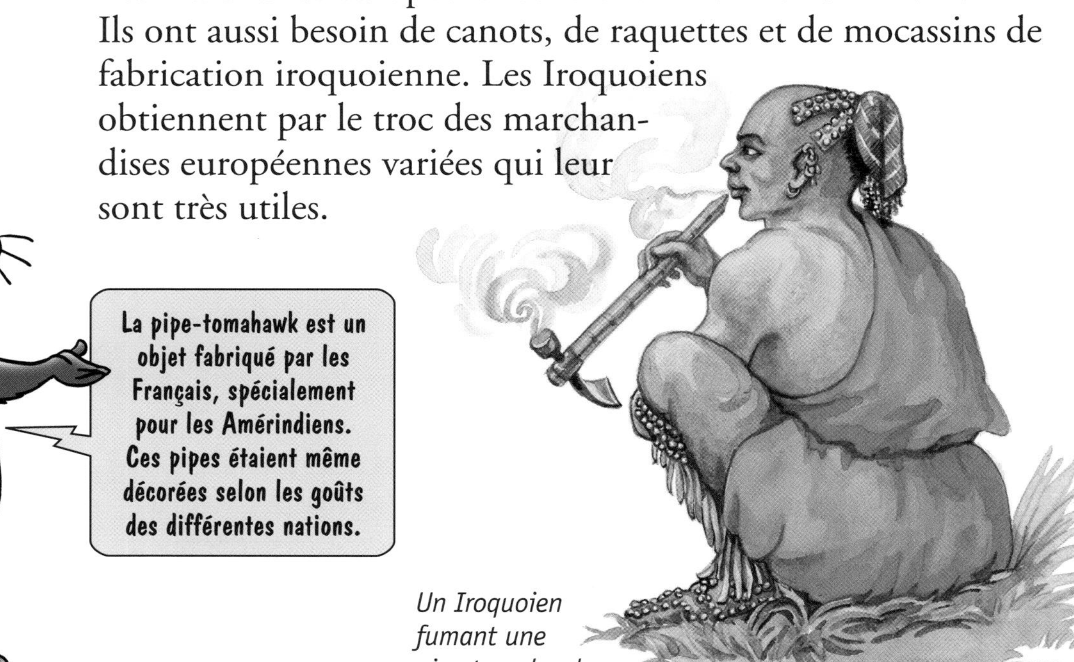

La pipe-tomahawk est un objet fabriqué par les Français, spécialement pour les Amérindiens. Ces pipes étaient même décorées selon les goûts des différentes nations.

Un Iroquoien fumant une pipe-tomahawk.

LE PROBLÈME DE L'EAU-DE-VIE

L'eau-de-vie est introduite en Amérique du Nord par des Européens. Les effets de la consommation de l'eau-de-vie sont nouveaux pour les Amérindiens. Quand ils en boivent, ils croient qu'un esprit prend possession de leur corps. Boire cette boisson alcoolique provoque parfois des comportements violents. Beaucoup d'Amérindiens se méfient de l'eau-de-vie, qu'ils appellent « l'eau-de-feu ».

eau-de-vie
Alcool très fort à base de fruits, de légumes ou de grains de céréales.

Lors des échanges, des marchands offrent de l'eau-de-vie aux Amérindiens pour gagner leur amitié. Certains marchands malhonnêtes vont même jusqu'à enivrer les Amérindiens pour leur voler leurs fourrures. La traite des fourrures entraîne une plus grande consommation d'eau-de-vie chez les Amérindiens.

De l'eau-de-vie ? Jamais de la vie ! Je préfère l'eau bien froide de la rivière !

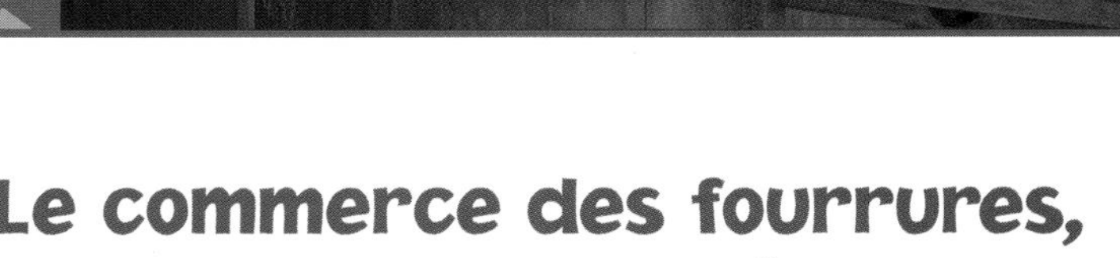

Des barriques d'eau-de-vie.

Le commerce des fourrures, une source de conflits

Un chapeau de castor.

Les fourrures d'Amérique du Nord sont très en demande en Europe. Particulièrement celle du castor dont les poils servent à fabriquer des chapeaux. Ces chapeaux de castor sont très à la mode sur le continent européen.

C'est pour cette raison que, vers 1650, le commerce des fourrures prend de plus en plus d'importance dans la société iroquoienne. Les Iroquoiens chassent les animaux à fourrure non seulement pour se nourrir, se vêtir et faire des échanges entre eux, mais aussi pour commercer avec les marchands européens.

Le chapeau de fourrure dont les Européens raffolent n'est pas en peau de loutre, heureusement pour moi !

Un marché des fourrures, à Montréal, au 17e siècle.

Un guerrier iroquois.

Les Iroquoiens s'engagent alors dans une sorte de course à la fourrure pour en fournir le plus possible aux marchands en échange de produits européens. Les marchands vendent les peaux d'animaux, comme celles du castor et de l'orignal, en Europe.

Dans cette course, le castor se fait de plus en plus rare sur le territoire iroquoien et ses alentours. Les Hurons et les Iroquois se font alors une guerre sans pitié pour acquérir de nouveaux territoires de chasse. Les conflits entre Iroquoiens s'étendent aussi à d'autres nations.

Les Hurons sont les alliés des Français, qui sont établis dans la vallée du Saint-Laurent, ce qui facilite le troc entre ces peuples. Les Iroquois cherchent à anéantir les Hurons qui sont les principaux fournisseurs de fourrures des Français.

En échange de peaux de castor, les Iroquois, eux, obtiennent des armes à feu des Anglais et des Hollandais qui sont installés plus au sud [p. 192]. Avec ces armes, les Iroquois ont l'avantage sur leurs ennemis.

Le commerce des fourrures avec les Européens empire donc les conflits entre les diverses nations iroquoiennes.

Les attaques iroquoises ralentissent le commerce des fourrures. Les Amérindiens sont moins nombreux à venir échanger leurs peaux dans la vallée du Saint-Laurent. Les marchands français doivent aller de plus en plus vers l'ouest pour se procurer des fourrures.

LA DESTRUCTION DE LA HURONIE

Les Hurons forment un peuple de grands commerçants. Au début du 17e siècle, ils commercent beaucoup avec leurs alliés français.

En plus d'avoir à faire la guerre contre d'autres nations pour acquérir plus de territoires de chasse, les Hurons sont affaiblis par les épidémies qui les touchent durement. Leurs guerriers sont donc moins nombreux. En plus, les Hurons ne s'entendent pas toujours entre eux sur la présence des missionnaires en Huronie, au sud-est du lac Huron.

Affaiblis et désunis, ils subissent de sérieuses défaites aux mains des Iroquois à partir de 1649. Plusieurs prisonniers sont adoptés par l'ennemi, comme c'était la coutume pendant les guerres iroquoiennes. Quelque 300 Hurons, accompagnés de missionnaires, s'enfuient à Québec. À la fin du 17e siècle, ces Hurons fondent le village de Lorette, qui est aujourd'hui la communauté de Wendake. La nation huronne n'est pas la seule à s'affaiblir. Les Neutres, les Pétuns et les Ériés aussi se dispersent.

Une attaque iroquoise.

Le rassemblement des nations pour la signature du traité de la Grande Paix de Montréal, en 1701.

traité
Entente écrite entre différentes nations.

Les Iroquois, affaiblis par les épidémies et par près de 100 ans de guerre contre les Français, signent le traité de la Grande Paix de Montréal en 1701. D'autres nations amérindiennes le signent aussi. Cette entente entre les nations est un engagement pour la paix.

Vers 1745, les Iroquoiens domiciliés de la vallée du Saint-Laurent continuent de faire du troc avec les Français. Ils vont à la ville pour échanger leurs produits traditionnels, comme des canots, raquettes, mocassins, vêtements et paniers, ainsi que leur surplus de poisson et de gibier. Les Iroquois font aussi de bonnes affaires avec les marchands anglais de New York, une colonie située plus au sud.

La société iroquoienne et son territoire se sont transformés entre les années 1500 et 1745. Comme tu l'as vu dans ce dossier, ces changements sont en grande partie liés à l'établissement des Européens dans le nord-est de l'Amérique du Nord ainsi qu'à la traite des fourrures.

LES TREIZE COLONIES ANGLO-AMÉRICAINES VERS 1745

Un territoire et ses habitants

colon
Personne qui s'installe dans un pays dominé par un autre pays plus fort. Les colons développent le pays qu'ils habitent.

En même temps que les colons français s'installent en Amérique du Nord, d'autres Européens s'établissent un peu plus au sud, sur la côte de l'océan Atlantique.

Le long de l'océan Atlantique

Vers 1745, treize colonies anglaises s'étendent le long de la côte atlantique. Elles sont regroupées en trois régions : la Nouvelle-Angleterre, les colonies du Centre et les colonies du Sud.

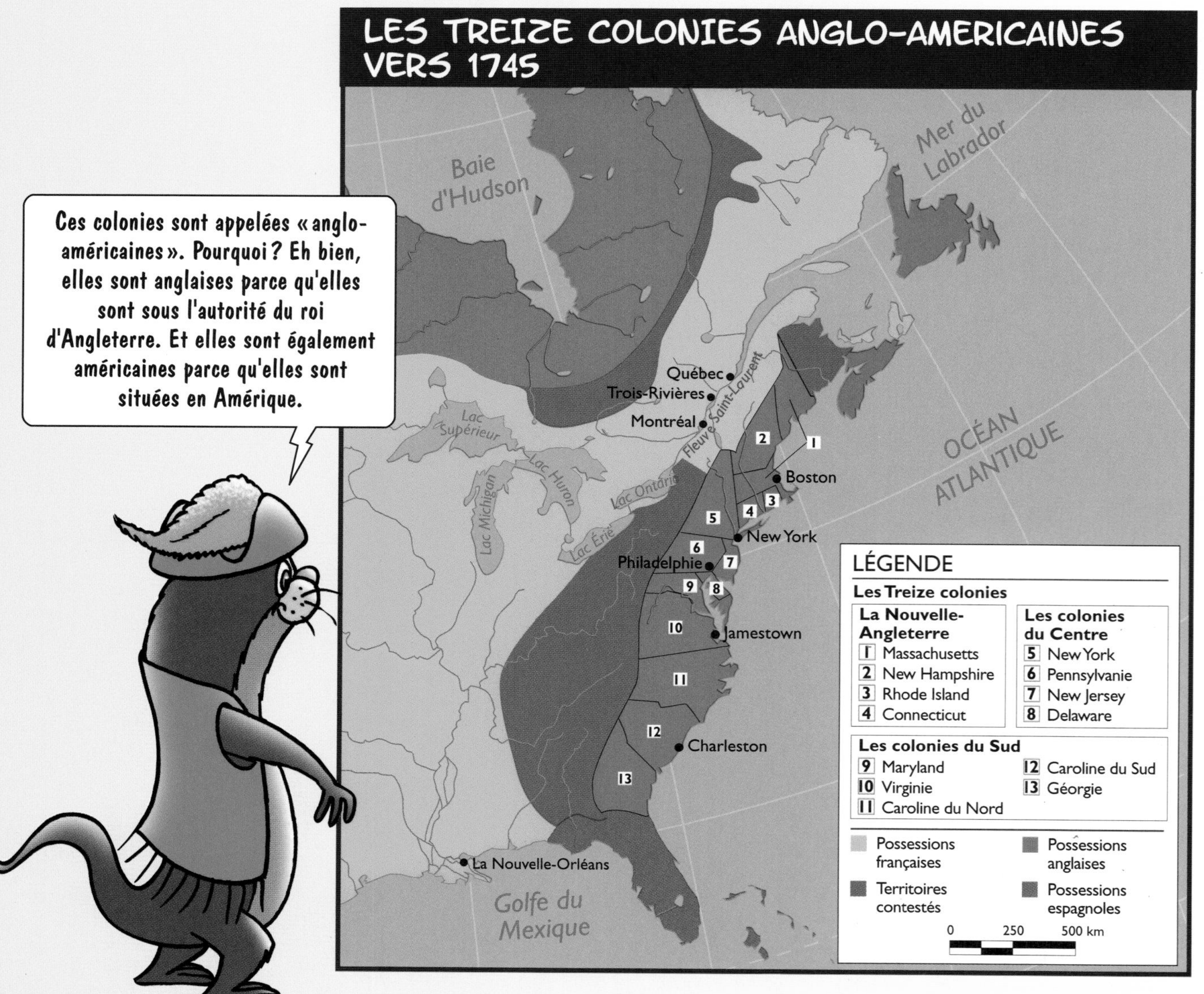

LES TREIZE COLONIES ANGLO-AMERICAINES VERS 1745

À l'ouest, les colonies anglo-américaines sont bordées par la chaîne de montagnes des Appalaches. Ces montagnes forment une véritable muraille qui ralentit le développement de ces colonies vers l'intérieur du continent.

Jette un coup d'œil sur la carte du relief ci-contre. Ces colonies occupent une longue plaine **côtière** qui s'élargit vers le sud. Cette plaine est traversée par de grands cours d'eau qui prennent leur source dans les Appalaches.

LE RELIEF DE L'EST DE L'AMÉRIQUE DU NORD

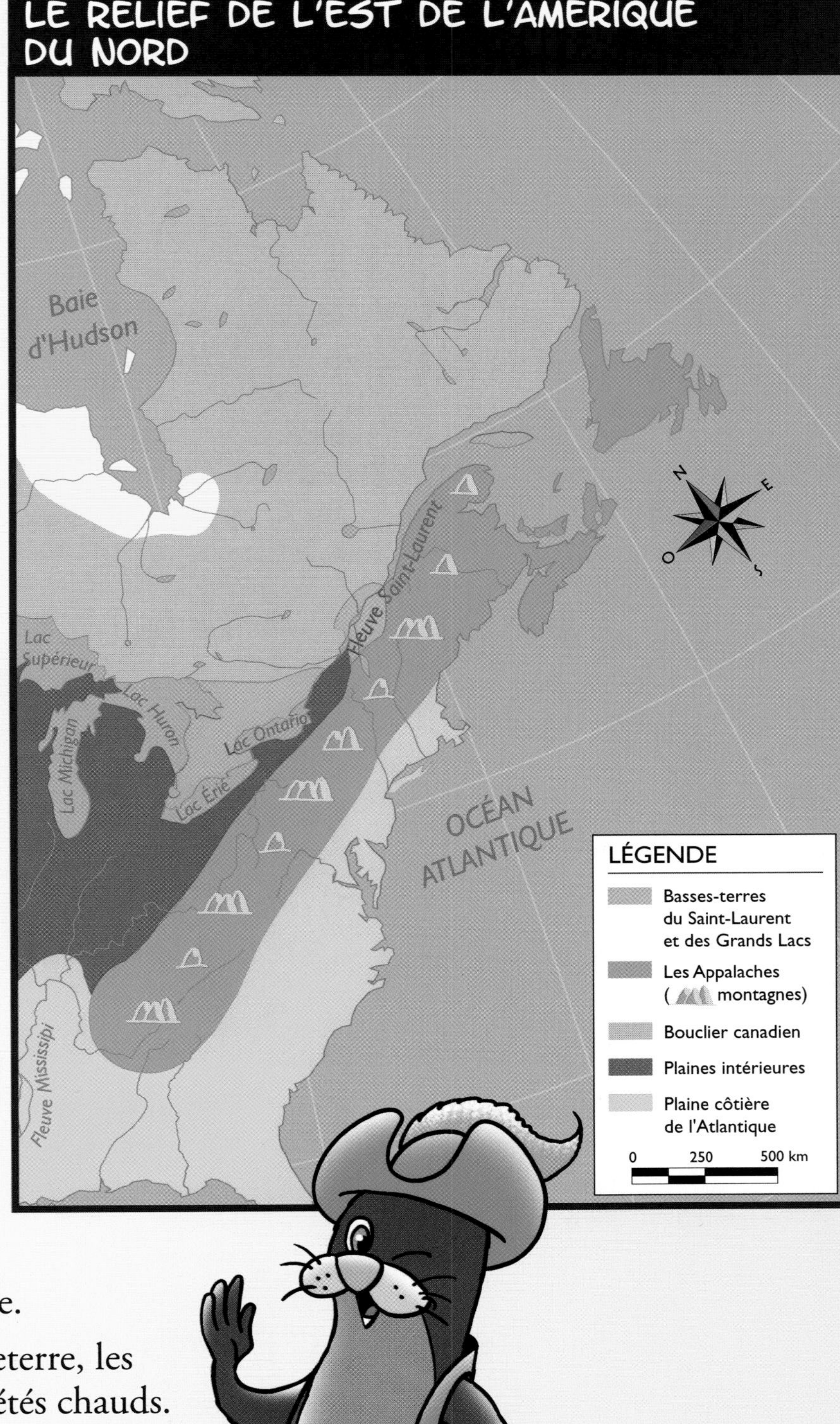

Un climat plutôt humide

Sur cette longue plaine, tu penses bien que le climat et la végétation ne sont pas les mêmes partout. Comme le territoire n'est jamais très loin de l'océan, le climat est en général humide.

Au nord, en Nouvelle-Angleterre, les hivers sont rigoureux et les étés chauds. Les magnifiques forêts de cette région rappellent celles de la Nouvelle-France avec leurs hêtres, leurs bouleaux et leurs érables. On y trouve aussi des chênes. Les conifères comme le sapin et le pin blanc poussent dans les montagnes. Toutefois, le sol de la Nouvelle-Angleterre est plutôt pauvre et **rocailleux**.

côtier
Qui a rapport à la côte, au bord de la mer.

rocailleux
Plein de pierres.

Plus on descend vers le sud, plus les hivers sont doux. Les étés sont parfois même étouffants à cause de l'humidité. Les sols sont fertiles, bons pour l'agriculture. La plaine des colonies du Centre est couverte de châtaigniers et de chênes.

Dans les colonies du Sud, on retrouve surtout des pinèdes, d'immenses forêts de pins.

Une feuille de chêne.

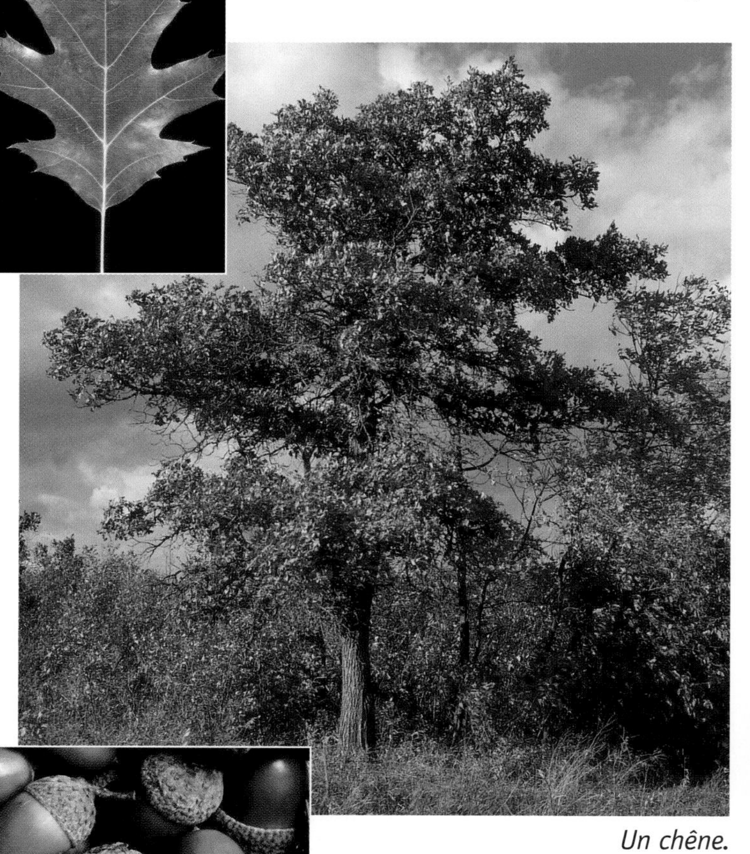

Un chêne.

Le fruit du chêne.

Un pin.

Le fruit du pin.

Peuples d'Europe et d'Afrique

Qui sont donc ces voisins de la Nouvelle-France ? D'où viennent-ils ? Pourquoi sont-ils venus en Amérique du Nord ? Au début du 17e siècle, quelques aventuriers anglais, désireux de s'enrichir, débarquent sur le nouveau continent. Tout comme Jacques Cartier avant eux, ils espérent trouver de l'or, des pierres précieuses et des épices. Ils doivent toutefois se contenter des grandes forêts et des terres fertiles de la Virginie.

Le premier établissement européen en Virginie.

Ces premiers colons de la Virginie sont suivis par des **immigrants** qui fuient l'Angleterre à cause de leurs idées politiques et de leurs croyances religieuses. Ces nouveaux arrivants s'établissent plus au nord, dans la région du Massachusetts.

immigrant
Personne qui va dans un pays pour s'y établir.

Mais il n'y a pas que des Anglais sur la côte atlantique de l'Amérique du Nord. Des Hollandais et des Suédois s'intéressent au commerce des fourrures et s'installent dans la région de New York et du Delaware. On y trouve aussi des Irlandais, des Écossais, des Allemands, des Suisses ainsi que des Français. Au 18e siècle, 375 000 Européens vont immigrer sur la côte atlantique.

Rappelle-toi qu'à l'origine le territoire des Treize colonies anglo-américaines était occupé par les Amérindiens.

Des esclaves dans une plantation du Sud.

Ce n'est pas tout ! Au cours du 18e siècle, 275 000 Noirs d'origine africaine sont amenés comme esclaves dans les Treize colonies. Vers 1745, ils représentaient un cinquième de la population ! La plupart d'entre eux travaillaient dans les colonies du Sud.

Au milieu du 18e siècle, grâce à l'immigration et aux naissances, la population totale des Treize colonies est d'environ 1 200 000 habitants. Regarde un peu le tableau suivant. Tu peux y comparer l'augmentation des populations de la Nouvelle-France et des Treize colonies anglo-américaines de 1650 à 1750.

Les populations de la Nouvelle-France et des Treize colonies

Année	Nouvelle-France	Colonies anglo-américaines
1650	1 500	50 000
1700	15 500	250 000
1750	51 000	1 171 000

Tu as vu la différence ? En 1650, les colons des Treize colonies étaient beaucoup plus nombreux que ceux de la Nouvelle-France ! En 1750, ils étaient environ 20 fois plus nombreux que leurs voisins de la Nouvelle-France.

UNE NOUVELLE LANGUE ANGLO-AMÉRICAINE

La majorité des colons européens des Treize colonies vient d'Angleterre, d'Écosse et d'Irlande. Trois pays où l'on parle la langue anglaise. L'anglais devient donc la langue des communications dans les Treize colonies. Même si les Allemands et les Français sont nombreux dans certaines régions, ils adoptent la langue anglaise.

Mais déjà au 18e siècle, ce n'est plus tout à fait la même langue qu'en Angleterre. L'anglais d'Amérique emprunte des mots à différentes langues comme le hollandais, le français ou les langues amérindiennes. Voici quelques exemples qui te sont peut-être familiers :

- *cookie*, mot hollandais qui signifie « biscuit »;
- *chowder*, du mot français *chaudière* (ou *chaudron*), qui signifie « soupe de fruits de mer préparée dans une chaudière »;
- *squash*, mot algonquien qui signifie « courge ».

Travail et vie quotidienne

Vers 1745, les Treize colonies ont une vie économique très dynamique. Chaque région, la Nouvelle-Angleterre, le Centre et le Sud, a ses activités économiques spéciales. Tu vas découvrir comment l'économie de ces différentes régions est souvent reliée au climat et aux ressources naturelles du territoire.

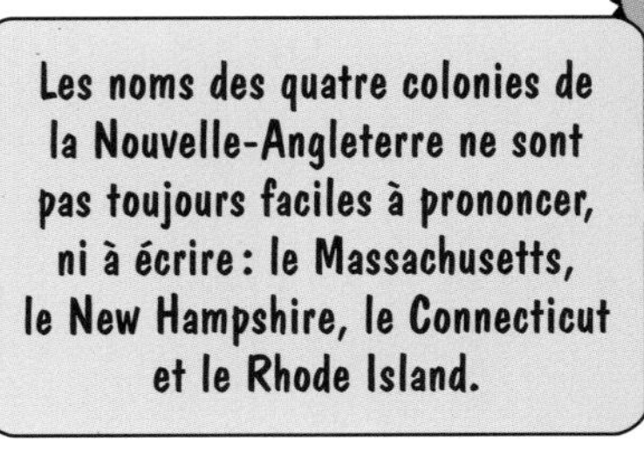

Les noms des quatre colonies de la Nouvelle-Angleterre ne sont pas toujours faciles à prononcer, ni à écrire : le Massachusetts, le New Hampshire, le Connecticut et le Rhode Island.

LA NOUVELLE-ANGLETERRE VERS 1745

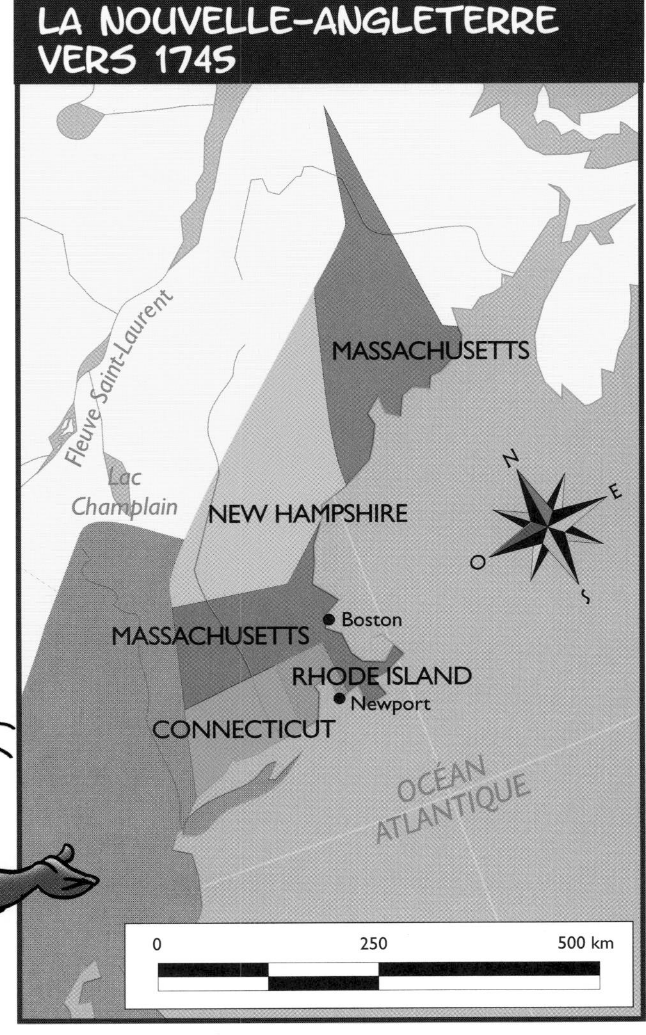

Une maison du 18e siècle en Nouvelle-Angleterre.

Du maïs.

La Nouvelle-Angleterre

Pour se nourrir, les colons de la Nouvelle-Angleterre pratiquent l'agriculture. On cultive beaucoup de maïs, une plante qui pousse facilement dans une terre rocailleuse. On plante aussi du blé, de l'avoine et des pois. L'eau des rivières qui descendent des montagnes permet de faire tourner les moulins à farine. Grâce au travail des fermiers, les récoltes suffisent à faire vivre les habitants des quatre colonies.

La Nouvelle-Angleterre se tourne aussi vers les ressources de la mer. Tu te rappelles que ce territoire est situé sur la côte de l'océan Atlantique. Au 18e siècle, la pêche est une activité très importante, surtout la pêche à la baleine.

Le bois des forêts de la Nouvelle-Angleterre est une autre ressource précieuse. Il est utilisé non seulement dans la construction des habitations et des navires, mais aussi dans la fabrication des tonneaux. Les rivières font tourner de nombreux moulins où l'on coupe le bois.

Les pêcheurs et les commerçants ont besoin de bateaux. Grâce à l'industrie du bois, la construction navale se développe rapidement. Les grands pins des forêts de la Nouvelle-Angleterre servent à faire les mâts, et les chênes servent à construire les **coques**. De petites industries apparaissent pour fabriquer des clous, des voiles et des cordages, nécessaires à la construction des bateaux.

coque
Partie extérieure d'un bateau qui lui permet de flotter.

Toutes ces activités économiques entraînent le développement de villages le long de la côte. Boston est la ville la plus importante de la Nouvelle-Angleterre avec ses maisons en rangée, ses boutiques, ses entrepôts, son port et ses industries, grandes et petites. On y trouve des chantiers navals, des forges, des tonnelleries et des distilleries où l'on produit des boissons alcooliques, comme le rhum.

Une vue de Boston en 1775.

Les colonies du Centre

chapellerie
Fabrication de chapeaux.

tannage
Transformation des peaux d'animaux en cuir.

bovins
Animaux comprenant les bœufs, les vaches et les veaux.

La région du Centre regroupe également quatre colonies: New York, la Pennsylvanie, le New Jersey et le Delaware. Au 17e siècle, les premiers Européens venus s'y installer, des Hollandais et plus tard des Anglais, s'intéressent au commerce des fourrures. Le fleuve Hudson qui remonte vers le nord jusqu'au territoire des Iroquois facilite les échanges. Ce commerce donne naissance à des industries comme la chapellerie et le tannage.

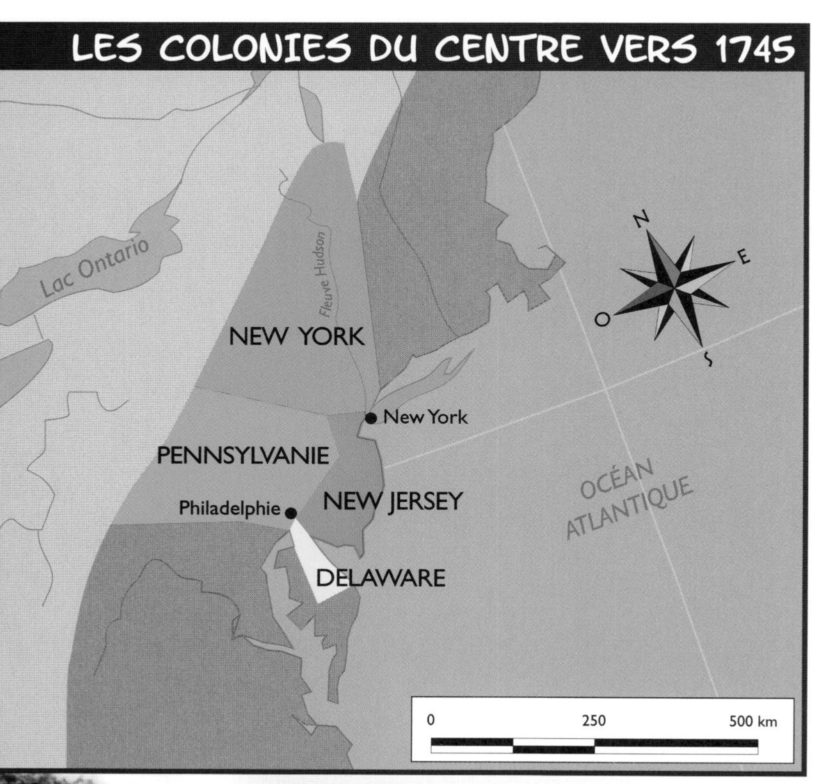

À l'exception de New York, les colonies du Centre sont situées au sud de la Nouvelle-Angleterre. Elles possèdent un climat plus doux et des terres cultivables plus fertiles et plus nombreuses que celles des colonies plus au nord. L'agriculture et l'élevage deviennent rapidement les principales activités de cette région. On y cultive surtout du blé ainsi que du maïs, de l'avoine, des légumes et des fruits. On y élève aussi des bovins, des chevaux, des porcs et des poules.

Une ferme dans les colonies du Centre aujourd'hui.

Avant le 19e siècle, on ne trouvait pas de peinture au magasin. Les habitants des Treize colonies fabriquaient leur propre peinture à base de lait de vache. Sais-tu qu'on fabrique encore aujourd'hui de la peinture de lait, un produit respectueux de l'environnement?

Cette activité agricole entraîne la création de plusieurs petites industries dans les colonies du Centre. Pour moudre les céréales en farine, on bâtit des moulins. Et pour transformer la farine en pain ou en biscuits, on construit plusieurs boulangeries et des biscuiteries. Pour apprêter les animaux de boucherie comme le bœuf et le porc, on construit des **abattoirs**, des **fumoirs** et des **saloirs**.

abattoir
Bâtiment où l'on tue les animaux de boucherie.

fumoir
Lieu où l'on expose les viandes et les poissons à la fumée pour les faire sécher et les conserver.

saloir
Lieu où l'on sale la viande pour la conserver.

PHILADELPHIE, LA VILLE DES PREMIÈRES

Vers 1745, Philadelphie, en Pennsylvanie, est la ville la plus importante des Treize colonies anglo-américaines. Ce n'est pas étonnant, car la Pennsylvanie est une colonie très riche grâce à son agriculture et aux industries reliées à l'alimentation.

C'est aussi un endroit où l'on réalise plusieurs choses pour la première fois dans les Treize colonies. Par exemple, c'est à Philadelphie que sont construits:

- la première maison de brique en 1682;
- la première usine de pâte à papier en 1690;
- la première école publique en 1698;
- le premier jardin botanique en 1728;
- la première bibliothèque publique en 1731.

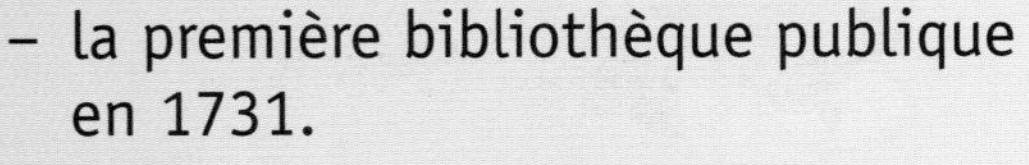

La ville de Philadelphie au milieu du 18e siècle.

Les colonies du Sud

Les colonies du Sud regroupent le Maryland, la Virginie, la Caroline du Nord, la Caroline du Sud et la Géorgie. Le climat chaud et les sols fertiles de cette région sont très favorables à l'agriculture. De plus, le relief plat permet de semer une seule plante sur d'immenses plantations. Cette façon de cultiver s'appelle la monoculture. Au Maryland et en Virginie, on cultive le tabac. Dans les autres colonies, on cultive le riz et l'**indigotier**.

indigotier
Petit arbre dont les feuilles servent à faire de l'indigo, une teinture bleue.

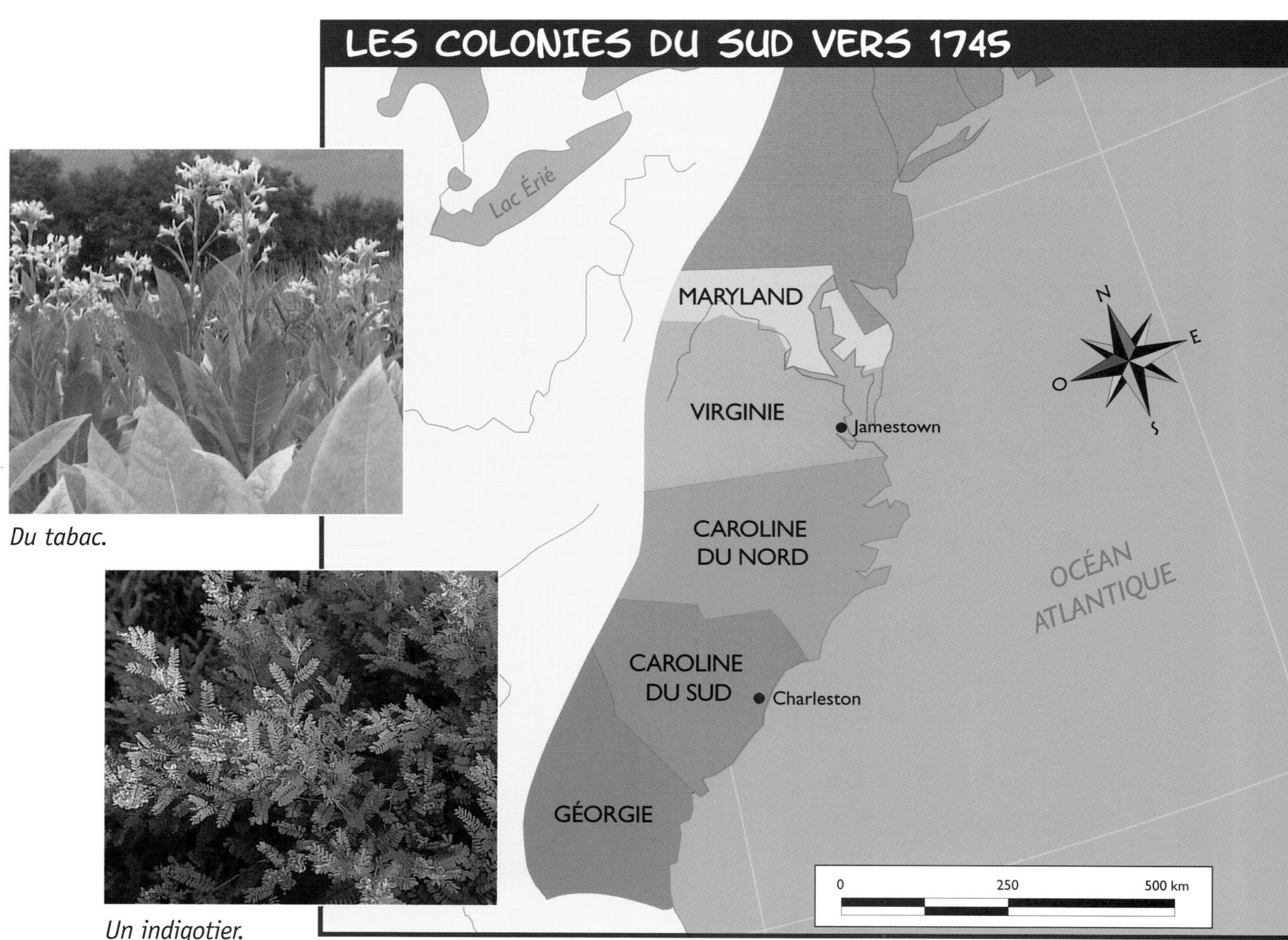

Du tabac.

Un indigotier.

Tu comprends que lorsqu'on cultive une seule plante en très grande quantité, c'est qu'on a l'intention d'en faire le commerce. Aussi les plantations sont-elles situées le long des cours d'eau pour faciliter le transport des récoltes vers les ports de la côte atlantique.

Les plantations exigent beaucoup de travailleurs. Les propriétaires de plantations, appelés planteurs, essaient d'abord de faire travailler des esclaves amérindiens. Mais les Amérindiens connaissent bien le territoire et s'enfuient dans la forêt. On les remplace par des engagés venus d'Europe et surtout par des esclaves noirs d'origine africaine. Les esclaves travaillent dans les champs, mais aussi comme serviteurs dans la maison du planteur.

Savais-tu que bien souvent les esclaves noirs n'avaient pas le droit de choisir la personne qu'ils voulaient épouser ? En règle générale, ils n'avaient même pas le droit d'apprendre à lire et à écrire !

LA PLANTATION, UN PETIT MONDE OÙ L'ON TROUVE DE TOUT !

Le territoire des colonies du Sud est divisé en plantations. Le planteur habite sa plantation avec sa famille, ses employés et esclaves. Il doit parfois loger, nourrir et habiller jusqu'à 200 personnes ! Sans oublier qu'il voit aux soins des chevaux et des animaux de boucherie.

Le planteur doit donc faire construire des ateliers pour la fabrication des meubles et des vêtements. Pour que ses affaires fonctionnent bien, il fait aussi fabriquer et réparer tout le matériel nécessaire à l'agriculture dans sa plantation.

En plus des immenses champs où l'on pratique la monoculture du tabac, du riz ou de l'indigotier, la plantation comprend des champs de céréales, un potager, un verger, la maison du planteur, les habitations de ses employés et esclaves, les bâtiments pour les animaux, et même une petite école ! C'est un véritable village où l'on trouve des gens de tous les métiers.

Une plantation.

La ville de Charleston au milieu du 18e siècle.

Contrairement aux villes de la Nouvelle-Angleterre et du Centre, il n'y a pas vraiment d'industries dans les villes du Sud. Les planteurs et leurs familles s'y rendent pendant les mois d'été pour fuir les moustiques des plantations et se retrouver entre amis. Charleston, en Caroline du Sud, est la plus grande ville des colonies du Sud. C'est un port commercial d'où partent les récoltes de tabac, de riz et d'indigotier.

À l'intérieur du continent

Regarde la carte des Treize colonies à la page 192. Entre la frontière ouest des Treize colonies et la Nouvelle-France, il y a une zone de territoires contestés. La région est principalement peuplée d'Amérindiens. Les **pionniers** recherchent surtout de bonnes terres à cultiver à l'ouest de la Pennsylvanie, du Maryland et de la Virginie. La vie est dure pour ces colons qui doivent **défricher** leurs terres en pleine forêt. Comme les colons du 17e siècle, ils s'installent dans des maisons de bois et vivent de chasse et de pêche en attendant d'avoir un champ cultivable.

pionnier
Personne qui s'installe sur un territoire et qui le développe.

défricher
Retirer les arbres, les broussailles et les pierres pour rendre la terre cultivable ou propre à la construction.

Société et culture

La population des Treize colonies provient en très grande partie de l'Angleterre. Tu sais déjà que c'est pour cette raison que l'anglais est la langue parlée par tous. Vois maintenant comment les origines de cette population se reflètent dans son mode de gouvernement et sur le plan de la religion.

Une assemblée élue

Les Treize colonies anglo-américaines ont chacune leur gouvernement. Au milieu du 18e siècle, même si elles sont anglaises, elles n'appartiennent pas toutes au roi d'Angleterre. On trouve :

- des colonies royales : ces colonies sont sous l'autorité directe du roi d'Angleterre, comme la Virginie;
- des colonies personnelles : elles sont offertes par le roi à un groupe de personnes ou à une personne, comme la Pennsylvanie;
- des colonies à charte : ces colonies, comme le Connecticut, sont dirigées par une compagnie commerciale, un peu comme c'était le cas de la Nouvelle-France au 17e siècle avec la compagnie des Cent-Associés.

Chaque colonie a un gouverneur, nommé par le roi ou le propriétaire. Ce gouverneur est responsable de l'application des lois. Il dirige les soldats de l'armée anglaise et la milice de sa colonie. Un conseil formé de gens importants, des commerçants et des propriétaires, aide le gouverneur dans ses fonctions.

milice
Organisation militaire formée de colons pour assurer la défense de la colonie.

William Penn, propriétaire de la Pennsylvanie.

Ce qui caractérise le plus les gouvernements des Treize colonies, c'est la présence d'une assemblée élue par la population. Les membres de l'assemblée, c'est-à-dire les représentants, sont des colons. Cette assemblée vote les lois. Elle contrôle les dépenses et les revenus du gouvernement.

Puisqu'elle surveille les finances de la colonie, l'assemblée a beaucoup de pouvoir. On assiste à des discussions très animées lors de ses réunions.

Les dirigeants des Treize colonies anglo-américaines vers 1745.

QUI A LE DROIT DE VOTE ?

Au milieu du 18e siècle, dans les Treize colonies anglo-américaines, les représentants de l'assemblée sont élus au suffrage restreint.

Le suffrage restreint, qu'est-ce que cela peut bien vouloir dire ? Le suffrage, c'est un système de vote. Lorsque tu votes pour élire un ou une représentante de classe, tu exerces ton droit de suffrage ou ton droit de vote.

Le suffrage peut être restreint ou universel. Au Québec, les députés de l'Assemblée nationale sont élus au suffrage universel. Cela veut dire que toute personne en âge de voter (18 ans) peut choisir un député. Dans les Treize colonies, le suffrage est restreint. Cela signifie que pour voter il faut d'abord avoir le bon âge (21 ou 24 ans selon la colonie), mais aussi :

- être un homme;
- être propriétaire;
- pratiquer la religion;
- être Blanc.

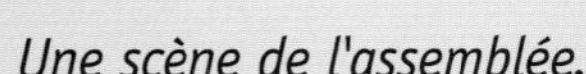

Une scène de l'assemblée.

Des protestants

Dans les Treize colonies anglo-américaines, les colons pratiquent différentes religions, mais les protestants sont de loin les plus nombreux.

Chez les protestants, la personne responsable des célébrations et de l'éducation religieuse s'appelle un pasteur. Contrairement au prêtre catholique, le pasteur peut se marier et fonder une famille tout en étant au service de sa communauté. Les parents jouent aussi un grand rôle dans l'éducation religieuse de leurs enfants.

protestant
Personne de religion chrétienne qui croit en Jésus et en son enseignement, mais qui ne croit pas que le pape est le chef de l'Église.

Des puritains de la Nouvelle-Angleterre.

Bible
Livre sur lequel sont fondées les religions chrétiennes.

Une église anglicane.

Parmi les protestants des Treize colonies, les principaux groupes sont les puritains, les anglicans et les quakers. Voici ce qui les distingue.

Les puritains s'appellent ainsi parce qu'ils veulent pratiquer une religion « pure », qui respecte fidèlement les enseignements de la **Bible**. Ils se rencontrent tous les dimanches pour prier, chanter et étudier la Bible dans une église appelée *meeting house*. Ce bâtiment très simple leur sert aussi d'école et de lieu de réunion. Les puritains habitent la Nouvelle-Angleterre.

Les anglicans pratiquent la religion officielle de l'Angleterre. C'est le roi qui est le chef de leur Église. Ils ont des églises et vont à la messe le dimanche. Ils habitent principalement la Virginie, la Caroline du Nord et la Caroline du Sud.

Le mot *quaker* vient du verbe anglais *to quake*, qui signifie « trembler ». Le quaker est donc celui qui « tremble » devant la parole de Dieu. Ces protestants n'ont pas de pasteurs. Les quakers mènent une vie très simple. Ils sont contre l'esclavage et la guerre. Les quakers de la Pennsylvanie ont de bons rapports avec les Amérindiens et ils sont reconnus pour leur grande tolérance envers les autres religions.

Moyens de transport et échanges

Tu l'as vu, les activités économiques des Treize colonies se développent rapidement. Mais ces colonies ont aussi un autre atout : leur force militaire.

Un commerce prospère

Comme tu as pu le constater, les ressources et les activités économiques des Treize colonies varient selon les régions. Cela favorise les échanges commerciaux.

Cependant, les communications ne sont pas faciles entre ces colonies. Les routes de terre sont généralement en très mauvais état. Il est beaucoup plus simple de se déplacer en bateau d'un port à un autre le long de la côte atlantique.

Les colonies font du commerce entre elles. Les colonies de la Nouvelle-Angleterre envoient leurs surplus de bois, de poisson et d'huile de baleine vers les autres colonies. Les colonies du Centre, elles, expédient leurs surplus de farine.

Les Treize colonies font aussi du commerce avec l'Angleterre et les Antilles anglaises. Ce sont les grands marchands de Boston qui organisent ce commerce, dit commerce triangulaire.

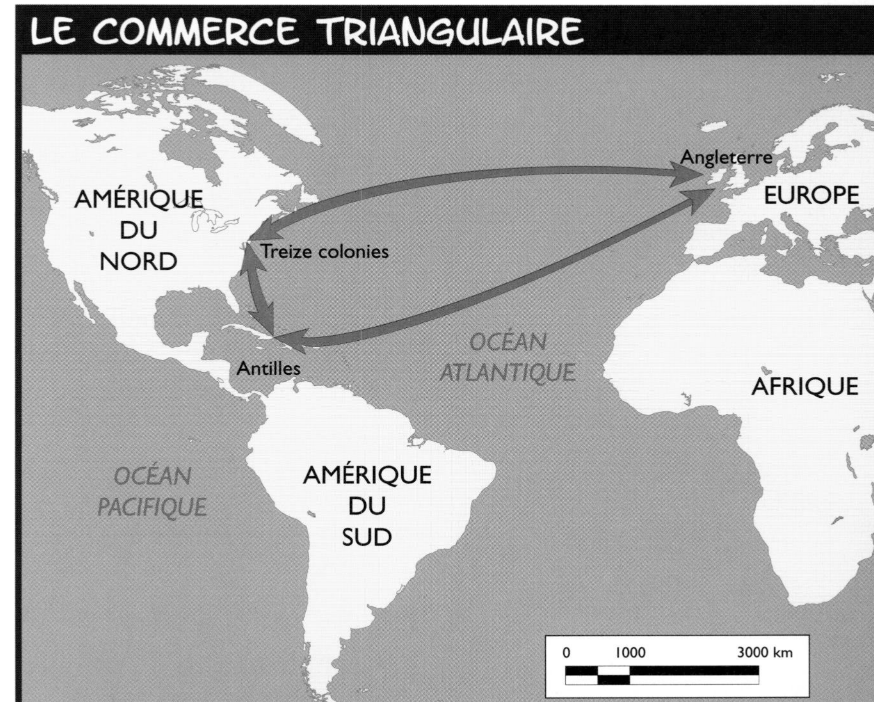

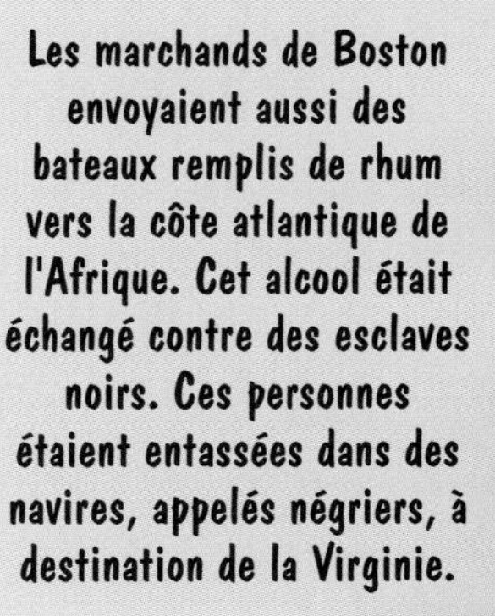

Les marchands de Boston envoyaient aussi des bateaux remplis de rhum vers la côte atlantique de l'Afrique. Cet alcool était échangé contre des esclaves noirs. Ces personnes étaient entassées dans des navires, appelés négriers, à destination de la Virginie.

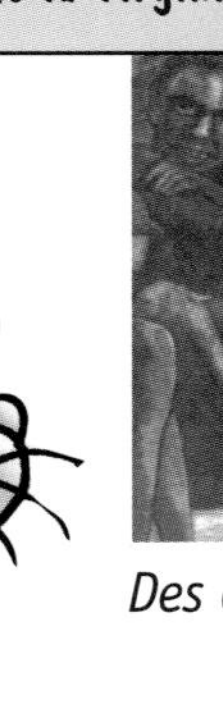

Des esclaves noirs à bord d'un négrier.

L'INVENTION DU TOUT-TERRAIN

As-tu déjà vu un film de cow-boys ou lu une bande dessinée de Lucky Luke ? Alors tu as sans doute vu ces chariots couverts, tirés par des chevaux. Ces chariots ont tous le même ancêtre : le *Conestoga wagon*. Cet immense chariot a été inventé par des **charrons** de la vallée Conestoga en Pennsylvanie.

charron
Personne qui fabrique des chariots et des charrettes ainsi que les roues de ces véhicules.

Le fond de ce chariot est courbé comme la coque d'un navire pour empêcher le chargement de glisser et de se déplacer sur les mauvaises routes de la colonie. Ses larges roues ont la taille d'un homme adulte pour éviter de mouiller les marchandises lorsqu'on traverse une rivière. Le *Conestoga wagon* a fière allure ! Tiré par quatre ou six chevaux, il est peint en bleu et recouvert d'une toile blanche. Il sert à transporter vers la ville des produits de la ferme ou du charbon. Lors du voyage de retour, les colons rapportent des marchandises fabriquées à la ville ou venues d'Europe, comme des tissus et des outils.

Un Conestoga wagon.

Par exemple, les Treize colonies reçoivent des produits **manufacturés** de l'Angleterre. Ce sont souvent des produits de luxe que les colonies ne fabriquent pas, comme des meubles, des tissus, des chaussures, de la porcelaine ou de l'argenterie. Les marchands de Boston expédient vers les Antilles de la farine, du poisson, de la viande et du bois, des marchandises que les Treize colonies ont en abondance. Les récoltes de tabac, de riz et de feuilles d'indigotier des plantations du Sud sont exportées vers l'Angleterre. Enfin, dans les Antilles, on remplit de sucre, de mélasse et de rhum les navires qui partent vers l'Angleterre.

manufacturé
Se dit d'un produit fait d'une matière première, comme la laine ou le bois, qui a été transformée.

Un territoire contesté

Comme tu le sais déjà, la situation n'est pas toujours paisible en Amérique du Nord. Le commerce des fourrures cause de nombreux conflits entre la Nouvelle-France et les Iroquois, ainsi qu'avec ses voisins anglo-américains. Dans cette lutte, les Iroquois sont les alliés des colons anglais.

Cependant, les colonies anglo-américaines vivent elles aussi des conflits avec des Amérindiens. La population d'origine européenne augmente rapidement et s'installe de plus en plus à l'intérieur du continent, sur le territoire où vivent des Amérindiens. Ceux-ci mettent donc le feu aux villages et organisent des embuscades, des attaques-surprises contre les colons pour les chasser du territoire. La réponse ne se fait pas attendre. Les colons des Treize colonies prennent les armes pour repousser les Amérindiens vers l'ouest.

Des Amérindiens secourant un des leurs.

La force militaire anglaise

Au milieu du 18e siècle, les Anglais sont déterminés à conquérir la Nouvelle-France pour plusieurs raisons. D'abord à cause du commerce des fourrures, mais aussi parce que les Français empêchent les Treize colonies de s'étendre vers l'ouest du continent nord-américain. De plus, les Anglais aimeraient bien s'emparer de Louisbourg, sur l'île du Cap-Breton, une ville dont les activités économiques et commerciales sont très dynamiques.

Les Treize colonies ne possèdent pas une milice très bien organisée. Mais comme l'Angleterre veut étendre sa puissance en Amérique du Nord, elle envoie beaucoup de soldats et de navires de guerre pour combattre la Nouvelle-France. En 1759, lorsque les Anglais attaquent la ville de Québec, ils possèdent une armée de 39 000 hommes et une flotte de 150 navires.

De son côté, la colonie française n'obtient pas beaucoup d'aide. Le roi de France concentre tous ses efforts en Europe, où il se bat là aussi contre l'Angleterre. La Nouvelle-France peut compter sur une force militaire de 15 000 hommes. Évidemment, elle ne fait pas le poids face à l'adversaire anglais. En 1759, les Anglais s'emparent de Québec et, en 1760, ils feront la conquête de la Nouvelle-France.

LES ACADIENS DE LA NOUVELLE-ÉCOSSE, UN PEUPLE DÉPORTÉ

En 1713, les Anglais ont obtenu une partie de l'Acadie française. Sur ce nouveau territoire, ils fondent la Nouvelle-Écosse. Les colons d'origine française occupent alors de belles fermes bien aménagées le long des rivières de la région. Toutefois, ils sont nombreux à refuser jurer fidélité au roi d'Angleterre. En effet, s'ils prêtent serment, ils devront se battre avec les Anglais contre la Nouvelle-France. De plus, le roi d'Angleterre, contrairement aux Acadiens, n'est pas catholique.

Des soldats anglais brûlent un village acadien.

Le gouvernement de la Nouvelle-Écosse décide de chasser les Acadiens pour donner leurs terres à des colons anglais. Les Anglais prennent les terres, les maisons et les animaux des Acadiens par la force.

En 1755, près de 7000 Acadiens sur 13 000 sont embarqués sur des bateaux et déportés vers les Treize colonies. Les familles sont séparées. Certains Acadiens s'enfuient et se cachent dans les bois. Dans les années suivantes, des milliers seront pourchassés et envoyés en Angleterre et en France.

La présence de colonies voisines anglaises en Amérique a eu une grande influence sur notre histoire. En 1760, la Nouvelle-France est devenue une colonie anglaise. Malgré cela, nos ancêtres ont su sauvegarder leur langue, leurs coutumes et leur religion.

INDEX DES SUJETS